FINANCE

应用型本科经济管理类 · 金融学系列教材

货币金融学 （第四版）

主 编 张 华 刘恩猛

厦门大学出版社 国家一级出版社
XIAMEN UNIVERSITY PRESS 全国百佳图书出版单位

图书在版编目（CIP）数据

货币金融学 / 张华，刘恩猛主编. -- 4 版. -- 厦门：
厦门大学出版社，2023.7
应用型本科经济管理类·金融学系列教材
ISBN 978-7-5615-9041-6

Ⅰ．①货… Ⅱ．①张… ②刘… Ⅲ．①货币和银行经
济学－高等学校－教材 Ⅳ．①F820

中国版本图书馆CIP数据核字(2023)第119544号

出 版 人	郑文礼
责任编辑	潘　瑛
美术编辑	李嘉彬
技术编辑	朱　楷

出版发行	厦门大学出版社
社　　址	厦门市软件园二期望海路 39 号
邮政编码	361008
总　　机	0592-2181111　0592-2181406(传真)
营销中心	0592-2184458　0592-2181365
网　　址	http://www.xmupress.com
邮　　箱	xmup@xmupress.com
印　　刷	厦门金凯龙包装科技有限公司

开本	787 mm×1 092 mm　1/16
印张	14
字数	323 千字
印数	1～2 000 册
版次	2008 年 8 月第 1 版　2023 年 7 月第 4 版
印次	2023 年 7 月第 1 次印刷
定价	39.00 元

本书如有印装质量问题请直接寄承印厂调换

厦门大学出版社
微信二维码

厦门大学出版社
微博二维码

第四版　前言

　　近年来,世界经济面临着新的机遇和挑战。现代信息和互联网技术的快速发展、各种突发事件的出现以及地缘政治关系的变化等都给包括中国在内的各国经济健康发展造成了程度不同、性质各异的影响。习近平总书记强调:"保持经济平稳健康发展,一定要把金融搞好。"金融的稳定和高质量发展关系着经济发展的全局。党的二十大报告指出:"深化金融体制改革,建设现代中央银行制度,加强和完善现代金融监管,强化金融稳定保障体系……",这些战略性部署为新时期我国金融事业的发展指明了方向。可以说,在上述背景下,在百年未有之大变局下,更需要青年学生们在准确理解和牢固掌握金融基础知识的前提下结合不断变化的社会现实去观察、思考各种经济金融现象和问题,为准确理解党和国家的经济金融政策乃至未来正确处理和解决经济金融问题练好必要的基本功。本着与时俱进的理念和持续改进的原则,我们在前三版的基础上对本书做了适当的修订。修订内容主要涉及货币形式、商业银行的组织结构、货币均衡、通货膨胀与通货膨胀紧缩、金融市场以及金融监管等方面,同时,在部分地方更新或补充了相关的数据资料。

　　需要指出,修订后的版本同样难免存在各种疏漏、欠妥乃至错误之处,如有发现,恳请各位读者不吝指出,我们将及时修改更正,在此,表示衷心的谢意!

编　者

2023 年 3 月

第三版　前　言

　　货币金融学第一、二版出版后,得到了一些学校教师和读者的肯定,同时也收到了一些建议,我们在使用的过程中也发现了一些不足和疏漏之处,本着在学习中提高、在实践中总结、在检验中改进的原则,我们对原书在前面版次的基础上进行了修订。

　　本次修订主要体现在三个方面:一是对一些概念或知识点进行了进一步的界定,使其更加准确和便于理解;第二是增添了一些最新的货币金融领域的热点、焦点元素,以使本书能更好地和经济金融发展的现实相联系;三是对一些明显的低级错误、形式缺陷进行了更正,以尽可能做到严谨规范。

　　尽管如此,书中的欠妥和不尽人意之处依然在所难免,恳请读者不吝指出。另外,如有发现疏漏未列的参考文献等不足之处,也请读者友情指出以便以后增添修改。本书同时配有对应的货币金融学教学用参考PPT,请大家根据需要选择使用!

编　者

2013 年 7 月

第二版 前言

本书第一版于 2008 年 8 月出版。在第一版的使用过程中,我们发现了一些需要改进和完善的地方,所以进行了改版。

与第一版相比,第二版的修改之处主要体现在以下方面:对部分概念和理论作了更为到位和全面的解释;增添了一些反映最新金融现象的材料;删除了一些基础性不强的流派性观点和某些比较性介绍;对个别章节做了更为合理的调整;当然也更正了一些印刷错误。

本教材项目获中国计量学院教材建设基金资助。在第二版修订的过程中,我们得到了厦门大学出版社和吴兴友编辑一如既往的热情指导和鼎力支持,再次致以崇高的敬意和衷心的感谢。

编　者

2009 年 7 月

第一版 前 言

"金融很重要,是现代经济的核心。金融搞好了,一着棋活,全盘皆活。"这是邓小平同志对金融在现代经济中地位和作用的高度概括和准确定位。货币金融学就是一门引导和帮助读者认识金融、理解金融进而熟悉金融甚至投身金融的基础性课程。从高等学校专业建设和课程体系的角度来看,货币金融学是教育部指定的全国高等院校经济类专业的核心课程之一,是一门主要介绍货币、信用、银行基本理论、基本制度、基本运行方式及其运行机制以及货币运行与经济运行之间关系等内容的科学。

本书的适用对象主要是普通高等院校二本层次经管类专业学生。我们在以往的教学实践活动中所接触或使用到的相关教材中,往往很难找到一本在篇幅、侧重点、难易程度和针对性等方面比较适合二本层次经管类非金融专业学生的教材,正是根据这种教学实践活动的现实需要,我们产生了编写这本教材的初衷。

本书的特点首先体现为内容全面、难度适中,注重基础理论的清晰性、成熟性和规范性。在内容上全书涵盖了货币与货币制度、信用、金融市场、金融体系、金融创新和货币供求等货币金融学基本内容,在这些内容的介绍中,我们力图避免过于抽象和深奥的内容,而是将主要篇幅放在对货币金融学基本概念、基本理论的介绍上,从而使学生或其他读者通过学习能够获得该门课程较为简明清晰的知识体系。本书的另外一个特点是在每章中都穿插了一些小资料,以求在拓宽学生课程视野的同时激发其学习兴趣,帮助其消化吸收相关理论知识,另外可以借此缓解单一理论阐述产生的枯燥性和腻烦心理。本书在编写格式上,于每章前后分别配有学习内容与要求、本章小结以及思考与练习,以方便学生预习、巩固和理解。

本书是在借鉴国内外诸多教材和读物基础上由所有编写人员集体合作完成的。全书由张华和刘恩猛拟定大纲并经编写小组讨论通过。书稿组编具体分工如下:第一、二章,张华;第三、五章,刘恩猛;第四、六章,隋月红;第七、八章,孙莹;第九、十章,戴瑞姣。

在编写过程中,我们直接或间接引用了大量的相关中外文献资料,正是这些文献资料,为我们提供了丰富的素材,也使我们对课程内容的理解更为准确到位,在此向这些文献的作者深致谢意。此外,本书的出版得到了厦门大学出版社的大力支持,特别是吴兴友编辑付出的辛劳和提供的便利为本书的顺利出版起了很大的帮助作用,在此一并致谢。

由于水平有限,对货币金融学的内容理解、研究和归纳可能失之片面,欠妥之处在所难免,敬请各位专家、学者和读者对本书的缺点、不足乃至错误不吝赐教,以便我们对教材作进一步的修订和完善。

编 者
2008 年 5 月

目　　录

第1章　货币与货币制度

学习内容与要求：

　　本章主要介绍货币的产生和货币的本质、货币的职能、货币制度、货币形式以及货币层次等五个方面的内容。要求通过本章学习：掌握货币的本质、货币的五大职能、货币制度的内涵和类型；理解价值形式的发展历程及其原因、货币的层次划分等内容；了解经济生活对币材的要求、货币形式的发展阶段等内容。

第一节　货币的产生及本质

　　在人们的日常生活中，货币扮演着非常重要的角色，没有哪个个体或者群体能够完全脱离货币而在现代经济生活中正常地存在和发展。尽管货币在经济生活中发挥着各种功能，这些功能我们有的熟知、有的陌生，但是我们每个人最为熟悉也最有切身体会的功能就是我们经常用货币去购买各种各样我们所需要的商品或服务：我们用货币到书店去购书、到农贸市场去购买蔬菜和水果、到理发店去理发、到医院去就诊等等。这些活动，如果抛开购买的具体对象和形式并且把我们所持货币的获取过程考虑进去的话，我们就不难发现一个简单的道理：人们的购买活动就其本质而言，是一种交换活动，人们通过将从事生产活动得到的产品出售换取货币，或通过提供各种服务获取货币，然后再用这些货币到市场上去换取另外一些人生产出来的产品或提供的服务从而实现自己的需求，它体现的是用自己的产品（或服务）去换取自己想要的其他人的产品（或服务）的过程，只不过这个过程是通过货币这个中间物来完成的。换句话说，人们借助货币，方便而有效地实现了交换。所以，我们对货币产生问题的理解往往很自然地就从对交换问题的分析入手。

一、货币的产生

　　理解货币的产生被认为是正确理解货币本质的关键。我们运用劳动价值论的思想来介绍货币的产生问题。劳动价值论从社会分工和私有制角度揭示劳动作为社会

1

劳动和私人劳动的矛盾统一体,进而揭示价值的实质及其表现的必然途径,然后通过价值形式的发展导出货币这一范畴出现在经济生活中的客观必然性。

货币的出现是与商品交换联系在一起的。货币是商品生产和商品交换长期发展的产物。商品是为了交换而生产的劳动产品,具有使用价值和价值两种属性。使用价值是商品的有用性,是商品的自然属性,它的表现形式就是商品的自然形式。价值是凝结在商品中的无差别的人类劳动,是商品的社会属性,是看不见摸不着的,只有通过与其他商品的交换才能证明其存在,并在其他商品上相应地表现出来。在商品交换中,用一种商品的使用价值表现另一种商品的价值,这种商品就成为另一种商品价值的表现形式。在交换不断发展的进程中,逐渐出现了作为其他一切商品价值的表现形式或者说作为其他一切商品等价物的商品,这种商品就是货币。

在商品交换发展的过程中,价值形式经历了四个发展阶段,即简单的或偶然的价值形式、扩大的价值形式、一般价值形式和货币形式。

(一)简单的或偶然的价值形式

价值形式的发展过程是同商品交换过程相适应的。在人类社会的早期阶段,生产工具非常简陋,劳动生产的效率也十分低下,所以劳动成果非常有限,剩余产品很少,因此最初的商品交换,呈现出偶然性、个别性的特点。例如,在一个部落和另一个部落之间,有人拿1把石斧和1张兽皮进行交换。实际上,这时候还没有商品生产,人们只是将少量的多余的产品偶然地拿来交换。这种偶然交换的商品,并不是完全意义上的商品,只是萌芽中的商品,它的价值也只是偶然地、简单地表现在另一个商品上。但是,一切价值形式的秘密都已隐藏在这种简单的价值形式之中。

简单的价值形式,可用如下等式来表示:

1把石斧＝1张兽皮

(二)扩大的价值形式

随着生产力向前发展,生产工具改进、劳动效率提高,生产的物品日益增多,交换也日益扩大,一种产品不只偶然地和另一种产品相交换,而是经常地可以和多种产品相交换,这样就产生了扩大的价值形式。扩大的价值形式可用以下等式表示:

$$1把石斧\begin{cases}=1张兽皮\\=2罐小麦\\=3捆烟叶\end{cases}$$

在这里,价值形式之所以是扩大的,是因为它实际上是许多个简单价值表现的总和,是简单价值表现的扩大。从每一个等式看,似乎是简单价值形式,但就许多个等式来看,石斧的价值可以表现在一系列商品上,其他商品都可成为表现石斧价值的材料。这时,商品价值才真正表现为无差别的人类劳动的凝结。因为在这种价值形式中,一种商品所包含的劳动与其他许多种商品所包含的劳动,在质上相同,在量上可以互相比较。

扩大的价值形式反映了在生产力和社会分工有了发展的情况下,日益扩大的商品交换关系。随着商品经济的发展,扩大的价值形式的缺点日益暴露出来。这主要表现在:出售石斧的人想买进小麦,而出售小麦的人却需要烟叶,不要石斧;出售烟叶的人不要小麦而想买兽皮,而出售兽皮的却想买石斧,这就使得他们之间的交换难以实现。这说明缺少一种统一的价值表现形式,使商品交换发生了困难。扩大的价值形式和商品交换的发展状况不相适应,客观上要求价值形式再向前发展,即发展为一般价值形式。

（三）一般价值形式

一般价值形式的等式可表示如下:

$$\left.\begin{array}{l} 1\ 张兽皮 = \\ 2\ 罐小麦 = \\ 3\ 捆烟叶 = \end{array}\right\} 1\ 把石斧$$

不加分析或粗略地看,一般价值形式和扩大价值形式似乎没有多大差别。等式双方的商品只是互换了位置。其实,这里已发生了重大的变化,反映了商品交换关系的重大发展。

偶然的价值形式和扩大的价值形式所反映的商品交换关系,都是直接的物物交换,中间没有任何媒介物。一般价值形式则不同。由于直接物物交换的困难,人们从交换的不断实践中逐渐认识到,必须有一种商品是人们普遍接受的,首先拿自己的商品换成这种商品,然后再拿这种商品交换自己所需要的商品。如上例,如果石斧是大家都可接受的商品,兽皮所有者先把兽皮换成石斧,然后再用石斧去换自己所需要的东西,比如烟叶;同样,小麦所有者先拿小麦换成石斧,然后再拿石斧去换自己需要的兽皮……如此进行下去,处于一般等价形式上的石斧,就会渐渐地从商品世界游离出来,成为一切商品的一般等价物,其他一切商品都首先同它相交换,然后再拿它换回自己需要的东西。这种作为一般等价物的商品,起着交换媒介物的作用,有了它,就可以同其他一切商品相交换。这样,原来是直接的物物交换,现在则是通过媒介物的间接的物物交换。这种经过媒介物的间接物物交换,反映了一般价值形式的特点,也是与扩大价值形式有着重大差别的地方。

一般价值形式虽然能够比较充分地表现商品价值的形式,但还存在着不足之处。因为在这种形式中,一般等价物还没有完全固定在一种商品上,它可以因时因地而不同,甲地充当一般等价物的是石斧,乙地可能是兽皮。这种不同地区由不同商品作为一般等价物,不利于地区之间商品交换的发展。人们在实践中逐步认识到,作为一般等价物的商品,必须固定在某一种商品身上,使该商品从商品世界分离出来,专门作为交换的媒介物,成为特殊商品。这种特殊商品就是货币,这就出现了货币形式。

（四）货币形式

货币形式的等式可表示如下:

$$\left.\begin{array}{l} 1\ 张兽皮 = \\ 2\ 罐小麦 = \\ 3\ 捆烟叶 = \end{array}\right\} 1\ 克白银$$

货币形式与一般价值形式相比,并没有重大的变化。因为在这两种价值形式中,处于等价形式的商品都是一般等价物。唯一的区别是:一般价值形式上作为一般等价物的商品,是因时因地而不同的,因而是不固定的;在货币形式上的一般等价物,则固定在金或银的货币形态上,与金银的特殊的自然形式结合在一起了。

为什么一般等价物的商品最初附着于黄金身上,使黄金成为特殊商品货币呢?因为黄金的自然属性,使之适合做货币的材料,如质地均匀、体积小、价值大、不变质,便于分割、便于携带等等。当黄金成为统一的一般等价物以后,黄金就从一般商品变成特殊商品,成为货币。马克思对此有过这样精辟的论断:金银天然不是货币,但货币天然是金银。从此商品界就一分为二,一方是商品,一方是货币;商品交换不再是商品与商品相交换,而是商品—货币、货币—商品相交换。价值形式发展成为货币形式,已是价值形式完成的形式了。

黄金之所以能作为一般等价物,成为货币,是因为黄金本身也是商品,具有价值。它在简单的价值形式和扩大的价值形式下,曾当作个别等价物和特殊等价物,在一般价值形式下,也曾当作一般等价物。随着交换的发展,黄金固定地取得一般等价物的独占权时,一般价值形式才取得货币形式。

通过价值形式的历史分析,可以看出,作为货币的黄金,本身也是普通商品,但在交换发展过程中逐渐变成为特殊商品,成为一般等价物,起着交换媒介物的作用,最终转化成为货币。货币是商品交换过程发展到一定阶段的自发产物,是商品内在矛盾发展的必然结果。弄清楚价值形式的发展过程与商品交换的发展过程,货币的起源就会一目了然。

货币是固定地充当一般等价物的特殊商品,它是商品交换发展到一定阶段和价值形式长期演变的产物,当所有商品的价值都由货币来表现时,货币就独占了价值形态的位置成为商品社会价值的天然代表。同时货币具有流通性、普遍接受性、社会垄断性和排他性。

作为一般等价物的货币,还必须具备以下一些必要条件:

(1)价值的稳定性。这是货币的先决条件。历史上的普遍情况是,货币的实物形态本身也应具有内在的价值,如金银。然而,内在价值的要求也可能会发生变化。现代货币的实物形态(纸币和硬币)只是纯粹的价值象征,它们不再由贵金属铸造,但这种情形也只是近期才出现的。

(2)数量上的有限性。与它的需求量相比较,货币的供给应处于短缺状态。这似乎与有效的交易媒介的基本条件相矛盾。但为了在支付中被接受,货币本身须具有价值或较为稀缺。正是由于其数量上的有限性,货币才成为人们不断追逐的对象。

(3)普遍接受性。这是货币的基本特征。即货币必须为公众所普遍接受。原则上,可接受性是通过法律来强制执行和加以保证的,没有哪个社会成员会坚持使用其他支付形式。但如果人们对官方货币的价值失去信心,禁止他们拒收官方货币的行为也就没有足够的合法性。他们可能需要其他商品或币值更为稳定和更方便交易的货币作为支付手段。

(4)供给富有弹性。即货币必须能随着商品生产和交换的需要而有弹性地伸缩。货币能否满足此条件,关系到币值的稳定与否,这是货币能否发挥一般等价物作用的重要条件之一。若流通中的货币量超过了需求量,其价值就会下跌。这表明尽管货币作为交易媒介,是价值的单位标准,但它本身仍是一种商品,其价值也会波动。

(5)可分割性。这是为适应交易的需要。交易数额有大有小,货币应有可分割的特性,如货币除有各种不同面值外,还有各种小额辅币。

(6)易于辨认与携带。这是保证货币被普遍接受的前提条件。如果很容易被仿制,则必引起流通界的混乱;同时也要容易被携带和运输,即易于从一个地方携带到另一个地方,或从一个人转移到另一个人手中,才能保证公众愿意接受它。

二、货币的本质

人们在现实生活中往往把货币理解为经常使用的纸币和硬币,即所谓的通货。实际上,通货只是货币实际数量中的一部分。货币的经济学含义,要远比人们通常理解的货币更为宽泛。从其基本的含义来看,货币并不是某一特定的事物或物质,它有着各种不同的形式。在货币的发展历史中,硬币和纸币只是近期才出现的。从货币的产生和发展过程可以确定货币的本质。

(一)货币是固定地充当一般等价物的特殊商品

在任何社会形态下,货币都是固定充当一般等价物的特殊商品,这是货币的本质特征。

首先,货币本身是商品,是从普通商品中分离出来的。作为商品,货币也是用于交换的劳动产品,是价值和使用价值的统一体,是人类抽象劳动的凝结物。正因为货币本身具有价值,所以才能用来表现和衡量其他一切商品的价值,才能和其他商品相交换。

其次,货币是特殊商品,它与普通商品虽有共性,但也有根本的区别,这个区别表现在使用价值上,货币商品具有使用价值的二重性。就其自然属性,货币有专门的使用价值,如黄金可以制成首饰,这点同普通商品是一样的。但是,货币还具有社会属性,是起着一般等价物作用的使用价值,这是普通商品所不具备的,也是货币商品区别于普通商品的根本点。

货币充当一般等价物的本质特征表现在两方面:第一,货币是表现一切商品价值的材料。在商品交换中,商品的价值是通过商品同货币的交换表现出来的。商品能交换到货币,就使商品生产者的私人劳动转化为社会劳动,使商品的价值有了实际表现。如果商品不能与货币相交换,商品就不能被社会承认,商品的价值也无法实现。货币成为表现社会劳动的材料,也就是表现一切商品价值的材料。第二,货币对任何人都具有一般的使用价值,即具有和其他一切商品相交换的能力。其他商品并不一定能交换成货币,而货币可以交换到任何其他商品,持有货币就等于握有任何一种商品的使用价值,货币具有直接交换的能力。

货币作为一般等价物的两个本质特征,实质上是一个问题的两个方面。只有一切普通商品都把自己的价值表现在货币上,货币才成为表现一切商品价值的材料,才成为社会劳动的直接体现者;同时,也正是由于所有的普通商品都要以货币表现自己的价值,货币才具有与其他一切商品直接交换的能力。

（二）货币体现一定的社会生产关系

货币本身不具有阶级性，并不是有了货币才有生产关系，而是先有生产关系才有货币的职能。货币可以反映社会经济关系，但货币本身不是经济关系。

自货币产生以来，商品交换经历了不同的社会制度，由于社会经济条件不同，生产资料所有制不同，货币所反映的生产关系的性质也不同。

货币之所以能够体现出一定的生产关系，是因为在存在商品生产和商品交换的条件下，生产决定交换，生产资料所有制决定了产品的生产和占有关系，决定了生产的性质，并通过商品的交换过程，体现出特定的生产关系。一定社会制度下的商品生产，都带有该社会形态中的生产关系特征，并通过交换反映出来。货币是商品交换中的重要媒介，属于交换领域，因此，该社会形态的生产关系也必然在货币交换中得到反映。

第二节　货币的职能

货币的职能是货币本质的具体体现。马克思主义货币理论认为，货币具有价值尺度、流通手段、储藏手段、支付手段和世界货币五种职能。其中价值尺度和流通手段是货币的最基本职能。

一、价值尺度

货币的价值尺度职能，是指货币能够表现和测度商品的价值。这是货币的首要职能。

货币在表现和衡量其他一切商品价值时，执行价值尺度职能。货币能够充当价值尺度职能是因为货币同样具有价值，是人类劳动的凝结，同普通商品可以进行量的比较，这就如同尺子可以用来测量布匹的长度是因为尺子本身就有长度一样。商品作为价值实体可以通过货币来比较计算自身的价值。

需要注意的是，货币在发挥价值尺度职能时，主要是通过经济行为主体的观念来反映，而并不需要货币自身的相应数量来进行现实地直观体现。比如商场里手机专柜中的某款待售手机价格为 1 600 元人民币，对于这个用人民币来表现的价格，商家只需要在旁边的价格标签上注明价格为"1 600 元/部"即可，消费者就会明白其中的意思，而不需要通过在该款手机旁边摆上 1 600 元人民币的方法来体现其价值。

二、流通手段

货币的流通手段职能，是指货币在商品交换中充当交换的媒介。

货币在执行流通手段职能时的特点是：(1)作为流通手段的货币，必须是现实的货币，因为只有用现实的货币进行交换，才能实现商品的价值。这一点与前文所述的观念上的价值尺度职能不一样。(2)货币在执行流通手段职能时体现的是媒介作用,是个转瞬即逝的过程,因此是完全可以用不足值的或没有价值的符号来代替足值货币或包含价值的现实货币的。

三、贮藏手段

货币退出流通领域后,被人们保存、收藏起来,成为储蓄的货币,执行储藏手段职能。

早期货币储藏的典型形式是金银窖藏。随着资本主义生产方式的出现,储藏的形式发生了变化,人们通过采取流通手段准备金、支付手段准备金和世界货币准备金等形式,实现货币储藏。

四、支付手段

在商品交换中,货币运动先于或后于商品运动。当货币用于单方面的支付或偿还债务时,就执行了支付手段职能。货币充当支付手段,是由赊购方式引起的,即在买卖行为完成后,经过一段时间,购买者才支付货币,买卖关系成为债权债务关系。没有商品或服务与货币在同时进行相向运动被认为是货币执行支付手段职能时的显著特征。

五、世界货币

货币在国际市场上发挥一般等价物的作用时,就执行了世界货币职能。作为世界货币必须具有内在的价值,如黄金。其主要内容为:作为国家间的支付手段,用来支付国际收支差额;作为国际的一般购买手段,一国单方面购买另一国商品,货币商品直接同另一国的一般商品相交换;社会财富的转移,如资本转移、对外援助或战争赔款等,货币作为转移手段发挥作用。

第三节　货币制度

一、货币制度的内涵

货币制度被广泛地理解为国家通过法律形式规定的货币流通的结构和组织形式,它包括确定货币材料、规定货币单位、规定流通中货币的种类、规定货币铸造发行的程序、规定货币的支付能力以及金准备制度等诸多构成要素。

（一）货币材料的确定

国家对货币材料的规定往往在很大程度上是对已经成为币材的某种商品的地位的一种事后法律认可行为。因为能够在历史上充当币材的商品，它一定是已经具备了包括价值高、易分割、耐磨损、抗腐蚀、易携带等诸多特点的东西，任何强制性地把某种不合适的商品规定为币材的行为都是违反货币产生和发展的本质要求的。通常而言，什么样的商品被规定为币材，我们就称相应的货币制度为该种商品的本位制，历史上的金本位制、银本位制等都因此而得名。

（二）规定货币单位

货币单位是货币本身的计量单位。规定货币单位包括两方面：一是规定货币单位的名称，二是规定货币单位的值。在金属货币制度条件下，货币单位的值是每个货币单位包含的货币金属重量和成色；在信用货币尚未脱离金属货币制度条件下，货币单位的值是每个货币单位的含金量；在黄金非货币化后，确定货币单位的值表现为确定或维持本币的汇率。

（三）规定流通中货币的种类

规定流通中货币的种类主要指规定主币和辅币。主币是一国的基本通货和法定价格标准；辅币是主币的等分，是小面额货币，主要用于小额交易支付。金属货币制度下主币是用国家规定的货币材料按照国家规定的货币单位铸造的货币，而辅币用贱金属并由国家垄断铸造；信用货币制度下，主币和辅币的发行权都集中于中央银行或政府指定机构。

（四）规定货币铸造发行的流通程序

货币铸造发行的流通程序主要分为金属货币的自由铸造与限制铸造、信用货币的分散发行与集中垄断发行。自由铸造指公民有权用国家规定的货币材料，按照国家规定的货币单位在国家造币厂铸造货币，一般而言主币可以自由铸造；限制铸造指只能由国家铸造货币，辅币为限制铸造。信用货币分散发行指各商业银行可以自主发行。早期信用货币是分散发行，目前各国信用货币的发行权都集中于中央银行或政府指定机构。

货币发行准备制度是为约束货币发行规模、维护货币信用而制定的，要求货币发行者在发行货币时必须以某种金属或资产作为发行准备。在金属货币制度下，货币发行以法律规定的贵金属作为发行准备；在现代信用货币制度下，各国货币发行准备制度的内容比较复杂，一般包括现金准备和证券准备两大类。

（五）对货币支付能力的规定

对货币法定支付能力的规定也是货币制度的重要内容。在资本主义货币制度建立和发展的过程中出现了货币无限法偿和有限法偿的划分。无限法偿就是指法律规定的货币具有无限制偿付的能力，它意味着该种货币的持有人在任何性质、任何数量的购买和支付行动中，接受货币的对方不得以任何理由拒绝接收货币。而有限法偿则是说具备该种特性的货币的持有人在购买或支付活动中，如果以这种货币购买或支付的金额超过一定数量，那么收款人将有权拒收。

（六）金准备制度

金准备制度又称黄金储备制度,是国家规定的黄金储备保管机构和管理黄金的制度。确立国家的金准备制度,是稳定币值的坚实基础,因此它是货币制度的一项重要内容。一国的金准备数量,是其经济实力状况的重要标志之一。世界各国的金准备,一般都集中由中央银行或国库管理。在金属货币流通条件下,金准备的用途,如马克思所指出的那样有三个:"(1)作为国际支付的准备金,也就是作为世界货币的准备金;(2)作为时而扩大时而收缩的国内金属流通的准备金;(3)作为支付存款和兑换银行券的准备金"。① 在不兑现的信用货币制度的条件下,则只有第一项用途。后两项用途虽不直接存在,但金准备的多少,对稳定国内货币流通,仍然具有重要作用。尽管1975年9月国际货币基金组织和世界银行第30届年会通过协议,废除黄金官价制度,正式终止了黄金在国际货币制度中过去所享有的特殊地位,但黄金仍旧构成各国国际储备的一个组成部分。

二、货币制度的类型

从历史的角度来看,货币制度的演进过程中出现过以下几种类型:

（一）银本位制

银本位制的主要内容是:白银作为货币材料;银铸币为本位货币,具有无限法偿能力;银币可以自由铸造自由熔化;国家间白银和银币可以自由输出输入;流通中的纸币可以与银币自由兑换。

（二）金银复本位制

18世纪40年代,由于世界白银产量的增加,使白银价格不断下跌。由于白银价格不稳定,白银作为货币不利于货币流通的稳定和国际收付,从而削弱了白银履行货币职能的能力。因此许多国家逐步过渡到了金银复本位制。

金银复本位制的内容是:金银两种金属均为币材,以金银铸币为本位货币。金银货币具有无限法偿能力。金银币可以自由铸造和熔化,金银和金银铸币在国家间能自由输出输入。纸币和其他货币可以自由兑换金银币。

典型的金银复本位制下,金银币之间的比价完全由金银的市场价格来决定。这种本位制也称为平行本位制。

金银复本位制有以下优点:(1)币材充足,能够满足流通需要。(2)复本位制下,金银比价由政府规定,能够反过来影响金银的市场价格,有利于金银币值的稳定。(3)便于交易,人们可以根据交易额的大小选择金币或者银币进行支付。

复本位制从表面上看能够使本位货币金属有更充足的来源,使货币数量更好地满足商品生产与交换不断扩大的需要,但实际上却是一种具有内在不稳定性的货币制度。劣币驱逐良币现象就是这种内在不稳定性的体现。

"劣币驱逐良币"的现象,即当金银两种金属中市场价值高于官方确定比价的那一种

---

① 《马克思恩格斯全集》第25卷,第643页。

不断被人们收藏时,金银两者中的"贵"金属最终会退出流通,使复本位制无法维持下去。这一现象也被称为"格雷欣法则"。"劣币驱逐良币"的根本原因在于金银复本位与货币作为一般等价物所具有的排他性、独占性相矛盾。

(三)金本位制

金本位制是指以黄金作为本位货币的货币制度。其主要形式有金币本位制、金块本位制和金汇兑本位制。

1.金币本位制

金币本位制是以黄金为货币材料的一种典型的金本位制。其主要特点有:金币可以自由铸造、自由熔化;流通中的辅币和价值符号(如银行券)可以自由兑换金币;黄金可以自由输出输入。在实行金币本位制的国家之间,根据两国货币的黄金含量计算汇率,称为金平价。

2.金块本位制

金块本位制是指由中央银行发行以金块为准备的纸币,并以之为流通手段的货币制度。它与金币本位制的区别在于:其一,金块本位制以纸币或银行券作为流通货币,不再铸造、流通金币,但规定纸币或银行券的含金量,纸币或银行券可以兑换为黄金;其二,规定政府集中黄金储备,允许居民在持有本位币的含金量达到一定数额后兑换金块。

3.金汇兑本位制

金汇兑本位制是指以银行券为流通货币,通过外汇间接兑换黄金的货币制度。金汇兑本位制与金块本位制的相同之处在于规定货币单位的含金量,国内流通银行券,没有铸币流通。但金汇兑本位制规定银行券可以换取外汇,不能兑换黄金。本国中央银行将黄金与外汇存于另一个实行金本位制的国家,允许以外汇间接兑换黄金,并规定本国货币与该国货币的法定比率,从而稳定本币币值。

20世纪30年代的经济危机动摇了金本位制的基础,金币的自由铸造、自由熔化、自由输出输入和自由兑换受到了限制,使这种货币制度难以维持。

金本位制崩溃的原因可以从下面三个方面来理解:

首先,黄金既是货币又是商品,作为货币要求其价值稳定,作为商品它的价值要受供求关系的影响,又不可能稳定,因此它不是理想的货币。

其次,黄金作为货币并不能保证黄金在国际之间的流动实现均衡。由于黄金流入或者流出会影响到各国货币供给量,黄金的流入流出不能实现自动的均衡,也就使各国的货币供给量难以与黄金的储备保持适当的比率。

最后,金本位制下,要求各国货币之间的比价要用所含的黄金量作基础来确定。由于各国政府为了刺激或抑制经济的扩张,对货币量进行调节,要求实行独立的货币政策,因此以货币的黄金含量为基础的固定汇率制度难以维持。

(四)纸币本位制

纸币本位制属于信用货币制度,是货币制度的高级形式。指一个国家的本位货币使用纸币而不与黄金发生任何联系的一种货币制度。它的主要特点有:(1)纸币的发行不受黄金储备的限制,其发行量完全取决于实现货币政策的需要;(2)纸币的价值取决于它的购买力,纸币的购买力与发行量成反比,与商品供应量成正比;(3)纸币的流通完全取决于纸币发行者的信用;(4)政府通过法律手段保证纸币具有一定的强制接受性。在纸币本位制度下,纸币是由国家强制发行的不兑现的纸制货币符号,本身没有价值。在许多国家和场合,这种制度也被更清晰地称为不兑现的纸币本位制。

纸币流通条件下,保证币值的稳定是货币制度的核心,必须要以社会公众提供给中央银行分配的资源或资产作为稳定币值的基础。我国人民币制度是一种纸币本位制。它的发行不与任何贵金属挂钩,也不依附于任何一国的货币,是一种独立的货币。纸币与货币的区别如表 1-1 所示。

表 1-1　货币与纸币的区别

区分角度	货　币	纸　币
定义	是从商品中分离出来的、固定地充当一般等价物的商品	由国家发行的、强制使用的货币符号,在商品交换中起媒介作用
职能	具有价值尺度、流通手段、支付手段、贮藏手段、世界货币的职能	只是代替货币充当商品交换的媒介,只具有流通手段和支付手段的职能
本质	属于商品	属于符号
是否有价值	由于本身是商品,所以具有价值	只是货币符号,无价值

值得注意的是,在介绍纸币时,不得不提到银行券。银行券是银行发行的一种信用货币,即代替金属货币充当支付手段和流通手段的信用证券。

在商品生产和交换不断扩大的趋势下,市场对货币的需求量剧增,而金属货币的生产能力有限,难以满足需求,客观上要求流通中以信用货币代替金属货币。另外,商品流通促进了信用制度的发展。赊购、延期支付、清偿债务等方式,使买卖行为变成了信用关系。用于买卖双方的、标明金额的定期支付凭据,即为商业票据。银行券是在票据流通的基础上产生的,持有商业票据者需要把它转变为现款时,就要到银行贴现,以取得现款。银行券是用以代替商业票据的银行票据,是不定期的,持票人可以随时到发行银行券的银行兑换黄金,银行本票经背书后可以流通,这是原来意义上的银行券。

银行券的特点是:主要通过贴现商业票据而投入流通领域,因此它是调节流通中货币必要量的弹性手段。当商品交易缺乏货币时,银行券的发行有利于市场的稳定;当黄金大量流入国内时,黄金持有者会以黄金兑换银行券,从而加大银行券的发行量,使黄金流入银行;当需要用黄金进行国际支付时,可以用银行券兑换黄金,使银行券回笼。

需要指出的是,第二次世界大战后世界经济政治形势的发展使得货币制度的发展史上出现了两个以前所少有的货币事物,即区域本位货币和国际本位货币。

区域本位货币是指在一个一体化、集团化的经济区域中形成的统一货币。欧元就是典型的区域本位货币,它是一种基于政治和经济利益建立的一种区域内的单一货币。

所谓国际本位货币是指国际经济活动中,世界各国出于经济条件或政策上的考虑,用法律的形式将本国货币与之固定地联系起来,作为衡量本国货币价值的标准,以及国际交易的最后支付手段。美元就是典型的国际本位货币。国际本位货币首先必须是自由兑换货币,其次必须是国际中心货币。

三、我国的人民币制度

人民币制度诞生于战火纷飞的第三次国内革命战争年代。1948 年 12 月,中国人民银行正式组建并发行统一的人民币,新中国的货币制度由此开始建立。

货币制度是国家以法令规定的货币流通的组织形式。但在建国初期,人民币制度是不够完善的。具体表现在钞票种类复杂,面额大小悬殊,票幅尺寸参差不齐,纸张质量和印刷技术也较差,还没有完全消除通货膨胀、物价不稳的痕迹。据统计,"从 1948 年 12 月至 1953 年 12 月,共印制发行了 12 种面额、62 种版别的人民币,最小面额只有 1 元,最大面额则是 50 000 元"。[①] 这段时期的人民币因券种纷繁,不利于交易和核算,亟须进行整顿和改革。

实际上,人民币的改革从 1950 年财政收支平衡和物价稳定以后就开始了准备工作,原来定于 1953 年实施,但由于技术上的原因推迟了时间。到 1955 年 2 月 20 日,国务院颁发《关于发行新的人民币和收回现行的人民币的命令》(简称《命令》),对货币制度实行改革,以方便交易和核算。《命令》责成中国人民银行自 1955 年 3 月 1 日起发行新的人民币(简称新币),收回现行的人民币(简称旧币),新旧币的折合比率为 1 比 1 万。新币主币面额 1 元至 10 元,辅币面额 1 分至 5 角,每种券别印有汉、藏、蒙、维吾尔四种文字。自新币发行之日起,凡机关、团体、企业和个人的一切货币收付、账簿记载及国家间的清算等,均以新币为计算单位。

应当指出,这次币制改革并不是重建一种新的货币制度,而是对新生的人民币制度进行改进,主要是改变货币的单位价值使人民币具有好看、好算、好使用、好记账的优点。将动辄以万元为单位的价格标度缩小为 1 元,不仅提高了单位货币所代表的价值量,而且化繁为简为计算和流通提供了便利。钞票上印有四种文字,更有益于全国各地区的经济交流,展现了我国各民族的平等和团结。

经过改革的人民币制度是适应国家建设需要且符合广大人民愿望的。新人民币种类少,交易与计算方便,节约大量人力和财力,从而一举消除了旧人民币上留有的通货膨胀的痕迹,令人耳目一新。这是我国进入国民经济建设时期在货币流通方面的一项重大改革,在财政收支平衡和金融物价稳定的基础上,进一步健全和巩固了我国的货币制度,并提高了人民币在国际上的地位。

作为一种新型的社会主义货币制度,人民币制度有以下几个基本特点:

第一,人民币是集中统一的货币。中华人民共和国唯一合法货币是人民币,也就是说,在我国市场上只准人民币流通。中国人民银行以国家信用作保证发行人民币,

---

① 中国人民银行货币发行司编:《人民币图录》,中国金融出版社 1988 年版,第 3 页。

代表国家制定和执行货币政策,并通过货币政策的制定和执行来调控国民经济。货币流通规律要求市场货币流通量必须与商品流通量相适应,以促进国民经济的发展。因此,人民币的发行坚持经济发行、计划发行和高度集中统一发行原则,其中坚持经济发行是最根本的原则。中国人民银行根据国家授权统一掌管人民币,负责集中统一印制和发行人民币,管理人民币流通。法律保护人民币,任何损害人民币的行为,都将受到法律的制裁。

第二,人民币是独立自主的货币。新中国成立不久,我国即排除了市场上流通的外国货币,以坚持独立的货币政策,不受国际金融市场变化的影响。国内一切收付、计价单位和汇价的单位都由人民币承担,在国际上则作为计价、结算手段。人民币对外国货币的比价,是根据国内国际市场情况独立自主确定的。人民币是国家主权的象征。另外,人民币没有法定含金量,不能自由兑换黄金,也不与任何外币确立正式联系。

第三,人民币是相对稳定的货币。人民币能够保持相对稳定的购买力,"因为我国物价是建立在国家拥有雄厚的物资储备,并按稳定的价格投入市场的基础之上的,同时我们建立了强大的社会主义金融体系,统一管理了金融业,使货币流通的计划性日益加强,国家掌握的黄金、外汇也在逐日增多,单只黄金储备一项1954年就比1950年增加了10倍以上。"[1]由此可见,人民币不仅有充分的物资保证,而且有不断增加的金融储备,这是币值稳定的坚强后盾。当然,人民币是受纸币流通规律所制约的,在一定情况下也会出现通货膨胀的危险,所以,人民币的稳定是相对的,这就要求将"稳定币值"放在货币政策目标的首位。

第四,人民币采取主辅币流通结构。人民币的代号为"￥",由"元"字的汉语拼音"Y"加两横而成。其主币具有无限法偿能力,无论每次支付数额多大,任何单位、个人都不得拒绝。辅币是有限法偿货币,供日常零星使用。在流通中,两者的比例应根据商品流通的客观需要,以满足金额大小不同的购买支付需要。一般地说,人民币主币与辅币的比例,各种主币之间的比例以及辅币之间的比例,搭配均是合理的,与我国人民的生活水平是相适应的。[2]

小资料 1-1 中国的货币制度和货币历史

1. 中国的人民币制度

(1)中国人民币制度的建立是以1948年12月1日的人民币发行为标志的;

(2)为了统一货币,中华人民共和国成立前后推行了一系列货币改革措施;

(3)人民币制度是一种不兑现的银行券制度;

(4)中国的人民币制度已具有相当稳定的经济基础和社会基础,在与中国接壤的一些国家中,中国的人民币已被当作"硬通货"。

---

[1] 《人民日报》1955年3月1日社论:《做好新人民币的发行工作》。

[2] 潘连贵.建国前后人民币制度的形成与发展.上海金融,1998(11)

2.“一国两制”条件下的地区性货币制度

(1)伴随香港、澳门回归祖国和实现“一国两制”，我国出现了人民币、港币、澳元“一国三币”的特有历史现象；

(2)“一国三币”的情况会不会导致出现“良币驱逐劣币”的现象？究其根本，“一国三币”是与“一国两制”相联系的特定历史条件下的货币现象，它不是三种货币在同一个市场上流通，所以不会产生“良币驱逐劣币”现象。

3.历史上中国货币的演进

(1)中国的货币文化灿烂辉煌，中国的货币史有3 500多年；

(2)中国的先秦时期，牲畜、兽皮、珠玉、贝、布帛及金属都充当过货币；

(3)中国是世界上以铜铸币最早的国家，公元前1500年，商代已有铜贝币；

(4)公元前800年，春秋初期已有青铜铸造的布币和刀币；

(5)诗经《氓》有曰：“氓之蚩蚩，抱布贸丝，匪来贸丝，来即我谋”；

(6)公元前119年(汉武帝元狩四年)有鹿皮币；

(7)公元1023年(宋仁宗天圣元年)建交子务，发行纸币“交子”；

(8)现代信用货币的主要形式是现金与存款。

第四节　货币的形式

几千年来，货币形式随着商品交换和商品经济的发展在不断地发展变化。迄今为止，货币形式大致经历了实物货币、金属货币、纸币和信用货币几个发展阶段，从总的趋势来看，货币形式随着商品生产流通的发展和经济发展程度的提高，不断从低级向高级发展演变，这个过程大致可以分为三个阶段：

一、实物货币

一般价值形态转化为货币形式后，有一个漫长的实物货币占主导地位的时期。实物货币是指作为货币的价值与作为普遍商品的价值相等的货币。实物货币是货币最原始、最朴素的形式。它本身既作为商品，同时又作为货币在充当交换媒介。

在商品生产和交换还不发达的古代，实物货币的形式五花八门，重要的外来商品和本地易于转让的财产充当了货币。

实物货币都具有无法消除的缺陷，因为许多实物货币都形体不一，不易分割、保存，不便携带，而且价值不稳定，因此随着经济的发展与交易的扩大，实物货币逐渐被金属货币替代。

二、金属货币

金属货币最初仍是以条块形式流通的,这种做法给日益扩大的商品交换带来了诸多不便。随着商品生产和交换的发展,有些富裕的、有名望的商人在货币金属块上打上印记,标明重量和成色,以便于流通。当商品交换进一步发展并突破地方市场的范围后,对于金属块的重量、成色要求更具有权威性的证明。最具有权威性的自然就是国家。所以,为了适应经济发展对货币的新的要求,国家便把金属块铸成一定的形状并打上面值,这样就出现了铸币。

所谓铸币,就是指由国家统一铸造,具有一定重量和成色,铸成一定形状并标明面值的金属货币。政府根据铸币所包含的实际价值标明铸币的面值,并以其信誉作担保。

与实物货币相比,金属货币具有价值稳定、易于分割、易于储藏等优势,更适宜于充当货币。但是金属货币也有难以克服的弊端,这就是面对不断增长的进入交换的商品,货币的数量却很难保持同步的增长,因为金属货币的数量受到金属的贮藏和开采量的先天制约,因此在生产力急速发展时期,大量商品却往往由于货币的短缺而难以销售,引发萧条。同时金属货币在进行大额交易时不便携带,也影响了金属货币的使用。

三、信用货币

信用货币产生于金属货币流通时期,主要有两种形式:纸币现钞和存款货币。在20世纪30年代以前,信用货币可以直接兑现或有条件兑现金属货币,后来由于资本主义经济矛盾激化和战争的影响,金属货币制度受到破坏,政府滥用信用货币发行权造成通货膨胀,使信用货币的兑现性大大削弱,金属货币自由铸造和流通的基础也遭到破坏,于是各国政府在30年代纷纷放弃金属货币制度,实行不兑现的信用货币制度。

近几十年来,信用货币的使用形式发生了很大的变化,从现钞、支票等形式向无形的电子货币形式发展,例如银行在商场等消费场所安装终端机,顾客在支付时只需使用银行卡,计算机就自动划拨账款、自动清算。电子货币作为现代经济高度发达和金融业技术创新的成果,比传统的信用货币更方便、准确、安全和节约,是货币作为交易媒介不断进化的表现,代表着信用货币形式的发展趋势。

另外,近些年来,数字形式的信用货币陆续产生。我国数字人民币在持续、严谨研发基础上的稳妥试点应用也不断扩大。根据《中国数字人民币的研发进展白皮书》(2021)介绍,数字人民币是中国人民银行发行的数字形式的法定货币,由指定运营机构参与运营,以广义账户体系为基础,支持银行账户松耦合功能,与纸钞、硬币等实物人民币等价,具有价值特征和法偿性。数字人民币作为我国央行发行的法定货币,由国家信用做支撑,具备货币的价值尺度、交易媒介、价值贮藏等基本功能,与实物人民币一样是法定货币,是法定货币的数字形式。

小资料 1-2　中国古代货币的演变

中国是世界上最早使用货币的国家之一,使用货币的历史长达 5 000 年之久。中国古代货币在形成和发展的过程中,先后经历了 5 次重大的演变:

自然货币向人工货币的演变。贝是我国最早的货币,商朝以贝作为货币。在中国的汉字中,凡与价值有关的字,大都从"贝"。随着商品交换的发展,货币需求量越来越大,海贝已无法满足人们的需求,商朝人们开始用铜仿制海贝。铜币的出现,是我国古代货币史上由自然货币向人工货币的一次重大演变。随着人工铸币的大量使用,海贝这种自然货币便慢慢退出了中国的货币舞台。

由杂乱形状向统一形状的演变。从商朝铜币出现后到战国时期,我国的货币形状很多。战国时期不仅各国自铸货币,而且在一个诸侯国内的各个地区也都自铸货币。以赵国的铲币、齐国的刀币、秦国的圆形方孔钱、楚国的蚁鼻钱较著名。秦统一中国后,秦始皇于公元前 210 年颁布了中国最早的货币法"以秦币同天下之币",规定在全国范围内通行秦国圆形方孔的半两钱。货币的统一,结束了我国古代货币形状各异、重量悬殊的杂乱状态,是我国古代货币史上由杂乱形状向规范形状的一次重大演变。秦半两钱确定下来的这种圆形方孔的形制,一直延续到民国初期。

由地方铸币向中央铸币的演变。汉初,听任郡国自由铸钱,据《汉书·食货志》记载,文帝时"除盗铸钱令,使民放铸",于是"盗铸如云而起"。这既造成了货币的混乱,又使富商大贾操纵铸币权,富比天子。公元前 113 年,汉武帝收回了郡国铸币权,由中央统一铸造五铢钱,五铢钱成为当时唯一合法货币。从此确定了由中央政府对钱币铸造、发行的统一管理,这是中国古代货币史上由地方铸币向中央铸币的一次重大演变。此后,历代铸币皆由中央直接经管。铸币权收归中央,对稳定各朝的政局和经济发展起到了重要的作用。

由文书重量向通宝、元宝的演变。秦汉以来所铸的钱币,通常在钱文中都明确标明钱的重量,如"半两"、"五铢"等等(24 铢为 1 两)。唐高祖武德四年(公元 621 年),李渊决心改革币制,废轻重不一的历代古钱,取"开辟新纪元"之意,统一铸造"开元通宝"钱。"开元通宝"一反秦汉旧制,钱文不书重量,是我国古代货币由文书重量向通宝、元宝的演变。"开元通宝"钱是我国最早的通宝钱。此后我国铜钱不再用钱文标重量,都以通宝、元宝相称,它一直沿用到辛亥革命后的"民国通宝"。

金属货币向纸币"交子"的演变。北宋时,随着交换的发达,货币流通额增加,北宋太宗时,年铸币 80 万贯,以后逐渐增加。由于铸钱的铜料紧缺,政府为弥补铜钱的不足,在一些地区大量地铸造铁钱。据《宋史》记载,当时四川所铸铁钱 1 贯就重达 12.9 公斤。在四川买 1 匹罗(丝织品),要付 65 公斤重的铁钱。铁钱如此笨重不便,北宋创印的纸币"交子"就在四川地区应运而生。宋真宗时,在政府的许可下,由成都 16 家富户共同经营。"交子"的出现,是我国古代货币史上由金属货币向纸币的一次重要演变。"交子"不但是我国最早的纸币,也是世界上最早的纸币。

第五节　货币层次的划分

现代经济中的货币供给,是由银行系统提供的现金和存款货币构成的。货币供应量是指一个国家在一定时点上存在于个人、企业、金融机构、政府等部门的现金和存款货币的数量。在现实的经济生活中,人们往往还将货币的范围扩展到一些流动性较强的短期证券,如国库券、商业票据等,因为它们很容易转换为现金或活期存款从而成为现实的购买和支付工具。中央银行根据宏观监测和宏观调控的需要,一般根据流动性的大小将货币供应量划分为不同的层次,这就是所谓的货币层次。

发达国家是从 20 世纪 60 年代开始划分货币层次的。在学者们看来,货币的范围不仅包括流通中的纸币和辅币,而且包括银行存款,甚至包括有价证券等。通常我们把被排除在货币定义之外,但又和货币定义颇为相似的如银行存款、有价证券等称为准货币。许多经济学家认为,流通中的纸币或辅币是通货,它们只是货币的一部分,而不是货币的全部。货币包含的范围要比通货大得多,因此货币可以划分为许多层次。

(一)西方国家货币层次的划分依据

不同国家对货币划分的标准各不相同,所以对货币层次的划分也各不相同。但基本思路都是按照货币的流动性或可接受性来划分的,所谓金融资产的流动性,是指这种金融资产能迅速转换成现金,而对持有人不造成损失的能力。也就是变为现实的流通手段和支付手段的能力,也称变现力。因为变现能力越强的货币其流动性越强,而流动性越强的货币就越容易被人们普遍接受。于是按照货币的流动性和可接受性划分,货币一般可分成以下几个层次:

M1＝通货＋商业银行的活期存款;

M2＝M1＋商业银行的定期存款;

M3＝M2＋商业银行以外的金融机构的金融债券;

M4＝M3＋银行与金融机构以外的所有短期金融工具。

以上是西方经济学家对货币层次的归纳。各个国家也是不完全相同的。比如:

在日本,M1＝现金＋活期存款(现金指银行券发行额和辅币之和减去金融机构库存现金后的余额;活期存款包括企业支票活期存款、活期储蓄存款、通知即付存款、特别存款和纳税准备金存款);

M2＋CD＝M1＋准货币＋可转让存单(准货币指活期存款以外的一切公私存款,CD 是指可转让大额定期存单);

M3＋CD＝M2＋CD＋邮政、农协、渔协、信用合作和劳动金库的存款以及货币信托和贷方信托存款。

此外还有广义流动性等于"M3＋CD"加回购协议债券、金融债券、国家债券、投资信托和外国债券等。

而在美国,M1＝现金＋活期存款＋其他支票存款＋旅行支票;

M2＝M1＋由商业银行发行隔夜回购协议（RP）＋隔夜欧洲美元存款＋货币市场互助基金股份（MMMF）＋在所有存款机构的储蓄和货币市场存款账户（MMDA）＋在所有机构的小额定期存款；

M3＝M2＋所有存款机构的大额定期存款＋定期回购协议和定期欧洲美元＋货币市场互助基金股份（机构）；

M4＝M3＋短期财政部证券＋商业票据＋储蓄债券＋银行承兑票据。

英国的口径是：M1、M2、英镑M3、M3、PSL、PSL2.

其中：M1＝流通中的钞票和硬币＋英国私人部门的英镑即期存款；

M2＝流通中的钞票和硬币＋英国私人部门持有的在银行的10万英镑以下的活期存款＋其他存款（一个月内通知银行提取的零售性存款）；

英镑M3＝M1＋英国私人部门的英镑定期存款＋英国公共部门的英镑存款；

M3＝英镑M3＋英国居民持有的其他通货存款；

PSL＝私人部门所持有的英镑M3＋私人持有的国库券＋私人在地方机关及金融机构的存款＋纳税存款证＋银行承兑汇票；

PSL2＝PSL＋其他各种流动性资产如国民储蓄证券及在住房协会、信托储蓄银行和国民储蓄银行的存款等。

一般各国都把M1称为狭义的货币量，M2称为较广义的货币量，M3称为更广义的货币量，M4则称为最广义的货币量。有的国家则简单地将货币划分为M1（狭义货币量）和M2（广义货币量）。

（二）我国货币层次的划分

随着职能的转变，我国中国人民银行对宏观经济从直接调控转向间接调控，由此中国人民银行正式推出了货币供应量统计监测指标，并定期公布。从我国具体的金融经济运行状况出发，根据国际通用的按货币流动性的强弱进行划分的原则，在1994年12月28日颁布的《中国人民银行货币供应量统计和公布暂行办法》中，根据当时的实际情况，将我国货币供应量划分为M0、M1、M2以及M3等几个层次，各层次所涵盖的内容如下：

M0＝现金；

M1＝M0＋企业、单位支票存款＋基本建设存款；

M2＝M1＋储蓄存款＋企业、单位定期存款＋财政金库存款；

M3＝M2＋商业票据＋短期融资债券。

M1是通常所说的狭义货币供应量，M2是广义货币的供应量，M3是考虑到金融不断创新的现状而增设的，其中商业票据和短期融资债券属于准货币。2001年6月份第一次修订货币供应量指标，将证券公司客户保证金计入M2。2002年初，第二次修订货币供应量指标，将在中国的外资、合资金融机构的人民币存款业务，分别计入到不同层次的货币供应量。尽管我国货币供应量统计已经修订了两次，但它仍未全面反映金融市场的变化。

对货币层次进行划分，具有重要的现实意义，主要体现为：一方面，货币层次的划分，有利于为中央银行的宏观金融决策提供一个清晰的货币供应结构图，有助于掌握不同的货币运行态势,并据此采取不同的措施进行调控;另一方面,货币层次的划分,也有助于中央银行分析整个经济的动态变化。每一层次的货币供应量,都有特定的经济活动和商品运动与之对应,通过对各层次货币供应量变动的观察,中央银行可以掌握经济活动的状况,并分析预测其变化的趋势。

【本章小结】

货币是固定地充当一般等价物的特殊商品,它体现了一定的社会生产关系;货币具有价值尺度、流通手段、支付手段、储藏手段和世界货币等五种职能;货币制度是国家通过法律形式规定的货币流通的结构和组织形式;货币制度的内容包括币材的确定、对货币单位的规定、流通中货币种类的规定等诸多内容;货币制度的演进经历了银本位制、金银复本位制、金本位制以及纸币本位制等制度类别;历史上货币曾经历了实物货币、金属货币和信用货币等主要货币形式;货币层次是中央银行出于宏观监测和宏观调控的需要,根据流动性的强弱将货币供应量划分为不同的层次。

【思考与练习】

1.名词解释

货币 信用货币 格雷欣法则 铸币 无限法偿 货币层次

2.什么是货币制度? 其主要构成要素有哪些?

3.货币在执行支付手段职能时有什么特点?

4.货币层次划分的依据是什么? 为什么说科学地划分货币层次具有非常重要的意义?

5.尝试思考一下"劣币驱逐良币"规律后面体现了什么样的经济学假设。

6. 如何理解"纸币没有价值而只是一种符号"这一命题?

第2章 信用、利息与利率

学习内容与要求：

　　本章主要介绍信用的内涵、信用形式、信用工具、利息、利率以及我国的利率体制改革等内容。要求通过本章学习：掌握作为借贷行为的信用所具有的特点，信用形式的种类，信用工具的要素、种类和特点，利息及其本质、利率及其种类等内容；理解信用对经济的作用、不同信用形式的区别、利率的作用及利率的决定；了解我国利率体制改革的历程等内容。

第一节　信用概述

　　信用一词在日常生活中包含着信任、恪守诺言等内容，它源于西方文字，强调信任、声誉等。然而经济范畴中的信用指的是借贷行为。这种借贷行为是以收回为条件的付出或以归还为义务的取得。很显然，贷者之所以愿意贷出，是因为有权获取利息，而借者之所以能够借入，在于其承担了支付利息的义务；在借贷行为发生时以及借贷关系持续过程中，借贷双方间并没有产生借贷标的物所有权的变更，而只是发生了价值的单方面转移。

一、信用的产生和发展

（一）信用的产生

　　信用的产生，是以私有财产的出现为前提的。因为离开了这个前提，付出可以不考虑讨回，而借入也没必要归还。因此，借贷行为的出现，是为了适应财产归不同所有者占有情况下以不改变所有权为前提的财富余缺调剂的需要。

　　同时，信用的产生也离不开商品货币经济。因为当商品生产和交换发展到一定阶段以后，货币与商品的互换在时间和空间上产生了不一致，出现了货款的延期支付，即商品赊销。这时商品所有者只是将商品价值单方面转移；当归还价值时，则是货币价值的单方面转移，货币发挥着支付手段的职能。在这种特殊的价值运动中，买卖双方结成了借贷关系，即信用关系，也就是债权人与债务人的关系，信用便由此产生了。随着商品经济的进一步发展,为克服商品赊销的局限性,产生了货币形态的借贷。因此,信用产生的客观基础是商品货币经济。它是在商品交换发生延期支付,货币发挥支付手段职能时产生的。

(二)信用的发展

在人类社会经济发展的进程中,先后出现了高利贷信用、资本主义信用和社会主义信用三种信用形态。

高利贷是指以取得高额利息为特征的一种信贷活动,是最原始的信用形态。它产生于原始社会瓦解时期。当时私有制已经产生而且商品货币关系也有了一定程度的发展,由于存在极度的贫富不均,就出现了还本付息方式的借贷,但是由于当时的劳动生产率很低,剩余产品非常有限,因此,借入者只有付出高额利息才能得到急需的商品和货币。这是高利贷产生的历史根源。受人类社会早期社会政治经济现实的影响,高利贷信用成为奴隶社会和封建社会中占主导地位的基本信用形式。高利贷信用除了具有如其名称所揭示的"高利"特点外,还具有另外两个重要特征:其一,高利贷资本来源于商人、官吏等群体,主要用于生活性消费,因而与社会生产没有直接的密切联系,这就是所谓的非生产性;其二,高利贷具有资本的剥削方式,却不具有资本的生产方式,即货币在贷出者手中作为资本使用,使货币增值,但借入者无法把它作为资本来使用,只能作为购买手段或支付手段解决燃眉之急。

高利盘剥使小生产者在极端困难的条件下维系简单再生产,从而使社会生产力发展受阻,因此高利贷导致了生产力发展的缓慢;但与此同时,高利贷在客观上又为资本主义生产方式的形成提供了前提条件,即高利贷者手中集中了大量货币资本,实现了资本的原始积累,而大批小生产者、封建主破产,成为无产者,又为雇佣劳动创造了条件。因此,高利贷的历史作用具有两重性。

由于高利贷的利率过高,影响了资本主义生产方式的运转,不能满足新兴资产阶级的需求,同时高利贷者又竭力维护其赖以生存的小生产方式,因此产生了新兴资产阶级反对高利贷的斗争,斗争的中心是把利率降至平均利润率之下,迫使高利贷服从于资本主义生产方式的需要,斗争的结果是新兴资产阶级建立了自己的信用制度,以借贷资本形式取代了高利贷的垄断地位。这样,就产生了资本主义信用。

资本主义信用表现为借贷资本的运动。在产业资本循环周转过程中,一方面会出现资本的暂时闲置,另一方面又会出现对资本的临时需要。闲置资本不能给资本家带来剩余价值,这就与资本的本性产生矛盾。于是贷给那些临时需要补充资本的资本家使用,并收取利息。这样就从再生产过程中游离出来一种独立形态的资本即借贷资本。可见,产业资本循环与周转是借贷资本形成的基础。

社会主义信用体现了社会主义生产关系。我国社会主义制度建立以后,自觉地利用信用为社会主义建设和发展服务,建立起新型的信用关系,使信用成为国家有计划地动员和分配货币资金的一种重要形式。

随着商品经济的发展,现代信用有了突飞猛进的发展。不仅信用形式多样化,信用工具多样化,而且信用关系也已渗透到商品经济的方方面面。无论微观经济活动,还是宏观经济活动,都离不开货币信用形式,都需要借助于信用工具。因此,人们通常把现代商品经济称之为货币信用经济。

二、信用对现代经济的作用

(一)维护市场关系的基本准则

随着市场经济的不断发展和信用制度的逐步完善,市场交易方式逐步发生变化,先后经历了三个阶段:实物交易阶段、货币交易阶段和信用交易阶段。交易方式的演变,提高了效率,降低了成本。现代经济中,信用交易之所以优于货币交易,货币交易又优于实物交易,就是因为交易成本的逐渐降低。

由此看来,信用交易是市场经济高度发达和完善的表现。目前,西方国家的交易方式中90%都是采用信用交易。然而,如果进行信用交易时一方不守信用,交换关系和市场秩序就会遭到破坏,不仅信用交易无法进行,实物交易与货币交易也会受到影响,经济就难以健康发展。

(二)促进资金再分配,提高资金使用效率

信用是促进资金再分配的最灵活的方式。借助于信用可以把闲置的资金和社会分散的货币集中起来,转化为借贷资本,在市场规律的作用下,使资金得到充分利用。

在信用活动中,价值规律的作用能得到充分发挥,那些具有发展和增长潜力的产业往往容易获得信用的支持。同时,通过竞争机制,信用还会使资金从利润率较低的部门向利润率较高的部门转移,在促使各部门实现利润平均化的过程中,也提高了整个国民经济的资金使用效率。

(三)节约流通费用

利用各种信用形式能节约大量的流通费用,增加生产资金投入。

这是因为:第一,利用信用工具代替现金,节省了与现金流通有关的费用;第二,在发达的信用制度下,资金集中于银行和其他金融机构,可以减少整个社会的现金保管、现金出纳以及簿记登录等流通费用;第三,信用能加速商品价值的实现,这有助于减少商品储存和保管费用的支出。

此外,各种债权债务关系还可以利用非现金结算方式来处理,不仅节约了流通费用,还可以缩短流通时间,增加资金在生产领域发挥作用的时间,有利于扩大生产和增加利润。

(四)有利于资本集中

信用是资本集中的有力杠杆。借助于信用,可以不断扩大资本积聚的规模。信用可使零星资本合并为一个规模庞大的资本,也可以使个别资本通过合并其他资本来增大资本规模。现代兼并收购活动很多都是利用信用方式来进行并完成资本集中的。资本集中与积聚有利于大工业的发展和生产社会化程度的提高,推动经济增长。

（五）调节经济结构

信用调节经济的功能主要表现为国家利用货币和信用制度来制定各项金融政策和金融法规,利用各种信用杠杆来改变信用的规模及其运动趋势。金融机构通过各种金融业务,有效地集中和输出货币资金,形成了一个良性循环、不断增加的过程,能够为社会生产力的发展提供巨大的推动力。

国家借助信用的调节功能既能抑制通货膨胀,也能防止经济衰退和通货紧缩,刺激有效需求,促进资本市场平稳发展。国家利用信用杠杆还能引导资金的流向,通过资金流向的变化来实现经济结构的调整,使国民经济结构更合理,经济发展更具持续性。

第二节　信用形式

信用形式就是表现借贷关系特征的形式。根据发出信用的主体可以把信用划分为商业信用、银行信用、政府信用、消费信用等。

一、商业信用

商业信用是指企业之间以赊销商品和预付货款等形式提供的信用。这种信用的具体表现形式很多,如赊销商品、委托代销、分期付款、预付定金、按工程进度预付工程款、延期付款等等。商业信用的主要特点:(1)是在以营利为目的的经营者之间进行的,是经营者互相以商品形式提供的直接信用。(2)商业信用的规模和数量有一定限制。是经营者之间对现有的商品和资本进行再分配,不是获得新的补充资本。商业信用的最高界限不超过全社会经营者现有的资本总额。(3)商业信用有较严格的方向性。往往是上游企业向下游企业提供,绝不能相反。例如,面粉商—面包商—批发商—零售商。严格遵循社会生产销售程序,遵循社会总生产的循环。因此,商业信用能力有局限性,一般只在贸易伙伴之间建立。(4)商业信用容易形成社会债务链。在经营者有方向地互相提供信用的过程中,形成了连环套的债务关系,其中一环出现问题,很容易影响整个链条,出现类似三角债的问题,严重者可引起社会经济危机。(5)商业信用具有一定的分散性,且期限较短。经营者根据自己的经营情况随时可以发生信用关系,信用行为零散。

二、银行信用

银行信用,就是银行和各类金融机构以货币形式向社会各界提供的信用。银行信用是在商业信用发展到一定程度以后产生的。它的产生对商品经济的发展起着巨大的推动作用,标志着信用制度更加完善。

银行信用具有以下特点:(1)银行信用是以货币形态提供的间接信用,调动了社会各界闲置资金,并为社会各界提供信用。不受方向制约,不受数量限制,范围广,规模大,期限长。(2)信用性强,具有广泛的接受性。一般说来银行是信誉最好的信用机构,它的很多债务凭证具有最广泛的接受性,被视为货币充当流通手段和支付手段。(3)信用的发生集中统一,可控性强。社会资金以银行为中心集散,易于统计、控制和管理;以银行为中介,中断债务链,在促进经济活动的同时,稳定经济发展。因此,银行信用受到世界各国的重视及商业活动的推崇,成为当今世界最主要的信用形式之一。

银行信用与商业信用的区别如下:

(1)银行信用所贷出的货币资本是从产业资本中分离出来的,是相对独立的借贷资本;而商业信用处于再生产过程,尚未从产业资本分离出来;

(2)银行信用借贷双方,一方是银行或其他金融机构,另一方是企业;商业信用的借贷双方都是企业;

(3)银行信用可广泛集中再生产过程中游离出来的过剩资本和社会各阶层的货币收入,可向任一家企业提供;商业信用在借贷数量、方向、期限上受到严格的限制。

三、政府信用

政府信用是指政府以债务人身份,借助于债券等信用工具向社会各界筹集资金的一种信用方式。政府信用的主要表现形式是发行公债。

政府信用的主要特点:(1)目的单一,旨在借款,是调剂政府收支不平衡的手段,是弥补财政赤字的重要渠道。一般来说,政府支出大于收入可通过三条途径解决,即增税、举债和货币发行。增税立法程序复杂,易引起社会不满;增发货币易导致通货膨胀;以证券形式举债是较好的方法。(2)用途单一,旨在公益事业建设,如修筑道路、水利,发展科教事业等,为发展经济创造良好的社会环境与条件。取之于民,用之于民。(3)信用性强,信用风险小,安全性高。(4)日益成为调节经济的重要手段。很多国家和地区,通过在金融市场上买进和卖出政府发行的各种证券工具,调节货币供应,影响金融市场资金供求关系,从而调节社会经济活动。目前,世界各国政府信用有增无减,日益庞大。

四、消费信用

消费信用是商业企业、银行和其他金融机构向消费者提供的用以满足其消费方面的货币需要的信用。它提供信用的对象和债务人与商业信用、银行信用有所不同。消费信用提供的对象是耐用消费品(家具、汽车、电冰箱、房屋等),债务人都是购买消费品的消费者。

消费信用主要有两种形式：一种是类似商业信用，由工商企业以赊销方式向消费者提供商品或劳务，或者是以分期付款方式向消费者提供耐用消费品，如汽车、房屋等。另一种属于银行信用，由银行直接向购买耐用消费品的个人发放贷款，或者是由银行向提供商品与劳务的工商企业发放贷款。

消费信用的主要特点：(1)扩大需求，提高消费，刺激经济发展，缓解消费者有限的购买力与不断提高的生活需求的矛盾。(2)是有力的促销手段，可开拓销售市场，促进商品生产和流通。(3)给经济增加了不稳定的因素，容易造成需求膨胀。在经济繁荣时，消费信用扩大，商品销量增加；萧条时，消费信用萎缩，商品销售更加困难，经济更加恶化。

五、其他信用

除了上述信用形式之外，还存在民间信用、合作信用、租赁信用和国际信用等。

民间信用指社会公众之间以货币形式提供的信用。它的主要存在形式有：直接货币借贷；通过中介人进行的货币借贷；以实物作抵押取得借款的"典当"等。民间信用的主要特点：信用的目的既为生产，又为生活；期限较短，规模有限；自发性和分散性较强；风险性较大；利率较高。民间信用存在的基础是商品经济的发展和社会贫富不均，以及金融市场与其他信用形式不发达。民间信用是商业信用与银行信用的补充。

合作信用是集体合作性金融组织以组织成员内部为主要对象，采用货币形式提供的信用。它是银行信用的一种补充形式，提供信用的主体包括农村信用合作社、城市信用合作社、互助储金会，是金融组织提供的信用。农村信用合作社担负着调剂农村信贷资金的任务。城市信用合作社主要为参与入股或存款的小型集体经济单位和个体经济融通资金。互助储金会是人民群众运用自己力量，发挥团结、互助精神建立的组织，为群众解决生活上一些临时急需资金。

租赁信用，是经营者之间以营利为目的，出租设备和工具，收取租金的一种信用形式。租赁信用的表现形式是融资租赁、经营租赁和综合租赁。租赁信用有利于加速设备更新，减少一次性资金投入，扩大再生产规模，促进科学技术尽快转化为生产力，正被越来越多的企业运用。租赁业因此被称为"未来产业"，得到了迅速的发展。

国际信用，即国际信贷，是指国际上的借贷关系，是信用的各种形式在地域上的发展和扩大。主要表现形式有国际银行信贷、出口信贷、项目贷款、政府贷款、国家租赁等。随着世界经济一体化发展，国际信用关系无论在深度和广度上都将进一步发展，形式也将日益多样化。

小资料 2-1　信用的一种高级演变形式——虚拟资本

把虚拟资本作为一种信用形式是马克思的观点。在经济发展过程中,人们"渴望利用这种作为潜在货币资本贮藏起来的剩余价值来取得利润和收入,于是在信用制度和有价证券上找到了实现的途径",从而出现了虚拟资本。从虚拟资本的种类如国家债券、股票等来看,虚拟资本作为一种信用形式蕴涵着"信任"这层含义。

人们之所以购买国家债券除了是为了获得利息外,更重要的是出于对国家或政府的信任。只有国家或政府的信用可靠,投入的本金才能够几乎是零风险地收回。股票等有价证券的投资,不管其主要目的是索取股息还是在二级市场上赚取差价,也都是以对上市发行股票的企业的信任为基础。

股票虽然是代表实际投入到企业的现实资本,但它本身没有价值,只是现实资本的纸质副本。股票作为能取得收益的资本所有权证书,在证券市场上由于流通转让,而表现为具备一定数额的资本价值,实际上真正的价值已经投入到股份公司,属于公司法人所有。这就意味着上市公司发行股票筹集的资金如果不运用于扩大再生产,就无法取得剩余价值,股票持有者就无法取得真实回报,只能以投机的方式获得账面上的增值。股票交易实际上是虚幻的资本在人们手中不停地转让,虽然交易是可以不停地进行下去,但都不会改变资本的虚拟性质,而一旦股市连续下跌将造成这种"虚拟财富"的大幅度缩水。特别是随着经济的发展,股票的市场价格总额迅速增加,甚至超过它所代表的现实资本总额,体现了虚拟资本作为一种信用形式,是有风险的预期,未来的股价运动是预期的基础,而一旦发生信用危机,泡沫经济带来的副作用是非常大的。

股票的虚拟性还体现在股票市场的交易中,正如马克思所说:"信用使少数人越来越具有纯粹冒险家的特质。因为财产在这里是以股票的形式存在的,所以它的运动和转移就纯粹变成了交易所赌博的结果;在这种赌博中,小鱼为鲨鱼所吞掉,羊为交易所的狼所吞掉。"在股票市场中投机行为是不可避免的,水至清则无鱼,没有投机行为证券市场也就无法发展了,但创造一个公平、公正、公开的市场环境是证券市场得以发展的前提。

第三节　信用工具

信用工具是指以书面形式发行和流通、借以保证债权人或投资人权利的凭证,是资金供应者和需求者之间进行资金融通时,用来证明债权的各种合法凭证。信用工具也叫金融工具,是重要的金融资产,是金融市场上重要的交易对象。

一般来说,信用工具由五大要素构成,即面值(凭证的票面价格,包括面值币种和金额)、到期日(债务人必须向债权人偿还本金的最后日期)、期限(债权债务关系持续的时间)、利率(债权人获得的收益水平)和利息的支付方式。

一、信用工具种类

随着信用在现代经济生活中的不断深化和扩展,信用工具种类越来越多,从不同的角度可以对其进行不同的划分:

(1)按信用形式划分,可分为商业信用工具,如各种商业票据等;银行信用工具,如银行券和银行票据等;国家信用工具,如国库券等各种政府债券;证券投资信用工具,如债券、股票等。

(2)按期限划分,可分为长期、短期和不定期信用工具。长期与短期的划分没有一个绝对的标准,一般以一年为界,一年以上的为长期,一年以下则为短期。短期信用工具主要是指国库券、各种商业票据,包括汇票、本票、支票等。西方国家一般把短期信用工具称为"准货币",这是由于其偿还期短、流动性强,随时可以变现,近似于货币。长期信用工具通常是指有价证券,主要有债券和股票。不定期信用工具是指银行券和多数的民间借贷凭证。

二、信用工具的特征

信用工具纷繁复杂,各不相同,但也有一些共同的特征:

(1)收益性。信用工具能定期或不定期带来收益,这是信用的目的。信用工具的收益有三种:一种为固定收益,是投资者按事先规定好的利息率获得的收益,如债券和存单在到期时,投资者即可领取约定利息。固定收益在一定程度上就是名义收益,是信用工具票面收益与本金的比例。另一种是即期收益,又叫当期收益,就是按市场价格出售时所获得的收益,如股票买卖价格之差即为一种即期收益。还有一种是实际收益,指名义收益或当期收益扣除因物价变动而引起的货币购买力下降后的真实收益。在现实生活中,实际收益并不真实存在,而必须通过再计算。投资者所能接触到的是名义收益和当期收益。

(2)风险性。为了获得收益提供信用,同时必须承担风险。风险相对于安全而言,所以风险性从另一个角度讲就是安全性。信用工具的风险是指投入的本金和利息收入遭受损失的可能性。任何信用工具都有风险,只是程度不同而已。其风险主要有违约风险、市场风险、政治风险及流动性风险。违约风险一般称为信用风险,是指发行者不按合同履约或是公司破产等因素造成信用凭证持有者遭受损失的可能性。市场风险是指由于市场各种经济因素发生变化,例如市场利率变动、汇率变动、物价波动等各种情况造成信用凭证价格下跌,使持有者遭受损失的可能性。政治风险是指由于政策变化、战争、社会环境变化等各种政治情况直接引起或间接引起的信用凭证持有者遭受损失的可能性。

(3)流动性。金融工具可以买卖和交易,可以换得货币,此即为具有变现力或流动性。若在短期内,在不遭受损失的情况下,能够迅速出售并换回货币,则为流动性强,反之则为流动性差。

此外,偿还性也被认为是信用工具的一个特点。一般而言,除了股票以外的信用工具都规定有明确的偿还期限和义务,借贷标的物都有到期偿还的要求。从这个意义出发,我们也可以把股票理解成一种偿还期无限长的极端型特殊信用工具。

第四节 利 息

一、利息及其本质

利息是指在借贷活动中,债务人支付给债权人的超过借贷本金的那部分货币资金,是债务人为取得货币使用权所付出的代价。或者说,它是债权人让渡货币的使用权所获得的报酬。

那么资本为什么会"产生"利息,即利息的本质是什么呢?利息的本质取决于利息的来源,而利息的来源是由信用关系的性质决定的。

在资本主义社会之前,高利贷信用占据着主导地位。高利贷信用的利息是高利贷者通过高利贷活动无偿占有奴隶、农民、小生产者所创造的剩余劳动产品的价值,甚至包括必要劳动价值的一部分。

在资本主义制度下,利息是借贷资本运动的产物。职能资本家用其所借来的货币资本,通过生产获得利润,利润的一部分以利息的形式支付给借贷资本家。而利息是剩余价值的特殊转化形式,是利润的一部分,是货币资本家凭借他们对借贷资本的所有权,与职能资本家共同瓜分劳动者所创造的剩余价值。

社会主义利息也来源于利润,而社会主义利润是劳动者为社会创造的,归社会所有的剩余劳动价值形式,因此,社会主义利息体现了社会主义积累在社会主义经济内部再分配的本质特征,不存在剥削关系。

二、利息转化为收益的一般形态

从以上的分析可以看出,利息是资本所有者由于借出资本而取得的报酬,它来自生产者使用该笔资金发挥生产职能而形成的利润的一部分。因此,没有借贷便没有利息。但在现实经济生活中,利息已被看作是收益的一般形态:即资本使用者无论使用的是自有资本还是借入资本,总是把自己的利润分为利息和企业收入两部分,似乎只有扣除利息余下的利润才是"真正"的利润,而利息是资本本身"增殖"带来的。在现代会计制度中,资本的利息支出也都是列入成本的,而利润也是扣除利息支出后所剩余的那部分利润。

利息之所以转化为收益的一般形态,主要有以下几个原因:

第一,在借贷关系中,利息表现为资本所有权的"果实"。本来利息的真正的来源是资本使用者将资本运用于生产过程中所带来的利润的一部分,但人们往往忽略整个过程中创造价值的这个实质的内容,而只注意资本所有权带来了利息这一表象,于是利息是资本天然的收益这一观念就被人们广为接受。

第二,利息虽然实质上是利润的一部分,但利润率的高低依赖于企业的经营状况,事先无法准确预测;而利息率是可以确定的,企业的经营好坏都不会改变这个量,利息率的大小,直接制约了企业主收入的多少。这就进一步使利息表现为资本的自然收益。

第三,利息存在的历史非常久远。在资本主义生产方式以及与之相关的资本、利润范畴还没有出现之前,利息就已经出现了。货币可以提供利息,早已成为传统的看法。因此,无论货币是否作为资本使用,也不管它是否出借,人们都认为它自身能够产生收益。

第五节　利　率

一、利率及其种类

(一)利率的概念

利率,也就是利息率,是指借贷期内所形成的利息额与所贷资金额的比率。它用以表示利息水平的高低,也用以反映资金的"价格"和增殖能力。在实践中,它是一个比利息更有意义的经济指标。

利息率通常用年利率、月利率和日利率表示。年利率通常以本金百分之几来表示,在我国习惯上称为年息几厘,如本金 100 元,每年利息为 5 元,则年利率为 5%,又称年息 5 厘;月利率通常以本金的千分之几来表示,习惯上称为月息几厘,如本金 1 000 元,每月利息 5 元,则月息为 5‰,又称月息 5 厘;日利率通常以本金的万分之几来表示,习惯上称日息几厘,如本金 10 000 元,每日利息 2 元,则日利率为万分之二,又称为日息 2 厘。

(二)利息的计算方法

单利和复利是计算利息的两种基本方法。

单利是指在计算利息时,按借贷本金、期限、利率直接计算出利息,而计算出的利息不再计入本金重复计算利息。其计算公式是:

$$I = P \times r \times n \qquad S = P(1 + r \times n)$$

其中,I——利息额;

P——本金;

r——利息率；

n——借贷期限；

S——本金和利息之和。

【例】某人借款 1 000 元,年利率为 5%,借款期限为 3 年。到期时贷款应得利息按单利法计算是：

$$I = 1\,000 \times 5\% \times 3 = 150(元)$$

本利和为：

$$S = 1\,000 \times (1 + 5\% \times 3) = 1\,150(元)$$

复利是指计算利息时,将上期利息转为本金再继续计算利息,即俗称"利滚利"。其计算公式是：

$$S = P(1+r)^n$$

$$I = S - P$$

$$= P[(1+r)^n - 1]$$

如上例按复利计算本利和为：

$$S = 1\,000 \times (1 + 5\%)^3$$

$$= 1\,157.62(元)$$

$$I = 1\,157.62 - 1\,000$$

$$= 157.62(元)$$

复利法计算方法虽然比较复杂,但它体现了资金的时间价值,更为科学和合理。复利法在投资决策、财务管理等领域中有着极为广泛的应用。

(三)利率的种类

现实经济生活中的利息率都是以某种具体形式存在的。如可转让大额存单利率、1 年期储蓄存款利率、3 年期企业债券利率,等等。随着金融活动和金融创新的日益发展,利息率的种类也日益繁多。这些多种多样的利率共同构成一个经济社会的利率体系,它们往往相互作用、相互影响。按照不同的标准可以划分出不同的利率类别。实践中较为重要的分类有：

(1)按是否考虑通货膨胀的影响,可将利率分为名义利率和实际利率。名义利率是指金融市场上实际存在并发挥作用的利率,而实际利率是名义利率剔除通货膨胀因素后的真正利率。它们之间的关系可近似地表示为：

实际利率=名义利率-通货膨胀率

(2)按在借贷期内是否调整,利率可分为固定利率和浮动利率。固定利率是指在借贷期内不做调整的利率。它是传统采用的利率方式。它的不足之处是在通货膨胀比较严重的情况下,债权人的利益容易受到损失。浮动利率是一种在借贷期内可定期调整的利率。根据借贷双方的协定,由一方在规定的时间内依据某种市场利率(通常是某种货币市场利率)进行调整,一般调整期为半年。浮动利率可以避免通货膨胀给债权人带来的损失,它一般被用于长期借贷和国际金融市场。

(3)按是否由市场规律自发调节,可将利率分为市场利率、公定利率与官定利率。由市场调节能自由变动的利率称为市场利率。由政府金融管理部门确定的利率称为官定利率。由非政府的金融民间组织所确定的利率称为公定利率。公定利率对会员银行具有约束力。在我国,绝大多数利率都是官定利率。在发达的市场经济国家,以市场利率为主,同时有官定、公定利率。官定利率对公定利率和市场利率有着较大的影响。当官定利率提高或降低时,公定利率和市场利率往往随之提高或降低。

(4)按利率是否带有优惠性质,利率可分为一般利率和优惠利率。优惠利率是指国家通过金融机构或金融机构本身对于认为需要扶植或照顾的借款提供低于一般贷款利率水平的利率。它与一般利率的差别就在于优惠性质。我国的贴息贷款实行的就是优惠利率。贴息贷款就是借款者支付低于一般利率水平的利息,贷款者少收入的利息差额由批准贴息的部门支付。外汇贷款利率中以低于伦敦同业拆借市场的利率为优惠利率。我国外汇优惠利率贷款主要由中国银行发放。

(5)按商业银行的业务性质,利率可分为存款利率和贷款利率。存款利率是存款的利息与存款金额之比。存款利率比较统一,往往受当局的利率牵制,难以灵活反映资金供求关系,因此,相对而言,存款利率在利率体系中不占重要地位。贷款利率是贷款的利息与贷款金额之比。银行贷款大部分面向企业,各银行对不同的企业采取不同的贷款利率。因此贷款利率不统一。存款利率和贷款利率存在着较大的差异,这是由银行的经营特性决定的。但差额的大小随银行垄断程度的不同而有所不同。银行众多而且同业竞争激烈的,存贷利差较小;反之,存贷利差较大。当存贷利差过大时,企业会抛开银行直接融资。存贷利差过小,又使银行收益下降。因此存贷利差的合理确定对银行、企业都有着不可忽视的影响。

除了上述这些利率外,我们还经常会听到另外一种利率——基准利率。

基准利率也被称作再贷款利率或再贴现利率(以后会涉及),是一种在整个利率体系中发挥核心作用并能制约其他利率的基本利率。因此,基准利率在金融市场上具有普遍的参照作用,其他利率水平或金融资产价格往往会根据基准利率的水平来确定。基准利率具有市场化、基础性和传递性三大特点。后两个特点可以从其定义和功能中得到体现,市场化主要是强调基准利率必须是由市场供求关系决定,而且不仅反映实际市场供求状况,还要反映市场对未来的预期。

世界上最著名的基准利率有伦敦同业拆放利率(LIBOR)和美国联邦基准利率。在我国,基准利率是中国人民银行实现货币政策目标的重要手段之一,它往往由人民银行公布的商业银行存贷款等利率来体现。

二、利率的作用

在现代经济生活中,利率有两大基本功能,即传递经济信息和调节社会经济活动。

(一)传递经济信息

利率的信息传递功能是指在经济活动过程中,利率能够把市场资金供求状况及利率的变动趋势,传递给国家的宏观管理机构和微观经济单位。例如,通过利率升降反映出资金供求的变化;通过利率的变动反映出产业结构、企业结构、产品结构的协调程度与变化趋势;通过地区之间利差的变动反映出地区之间的资金布局及流向状况;通过国家间的利率比较反映出国际经济发展趋势与国内的现实反差。其传递过程是:当资金供给小于资金需求时,中央银行就要调高再贷款利率(再贴现率),专业银行的借入成本就要增加,在这种情况下,专业银行为保持其既得利润,它就必须同时调高存贷款利率。而贷款利率的调高就会使借款人减少,借款规模压缩;存款利率的调高又会使存款人增加,存款来源增加,这样,在资金供给增加的同时,资金需求又在减少,从而资金供求就会趋于均衡。

从微观的角度来看,通过利率结构变动(主要是差别利率),直接影响到资金市场参与者的信用成本和收益,进而调节他们对信贷资金的供给与需求的数量。具体表现在两个方面:一方面,利息同企业及其职工的利益息息相关,利率的高低直接影响甚至制约着企业的生产经营活动,利率的变动会导致企业调整产品结构和生产方向,较高的利率还会迫使企业精打细算,讲究资金使用效率。另一方面,利息率提供了在全社会范围内分配社会劳动、资金的客观尺度和选择条件,不同地区、不同部门、不同行业以及不同项目实行不同的利率,能够诱导投资方向,从而调节社会劳动总量在这些不同方面的投入比例,实现社会资源的有效配置。

利率机制还可以向社会显示出一定时期国家的经济金融政策走势。(1)反映国家宏观经济政策在某一时期的走向。如果经济发展过热,就要提高利率,抑制需求;若在一定时期,经济发展趋于萧条,则国家就要采取降低利率的政策,以刺激经济复苏。这种情况表明,利率变动是一国宏观经济政策最基本的寒暑表,同时也是推动经济发展的动因之一。(2)反映银根松紧的信号。在宏观经济政策的牵引下,利率的变动已成为金融政策的趋向依据。一般地说,利率的提高意味着银根趋紧,企业单位从银行难以取得信贷资金;如果利率降低,则反映银根放松,这时企业单位较容易取得信贷资金。这种情况表明,利率的变动是一国金融政策变化的最直接和最基本的标志,从而指导经济活动的开展。

利率机制的这种信息传递功能,是既作为过程的结果,又作为过程的起点而发生的。它既能够反映过去的经济情况,又能昭示未来经济活动的变化。因此,对宏观经济管理机构和微观经济单位来说,利率机制的这一功能十分值得重视。

(二)调节社会经济活动

对社会经济活动的调节主要体现为对生产和流通的调节。这种调节作用同利率机制的信息传递功能相联系。从静态来看,在社会经济活动的每一时点上,利率机制因其具有信息传递功能,因而能使各有关经济单位从该时点上特定水平的利率中,获得有关的经济、金融信息,了解金融市场上信贷资金运动的状况和演化趋势,并作出符合本身所设定目标的调整活动。这正如马克思所说,通过利率,"每一个人可以获知其他一切人的活动情况,并力求使本身的活动与之相适应。"这种调整行为从整体上来说,是利率机制调节作用的一种反映。与此同时,由于利率机制具有信息传递功能,因而它还给社会经济的控制系统导入了重要的"并联耦合元件",一旦经济控制系统中的其他元件失灵,可以使经济金融信息通过利率机制来传输和处理。这就保证了经济调节的顺利进行和提高了社会控制系统的可靠性,从而对社会经济的调节活动间接地起到了促进作用。

三、利率的决定

利率是如何决定的,即利率的水平受哪些因素影响,是金融学理论和社会经济实践中的一个重要的课题。

(一)马克思的利率决定理论

马克思的利率决定论是建立在对利息的来源和本质准确把握的基础上。马克思揭示,利息是贷出资本的资本家从借入资本的资本家那里分割出来的一部分剩余价值,而利润是剩余价值的转化形式。利息的这种质的规定性决定了它的量的规定性:利息量的多少取决于利润总额,利息率取决平均利润率。马克思进一步指出,在平均利润率与零之间,利息率的高低取决于两个因素:一是利润率;二是总利润在贷款人和借款人之间进行分配的比例。这一比例的确定主要取决于借贷双方的供求关系及其竞争,一般来说,供大于求时利率下降;供不应求时利率上升。此外,法律、习惯等也有较大作用。马克思的理论对于说明社会化大生产条件下的利率决定问题具有指导意义。

(二)西方主要的利率决定理论

西方的利率决定论大都着眼于供求对比关系的分析,认为利率的本质是一种价格。其分歧在于什么样的供求关系决定利率。如马歇尔的实际利率论(也称古典利率理论)就强调非货币的实际因素——生产率和节约——在利率决定中的作用。生产率由边际投资倾向表示,节约用边际储蓄倾向表示。投资量是利率的减函数,储蓄是利率的增函数,利率的变化则取决于投资量和储蓄量的均衡点(参见图 2-1)。

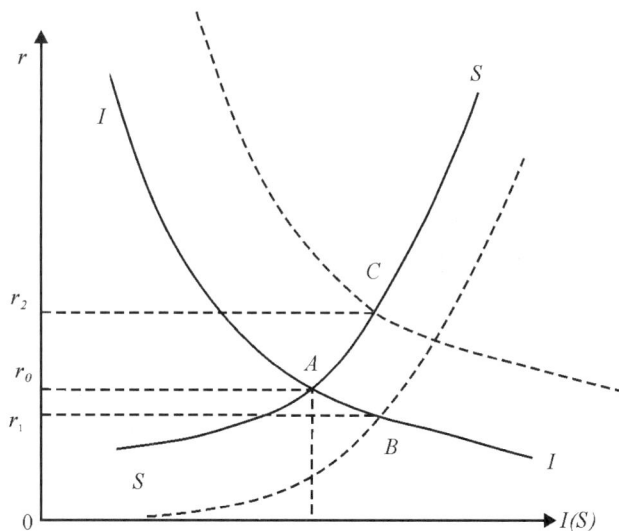

图 2-1 实际利率论示意图

图 2-1 中,横轴为投资量和储蓄量,纵轴为利率,II 曲线是投资曲线,II 曲线向下倾斜,表示投资与利率负相关。SS 是储蓄曲线,SS 曲线向上倾斜,表示储蓄与利

率正相关。II 曲线与 SS 曲线的相交于 A 点对应的利率 r_0 表示均衡利率。若边际投资倾向不变,边际储蓄倾向提高,SS 曲线向右平移,与 II 曲线形成新的均衡利率 r_1,$r_1 < r_0$,说明在投资不变的前提下,储蓄提高导致利率下降。若边际储蓄倾向不变,边际投资倾向提高,II 曲线向右平移,与 SS 曲线形成新的均衡利率 r_2,$r_2 > r_0$,说明在储蓄不变的前提下,投资的增加导致利率上升。

凯恩斯的货币供求论(也称流动性偏好利率论)则刚好相反,认为决定利率的是货币因素而非实际因素。货币供应是由中央银行决定的外生变量,货币需求取决于人们的流动性偏好,当人们的流动性偏好增强则倾向于增加货币持有数量,因此利率是由流动性偏好所引发的货币需求和货币供给共同决定的(参见图2-2)。可贷资金论(也称新古典利率理论)综合了前两种利率决定论,认为利率是由可贷资金的供求决定的,供给包括总储蓄和银行新增的货币量,需求包括总投资和新增的货币需求量,利率的决定取决于商品市场和货币市场的共同均衡。

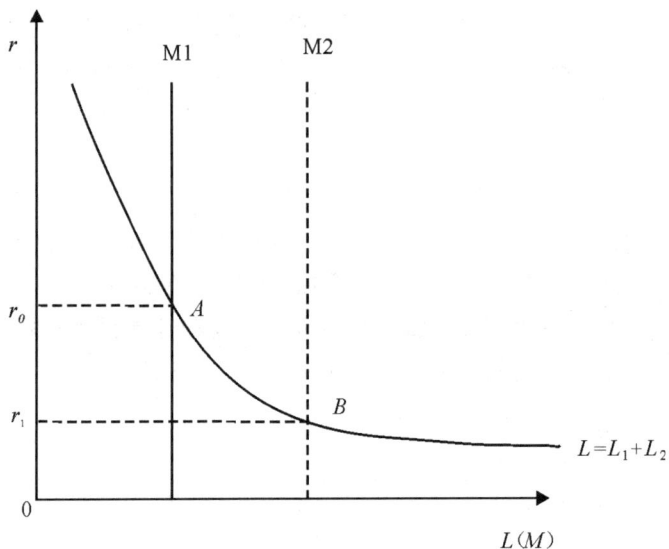

图 2-2　货币供求利率论示意图

图 2-2 中横轴为货币需求量和货币供给量,纵轴为利率。货币供给曲线 M 是由货币当局决定,货币需求曲线 $L = L_1 + L_2$,L_1 表示交易和谨慎货币需求,L_2 表示投机货币需求,L 表示货币总需求。L 是一条单调下降、凸向原点的曲线,越向右,越与横轴平行。当货币供给曲线与货币需求曲线的平行部分相交时,利率将不再变动,货币供给的增加,将导致储蓄的增加,它不会对利率变动产生影响。这就是凯恩斯著名的"流动性陷阱"学说。

(三)现阶段决定和影响我国利率的主要因素

(1)利润率的平均水平。社会主义市场经济中,利息仍作为平均利润的一部分,因而利息率也是由平均利润率决定的。根据我国经济发展现状与改革实践,这种制约作用可以概括为:利率的总水平要适应大多数企业的负担能力。也就是说,利率总水平不能太高,太高了大多数企业承受不了;相反,利率总水平也不能太低,太低了不能发挥利率的杠杆作用。

（2）资金的供求状况。在平均利润率既定时，利息率的变动则取决于平均利润分割为利息与企业利润的比例。而这个比例是由借贷资本的供求双方通过竞争确定的。一般地，当借贷资本供不应求时，借贷双方的竞争结果将促使利率上升；相反，当借贷资本供过于求时，竞争的结果必然导致利率下降。在我国市场经济条件下，由于作为金融市场上的商品的"价格"——利率，与其他商品的价格一样受供求规律的制约，因而资金的供求状况对利率水平的高低仍然有决定性作用。

（3）物价变动的幅度。由于价格具有刚性，变动的趋势一般是上涨，因而怎样使自己持有的货币不贬值，或遭受贬值后如何取得补偿，是人们普遍关心的问题。这种关心使得经营货币资金的银行必须使吸收存款的名义利率适应物价上涨的幅度，否则难以吸收存款；同时也必须使贷款的名义利率适应物价上涨的幅度，否则难以获得投资收益。所以，名义利率水平与物价水平具有同步变动的趋势，物价变动的幅度制约着名义利率水平的高低。

（4）国际经济的环境。改革开放以后，我国与其他国家的经济联系日益密切。在这种情况下，利率也不可避免地受国际经济因素的影响，表现在以下几个方面：①国家间资金的流动，通过改变我国的资金供给量影响我国的利率水平；②我国的利率水平还要受国际商品竞争的影响；③我国的利率水平，还受国家的外汇储备量的多少和利用外资政策的影响。

（5）政策性因素。自1949年新中国成立以来，我国的利率基本上属于管制利率类型，利率由国务院统一制定，由中国人民银行统一管理，在利率水平的制定与执行中，要受到政策性因素的影响。例如，1949—1976年，我国长期实行低利率政策，以稳定物价、稳定市场。1978年以来，对一些部门、企业实行差别利率，体现出政策性的引导或限制。可见，我国社会主义市场经济中，利率不是完全随着信贷资金的供求状况自由波动，它还取决于国家调节经济的需要，并受国家的控制和调节。

第六节　我国的利率体制改革

新中国成立初期，为迅速集中资源、重建经济，稳定物价，国家对利率进行了严格管理，并灵活调整利率水平、实行差别利率，有力地支持了国民经济的恢复。"文革"期间，受对利率认识的局限和"左"的思想的影响，利息被看作某种资本主义的东西，利率管理也向简化档次、降低水平的方向发展，利率在国民经济中的调控作用不断弱化，但利率集中管理的体制仍然没有改变。1978年以后，随着经济建设中心地位的确立，国民经济管理逐步由实物管理转向价值管理，调控方式逐步由以指令性计划为主的直接控制转向以经济手段为主的间接调控，利率在国民经济宏观调控中的重要性重新显现出来，利率管理体制也不断得到完善和发展。1988年10月5日，中国人民银行下发了《关于加强利率管理工作的暂行规定》，首次以部门规章的形式对利率管理进行了专门规范,初步明确了中国人民银行利率管理的主体地位和管理范围。1990年中国人民银行下发了《利率管理暂行规定》,对中国人民银行利率管理的职责范围进行了全面的界定,并明确了中国人民银行各级机构在利率管理中的职责。此时,中国人民银行对利率管理的范围几乎涉及所有资金价格和对计息规则的管理。在完善利率管理制度的同时,通过适度扩大金融机构存贷款利率浮动幅度和下放利率浮动权的形式,对利率管理体制改革进行了积极尝试。1993年,党的"十四大"《关于金融体制改革的决定》提出,我国利率改革的长远目标是:建立以市场资金供求为基础,以中央银行基准利率为调控核心,由市场资金供求决定各种利率水平的市场利率管理体系。党的十四届三中全会《中共中央关于建立社会主义市场经济体制若干问题的决定》中提出,中央银行按照资金供求状况及时调整基准利率,并允许商业银行存贷款利率在规定幅度内自由浮动。1996年随着统一的银行间市场的建立,利率管理体制改革迈上了新台阶。金融机构间的批发业务利率逐步放开,中国人民银行管理的利率范围不断缩小,利率管理种类不断简化;中国人民银行针对不同性质资金和不同行业制定的差别利率政策逐步减少,利率管理承担的财政职能逐步弱化,而对宏观经济灵活调控的职能不断增强。1998—1999年,中国人民银行连续三次扩大金融机构对中小企业贷款利率的浮动幅度,并统一了不同期限档次利率的浮动政策,使金融机构的定价权逐步扩大。1999年3月2日,中国人民银行修订并下发了《人民币利率管理规定》,强调了利率杠杆对国民经济的调节作用,进一步简化了利率管理的种类,明确了中国人民银行利率管理和金融机构自定利率的范围,使利率管理体制改革的成果以规范的形式明确下来。目前,我国利率管理基本上是在该《规定》的框架内进行。在外币利率管理方面,1984年以来,中国人民银行授权中国银行公布境内外币存贷款利率。2000年,中国人民银行改革了外币利率管理体制,放开了境内外币贷款利率和300万美元(或等值其他外币)以上的大额存款利率,300万美元(或等值其他外币)以下的小额外币存款利率由中国人民银行对外公布。2002年3月,中国人民银行统一了中外资金融机构外币利率管理政策。将境内外资金融机构对境内中国居民的小额外币存款,纳入中国人民银行现行小额外币存款利率管理范围,实现中外资金融机构在外币利率政策上的公平待遇。2003年,党的"十六大"报告提出:稳步推进利率市场化改革,优化金融资源配置。党的第十六届三中全会《中共中央关于完善社会主义市场经济体制若干问题的决定》中进一步明确"稳步推进利率市场化,建立健全由市场供求决定的利率形成机制,中央银行通过运用货币政策工具引导市场利率"。目前,我国的利率体制改革正沿着这一道路稳步而有序地向前迈进。

【本章小结】

信用指的是借贷行为。它是以收回为条件的付出或以归还为义务的取得,在此过程中,贷者之所以愿意贷出,是因为有权获取利息,而借者之所以能够借入,在于其承担了支付利息的义务;信用是价值运动的特殊形式;以信用主体为标准,把信用划分为商业信用、银行信用、国家信用、消费信用等;信用工具是指以书面形式发行和流通、借以保证债权人或投资人权利的凭证,是资金供应者和需求者之间进行资金融通时,用来证明债权的各种合法凭证;信用工具由面值、到期日、期限、利率和利息的支付方式等五大要素构成;信用工具具有收益性、风险性和流动性等三大特点;利息是指在借贷活动中,债务人支付给债权人的超过借贷本金的那部分货币资金,是债务人为取得货币使用权所付出的代价,利息的来源是由信用关系的性质决定的;利息率是指借贷期内所形成的利息额与所贷资金额的比率;在现代经济生活中,利率有两大基本功能,即传递经济信息和调节社会经济活动。

【思考与练习】

1.名词解释

信用　信用工具　商业信用　银行信用　消费信用　国家信用　利息

2.商业信用有哪些局限性?

3.银行信用和商业信用的区别是什么?

4.根据不同的标准,利率可以划分为哪些种类?

5.信用工具有哪些要素和特点?

第3章 金融市场

学习内容与要求:

本章主要概括介绍金融市场。要求掌握金融市场的概念,理解金融市场的功能、构成要素、融资方式,了解金融市场的分类;掌握货币市场概念和作用,理解货币市场子市场及其工具;掌握资本市场概念和作用,理解股票市场和债券市场的特点;掌握金融衍生工具的概念,了解各金融衍生工具的特点。

在现代经济系统中,有两类重要的市场对经济的运行起着主导作用,这就是产品市场和要素市场。产品市场是商品和服务进行交易的场所,要素市场是交易土地、劳动与资本等生产要素的市场。金融市场属于要素市场,在经济系统中,它引导资金由盈余部门向短缺部门转移。

第一节 金融市场的概述

一、金融市场的概念和功能

在介绍金融市场概念之前先介绍一下金融资产的概念。金融资产是指一切代表未来收益或资产合法要求权的凭证,亦称为金融工具或证券。

金融市场是指以金融资产为交易对象而形成的供求关系及其机制的总和。它包括如下三层含义:第一,它是金融资产进行交易的一个场所;第二,它反映了金融资产的供应者和需求者之间所形成的供求关系;第三,它包含了金融资产交易过程中所产生的运行机制,其中最主要的是价格(包括利率、汇率及各种证券的价格)机制。

金融市场是商品经济发展的产物。在商品经济条件下,随着商品流通的发展,生产的日益扩大和社会化,社会资本的加速周转,多种融资形式和信用工具的出现,导致金融市场的形成。而商品经济持续、稳定、协调发展,又离不开完备的金融市场体系,因为金融市场有其特殊的功能。

1.资本积累功能

资本积累功能是指金融市场引导众多分散的小额资金汇聚成可以投入社会再生产的大额资金的功能。经济发展需要投资,而投资的主要来源是储蓄。在储蓄向投资的转化过程中,需借助于一定的中介才能顺利进行。金融市场就充当了这种转化的中介。因为在社会资金的供给者与需求者之间,资金供求的时间、数量和方式之间,往往难以取得一致。通过金融市场的介入,使社会资金流动成为可能。在金融市场上,资金需求者可以通过发行金融工具的办法集中大量的资本;资金供给者也获得了有利的资金使用场所。

2.配置功能

配置功能包括资源的配置、财富的再分配和风险的再分配。在金融市场上,金融资产的流动带动了社会物质资源的流动和再分配,将社会资源由低效部门向高效部门转移,实现资源优化配置。金融工具价格的变化,给人以信息,引导人们放弃一些金融资产而追求另一些金融资产,实现财富的再分配。另外,经济活动中,时时处处存在风险,不同的经济主体对风险的厌恶程度不同,这样风险厌恶程度高的主体就可以利用各种金融工具把风险转嫁给风险厌恶程度低的主体,实现风险再分配。

3.调节经济的功能

在经济结构方面,人们选择某项金融资产,实际上就选择了投资方向:追求一部分收益率较高的行业和部门,而抛弃一部分收益率较低的行业和部门。这种选择的结果,必然发生优胜劣汰,从而达到调节经济结构的目的。

在宏观调控方面,政府实施货币政策和财政政策也离不开金融市场。存款准备金率和利率的调节要通过金融市场来进行;公开市场业务更是离不开金融市场;以增减国债发行额等方式实施的财政政策,同样要通过金融市场来实现。

4.反映经济的功能

金融市场被称为国民经济的"晴雨表",是公认的国民经济信号系统,可以从不同的角度反映国民经济的运行。微观方面,如单只股票价格的升降变化,可以反映该公司经济效益的状况;一个企业的贷款运行变化,可以反映该企业资金周转状况等等。宏观方面,国家的经济政策,尤其是货币政策的实施情况、银根的松紧、通货膨胀率的变化等,均会反映在金融市场之中。国际方面,由于金融机构有着庞大而有效的信息收集和传播网络,国内金融市场同国际金融市场连为一体,可以通过它及时了解世界经济发展的动向。

二、金融市场的构成要素

每种市场都必须具备交易主体、交易客体、交易价格机制及市场法规四个基本要素,金融市场也不例外。

(一)金融市场的交易主体

金融市场的交易主体包括参与交易的个人、家庭、企业、金融机构、政府机构和中央银行等经济主体,其中最主要的是各种类型的金融机构。各类经济主体在金融市场上既可以是资金供给者也可以是资金需求者。由于资金不足而借入或融入资金的行为称为筹资;借出或融出资金的行为称为投资;利用不同时间、地点的资金的价格差异进行资金转让,从中获得额外收益的行为称为投机;而那些设法利用某些金融交易活动来避免或减少资金价值损失的行为称为保值。金融市场的各方所从事的一切交易活动,都不外乎是为了这四个目的,其中最原始的交易目的是投资和筹资。

在金融市场上,交易主体的经济行为特征是追求收益最大化和规避风险。投资者与筹资者是对立的交易双方,它们的理性选择决定了金融市场的交易方式,各种交易方式所形成的供求关系又决定了各种金融工具的交易价格。

(二)金融市场的交易客体

金融市场的交易客体是指各种金融工具。金融工具是金融市场上实现货币资金转让的工具,是资金供求双方进行金融交易的合法凭证,它反映了特定的筹资需要和筹资特点。金融工具种类很多,根据投资人是否掌握所投资产的所有权为标准,可划分为债权债务凭证(如债券)和所有权凭证(如股票)。

金融工具作为金融市场的客体,如第二章所述具有四个基本特征,即偿还性、流动性、风险性和收益性。

(三)金融市场价格机制

与一般商品市场相比,金融市场上的价格机制要复杂得多。这是因为,大多数金融资产不仅存在着市场买卖价格,而且还涉及各种各样的收益率。以债券为例,一张债券往往对应着诸如票面价格、发行价格、市场价格、票面利率、到期收益率、持有期收益率等一系列价格概念。而更重要的是,金融资产市场价格的形成过程十分复杂,几乎时刻都在发生变动。从理论上说,一种金融资产的内在价值是由这种金融资产自身的流动性、收益性和风险性共同决定的,三者的综合构成其价格基础。但实践中,影响这种金融资产价格的因素远远不止以上这三种,诸如供给、需求、其他金融资产价格以及交易者心理预期等众多外在因素也会对其产生影响。

(四)金融市场法规

金融市场法规是金融管理机构为规范市场参与者行为制定的交易准则。因为金融市场交易的各种金融工具本质上是一纸法律契约,这意味着金融市场必须建立在一个完整的法律框架内,而且越复杂的金融工具,越需要全面的市场法规、条例和行为准则来规范交易行为。因此各国都制定了一系列金融法规,目的是维护市场交易活动的秩序,防止市场行情剧烈波动,促进金融经济的稳定与发展。

三、金融市场资金融通方式

在金融市场上,资金供给者和资金需求者之间的资金融通方式有两种:直接融资和间接融资。

1.直接融资

直接融资也称为直接金融,是指货币资金直接从资金供给者流向资金需求者,是货币资金的供给者和需求者之间直接发生信用关系的融资方式。尽管有时金融中介机构也参与直接融资活动,但其主要作用是代理资金需求者进行筹资活动。在这种融资方式下,货币资金的供给者把资金的使用权转让给货币资金的需求者,同时获得一种金融资产(直接金融工具),这样就实现了储蓄向投资的转化。在交易中常表现为货币资金供求双方直接协商或在公开市场上由货币资金供给者直接购入货币资金需求者发行的债券或股票,从而实现资金融通。通常情况下,由经纪人或证券商来安排这类交易。

直接融资的主要特征是:货币资金需求者自身直接发行融资凭证给货币资金供给者,证券商、经纪人等中介人员只是牵线搭桥并以此收取佣金。

服务于直接融资方式的金融工具,称为直接金融工具,包括由非金融机构如政府、工商企业和个人所发行或签署的国库券、股票、债券和抵押契约等各种形式的融资工具。

2.间接融资

间接融资也称为间接金融,是指货币资金的供给者和货币资金的需求者之间的资金融通通过各种金融机构中介的资产负债业务来进行的融资活动。按照这种方式,货币资金的供给者首先将货币资金的使用权转让给银行或其他金融机构,并获得一种金融资产(间接金融工具),而后金融机构再将资金贷放给货币资金的需求者或购买某种直接金融证券,以此实现资金的融通。

间接融资的主要特征是:金融中介自身发行间接证券,将货币资金供给者的货币资金集中起来并提供给其需求者。

服务于间接融资方式的金融工具,称为间接金融工具,包括由金融机构发行的存款账户、可转让存单等各种形式的借据。

直接金融和间接金融的区别在于:在直接金融中,资金供求双方发生了直接的权利与义务关系;但在间接金融中,资金供求双方并不发生直接的权利与义务关系。两者在资金融通过程中都扮演着重要的角色。而资金供求双方对资金融通方式的选择是随着经济环境的变化而变化的,是一个动态的过程。

四、金融市场的分类

(一)按照金融工具的期限划分为货币市场和资本市场

货币市场,是交易期限在1年以内的短期金融工具的交易市场,其作用是满足交易者对短期资金的需求,包括银行短期信贷市场、银行同业拆借市场、商业票据市场、银行承兑汇票市场和大额可转让定期存单市场等。

资本市场,是交易期限在1年以上的长期金融工具的交易市场,其作用是满足中长期的投资需求和政府弥补财政赤字的资金需要,包括银行的长期信贷市场和长期有价证券交易市场等。

(二)按照筹资方法划分为债务市场与股权市场

通过发行债务工具筹资的市场称作债务市场,通过发行股权证书筹资的市场称作股权市场。

资金需求者在金融市场上可以通过两种方式筹集资金。最普遍的一种方式是通过各种债务工具,如发行债券或申请抵押贷款筹资。债务工具是一种契约性合同,标明在未来一定时间、按一定利率,由借款者向贷款者支付一定的利息及偿还本金。到期日在 1 年以内的称为短期债务工具,到期日在 1～10 年之间的称为中期债务工具,到期日在 10 年以上的称为长期债务工具。

筹集资金的另一种方式是发行股权证书,如普通股,它代表一种对公司净资产的要求权以及公司资产的索偿权。股份公司定期向股东支付股利。由于股票无到期日,故称为长期证券。

(三)按照金融工具的交割期划分为现货市场和期货市场

现货市场,一般是指在成交后 1～3 个营业日内立即付款交割的市场。

期货市场,是指在成交日之后合约所规定的特定日期,如几周、几个月之后进行交割的市场。较多采用期货交易形式的,主要是证券、外汇、黄金等市场。

(四)按照资金的融通范围划分为国内金融市场和国际金融市场

国内金融市场,其融资范围限于本国领土之内,双方当事人为本国的自然人与法人,以及依法享受国民待遇的外国自然人与法人。

国际金融市场,其融资范围可以超越国界,其范围可以是整个世界,也可以是某一个地区,如中东地区、加勒比地区、东南亚地区,等等。双方当事人是不同国家和地区的自然人与法人。

(五)按交易层次划分为一级市场与二级市场

按交易层次,金融市场可分为一级市场与二级市场,或称为初级市场与次级市场、发行市场与流通市场。一级市场是指通过发行新的融资工具来融资的市场。二级市场是指通过买卖已发行的融资工具以实现流动性的交易市场。

第二节 货币市场

一、货币市场概述

货币市场于 19 世纪起源于英国和美国,是交易期在一年期以内的短期金融工具的交易市场。货币市场的活动主要是为了保持资金的流动性,以便随时变现。它一方面满足了资金需求者的短期资金需要,另一方面也为暂时闲置的资金提供了获取赢利机会的途径。

在货币市场中,短期金融工具的存在及发展是其发展的基础。短期金融工具将资金供应者和资金需求者联系起来,并为中央银行实施货币政策提供了操作手段。在货币市场上交易的短期金融工具,一般期限较短,最短的只有一天,最长的也不超过一年,较为普遍的是 3～6 个月。正因为这些工具期限短,可随时变现,有较强的货币性,所以,短期金融工具又有"准货币"之称。

货币市场是一个典型的以机构投资者为主的融资市场。货币市场一般没有确定的交易场所,其交易主要通过计算机网络进行。

货币市场可以按照金融产品的不同,划分为票据市场、回购市场、大额可转让定期存单市场、短期债券市场、银行同业拆借市场、银行短期信贷市场等。

二、货币市场子市场

(一)票据市场

货币市场中交易的票据主要有商业票据和银行承兑票据两类。

典型的商业票据产生于商品交易中的延期支付,有商品交易的背景,也叫做真实票据。但商业票据只反映由此产生的货币债权债务关系,并不反映交易的内容,只要证实票据不是伪造的,付款人就应该根据票据所载条件付款,无权以任何借口拒绝履行义务。此外,商业票据的签发不需要提供其他保证,只靠签发人的信用。因此,商业票据能否进入金融市场,要看签发人资信度的高低。

在商业票据中,除了具有交易背景的票据外,还有大量并无交易背景而只是单纯以融资为目的发出的票据,通常叫融通票据。在发达的市场经济国家的商业票据市场上,目前大量流通的是非金融机构的公司所发行的期限在 1 年以内的融通票据;购买者多为商业银行、投资银行等金融机构。

在商业票据的基础上,由银行介入,承诺票据到期履行支付义务,就形成了银行承兑票据。票据由银行承兑,信用风险相对较小。银行承兑须由付款人申请,并应于到期前把应付款项交给银行。对于这项业务,银行收取手续费。在发达的市场经济国家,银行承兑汇票的发行人大多是银行自身,是银行筹资的手段之一。

用票据进行短期融资的主要方式是出售票据一方融入的资金低于票据面值,差额部分就是支付给票据买方(贷款人)的利息,这种融资的方式叫做贴现,相应的利息率则称为贴现率。例如,有人要将 6 个月后到期,面额 100 000 元的商业票据出售给银行,银行按照 4% 的年率计算,贴息为 2 000 元[100 000×(4%×6/12)];银行支付给对方的金额则是 98 000 元(100 000-2 000)。

票据贴现是短期融资的一种典型方式。不仅商业票据、银行承兑汇票多采用贴现方式,国库券的发行也可采用贴现的方式。因此短期融资的市场也称贴现市场。

小资料 3-1

世界上最著名的贴现市场是英国的伦敦贴现市场。伦敦贴现市场是世界上最古老的贴现市场,产生于票据经纪业务非常发达的 18 世纪末 19 世纪初。目前伦敦贴现市场的交易品种已经远远超过传统意义的商业票据,大量的交易品种有融通票据、银行承兑汇票、国库券等。在这个市场上,主要的金融机构是贴现行、英格兰银行、清算银行、商人银行、承兑行和证券经纪商。

(二)回购市场

回购市场是指对回购协议进行交易的短期资金市场。

回购协议,是指在出售证券时和证券的购买商签订协议,约定在一定期限后按约定价格购回所卖证券,从而获取即时可用资金的一种合约。它实际上是一种以证券为抵押(质押)品的短期资金融通方式。

参与回购交易的资金需求者主要是商业银行与证券经纪人。一些存在资金短期闲置的非金融企业、政府机构和证券公司是回购市场上资金的主要供给者。回购市场既是机构投资者进行短期资金融通的市场,也是中央银行进行公开市场操作的主要场所。

我国的回购市场比较活跃,回购交易的抵押品均是政府债券。目前深圳证券交易所国债回购交易品种共有 9 种期限,分别为:1 天、2 天、3 天、4 天、7 天、14 天、28 天、91 天和 182 天。

(三)大额可转让定期存单市场

大额可转让定期存单(CDs),是由商业银行发行的一种金融产品,是存款人在银行的存款证明。可转让存单最早产生于 20 世纪 60 年代的美国。由于美国政府对银行支付的存款利率规定上限,导致商业银行的存款利率往往低于市场利率,在这种情况下,各大企业纷纷把闲置的资金从银行账户取出转而投资于国库券、商业票据等短期证券,从而使商业银行的存款大为减少。为了吸引客户,商业银行纷纷推出大额可转让存单。后来,英国、日本等国家的银行也先后开办了此项业务。

大额可转让存单是存款凭证的一种,其特点主要有:(1)不能提前支取,但可以在市场上流通转让。(2)存款金额为整数,且金额一般较大。在美国,可转让大额存单最低面额是 10 万美元,在市场上交易的最低单位为 100 万美元。我国香港的大额可转让存单最低面额为 10 万港元。(3)大额可转让存单主要是短期的,大多在 1 年以内,最短的仅为 14 天。

存单市场的主要参与者为货币市场基金、商业银行、政府和其他非金融机构。

(四)国库券市场

国库券是一种短期政府债券,期限大致有 3 个月、6 个月、9 个月和 12 个月几种,由于有政府信誉支持,所以风险最小、流动性强。

国库券通常以折价的方式发行,到期时按照票面金额兑现,票面金额和发行价格的差额就是国库券持有者的利息收入。例如,投资者以 9 800 元的价格购买一张 6 个月到期、面值为 10 000 元的国库券,6 个月到期后,投资者可用这张国库券兑现 10 000 元现金,其中 200 元就是政府支付给投资者的利息。

国库券市场的流动性在货币市场中是最高的,几乎所有的金融机构都参与这个市场的交易。许多国家的中央银行选择国库券市场开展公开市场业务。

(五)银行同业拆借市场

银行同业拆借市场,是指银行等金融机构之间短期资金借贷市场,市场的参与者为商业银行以及其他各类金融机构。银行同业拆借市场最早产生于美国,是商业银行间买卖超额准备金而形成的市场。目前该市场所进行的短期资金融通已经不仅仅限于金融机构弥补或调剂准备金头寸,而是已经发展成为各金融机构弥补流动性不足和进行有效的资产负债管理的重要场所。

归纳起来,银行同业拆借市场具有以下特点:

(1)融资期限短。一般是1天、2天或7天,最短也可能是几个小时,或隔夜拆借,最长不超过1年。

(2)交易的同业性。银行同业拆借市场有着严格的市场准入条件。一般在金融机构之间进行,而非金融机构包括工商企业、政府部门及个人或非指定的金融机构,不能进入拆借市场。

(3)交易金额的大宗性。银行同业拆借金额较大,且一般不需要担保或抵押,完全是一种协议和信用交易关系。双方都以自己的信用担保,并严格遵守交易协议。

(4)拆借利率的参考性。银行同业拆借市场的利率是一种市场化很高的利率,能够充分灵敏地反映资金市场供求的状况及变化,从而成为货币市场的参考利率。如伦敦银行同业拆借利率(LIBOR)作为伦敦金融市场上借贷活动的基础利率始于20世纪60年代,后来在国际信贷业务中广泛使用,成为国际金融市场上的关键利率。目前,许多国家和地区的金融市场及海外金融中心均以此利率为基础确定自己的利率。

(5)银行同业拆借市场是交易简便的无形市场。银行同业拆借市场的交易主要采取电话协商的方式进行,是一种无形市场;达成协议后,就可以通过各自在中央银行的存款账户自动划账清算;或者向资金交易中心提出供求和进行报价,由资金交易中心进行撮合成交,并进行资金划账。

我国银行同业拆借市场是1996年1月开始联网试运行的,其交易方式主要有信用拆借和回购两种方式,参与交易的机构有商业银行、证券公司、财务公司、基金和保险公司等。该市场也成为中国人民银行进行公开市场操作的场所。

小资料3-2 伦敦银行间同业拆借利率(LIBOR)退出历史舞台

2021年3月5日,英国金融市场行为监管局(FCA)发布了一项关于LIBOR终止报价的公告:2021年12月31日之后立即停止所有英镑、欧元、瑞士法郎、日元,以及1周和2个月期美元LIBOR报价。2023年6月30日之后所有剩余期限美元利率终止报价。

在这些截止日之前,LIBOR是世界上最重要的基准利率,在金融市场交易和资产定价中扮演重要角色,全球数万亿美元的金融工具和贷款产品以LIBOR为参考利率。但随着截止日阶段性到来,LIBOR将最终走向终结。

LIBOR的起源可以追溯到20世纪60年代末,当时希腊银行家Minos Zombanakis组织了一宗为伊朗国王提供价值8000万美元的银团贷款,并将贷款利率与一些参考银行报告的平均融资成本挂钩——这就是LIBOR报价机制的雏型。到20世纪80年代,全球利率市场开始发展,利率掉期、货币衍生品等金融产品逐渐普及,国际市场急需一个统一的利率衡量标准以用于各种金融机构和实体间交易。于是1986年,英国银行家协会(BBA)将LIBOR变为一种报价机制,协会选定20家(最初为16家)银行作为参考银行,每天伦敦时间11点前,这20家银行将各自的拆借利率报向ICE(美国洲际交易所),ICE剔除最高及最低的25%报价,将剩余一半报价的算术平均数作为LIBOR当天的定价。

LIBOR 作为全球基准利率为全球金融市场提供了诸多便利。但是,2008 年全球金融危机以来,LIBOR 的一些致命缺点逐渐暴露出来,成为全球金融稳定的一个重大隐患。LIBOR 的缺陷主要有两处:一是作为报价利率十分易于操纵;二是其所依赖的交易基础已几乎不复存在,逐步被有担保的回购拆借(repo)所取代。

资料来源:https://baijiahao.baidu.com/s? id=17210161932542441508&wfr=spider&for=pc

(六)银行短期信贷市场

银行短期信贷市场是以商业银行为主要资金提供者的短期放款市场,主要表现为商业银行通过吸收各种存款,并向企业、个人提供短期借贷资金,解决企业和个人短期资金不足或资金周转问题,主要有通知贷款、透支贷款、流动资金贷款和短期抵押贷款等几种。

1.通知贷款

通知贷款是一种银行与借款人约定没有固定期限,必要时可随时通知借款人还款的贷款业务。这种贷款通常是由银行向证券经纪人和自营商发放的,用来满足证券交易的资金需要。通知贷款一般要以其所持证券为抵押,所以又叫经纪人贷款。通知贷款一般期限比较短,利率比较低,常常是 1 天,一般按日计息,必要时,银行可通过电话通知借款人还款。

2.透支贷款

透支是指银行允许存款户在限定的金额范围内,超过其存款余额部分可以开支票向银行借款,并随时归还。由于透支没有固定的期限,所以是一种特殊的短期放款业务,它有随时偿还的义务,利息按月计算。透支分为信用透支、抵押透支和同业透支三种。

3.流动资金贷款

流动资金贷款是商业银行发放给企业作为生产经营周转之用的贷款,通常用于购买短期内可以变现的流动资产。这种贷款通常无抵押品作担保,所以又称为信用贷款。流动资金贷款的对象往往是具有良好资信的企业,对这种贷款,银行往往收取比较高的利息,并附加一定条件,如要求借款人提供资产负债表、收支计划和报告借款用途等,使银行可以比较容易地了解企业的财务状况和发展前景。

4.短期抵押贷款

短期抵押贷款是银行要求借款人提供一定的抵押品作保证,期限在 1 年内的放款业务。短期抵押贷款根据信用担保品的不同,可以分为以商业票据、商品、证券为担保的抵押贷款等几种。

以商业票据为担保的贷款业务包括票据贴现和票据抵押贷款。票据贴现就是客户将未到期的票据提交银行,由银行扣除自贴现之日起至到期日止的利息而取得现款。票据到期时,由贴现银行按票面额向票据的债务人收回款项。银行办理票据贴现须按一定的利率计算利息,该利率就是贴现率,贴现率一般低于普通贷款利率。贴现的票据期限一般比较短,通常都是 3 个月到期,最长不会超过 1 年,到期即可收回贷款。票据抵押贷款则是以各种票据为担保的贷款,贷款期限不得超过票据到期的期限。在贷款期限到达时,借款人应偿还贷款、赎回票据;如果不赎回,则银行有权处理票据。通常,票据抵押贷款额低于票据面额,一般为票据面额的 60%～80%。

商品抵押贷款是以各种商品和商品凭证做抵押担保的贷款。当贷款不能按期偿还时,银行可以出售抵押的商品,以补偿贷款额。比较常见的商品抵押贷款有:(1)存货贷款,即以企业所持有的存货或商品的一部分或全部作为担保的短期贷款;(2)客账贷款,即以应收账款为担保的短期贷款。

证券抵押贷款就是以客户持有的有价证券如股票或债券为担保品的贷款。

第三节 资本市场

一、资本市场概述

资本市场是指中长期资金融通或中长期金融证券买卖的市场。资本市场的基本功能是促进资本的形成,它可有效地促进社会储蓄转化成社会投资,将其合理地分配于各经济部门。资本市场的完善与否,影响到一国的投资水平、资源的合理分配和使用,从而影响到国民经济的协调发展。

与货币市场相比,资本市场具有如下几个特点:一是交易期限长,至少在 1 年以上,最长可达几十年甚至无限期;二是交易目的主要是融通长期投资性资金;三是资金融通规模大;四是流动性差,风险高但收益较高。

资本市场的作用可从两个层次上进行分析。首先从微观层次上看,资本市场主要有两大作用:一是资本定价,二是优化企业资产负债结构。所谓资本定价是指通过交易双方在资本市场上的互动而决定股票或债券的交易价格。由于资金供给者和资金需求者都是在进行成本收益权衡的基础上做出买卖证券决策的,因此,证券成交价格必然包含着社会方方面面的信息,正是这种社会评价,使得资本价值得以充分显示和确认。所谓优化企业资产负债结构有两层含义:一是指资本市场为企业优化资产负债结构提供了激励机制,如股票市场价值就发挥着监督与激励职业经理人努力工作的作用;二是指资本市场为企业优化资产负债结构提供了高效率的市场机制,企业充分利用股权性工具和债务性工具对资产负债结构、资产的流动性结构以及资本结构进行调整,以实现其多方面的目的。

其次从宏观层次上看,资本市场的作用有三个:一是促进储蓄向投资转化,积累物质资本;二是促进资本流动,优化资源配置;三是传导信息,实现宏观调控。资本形成是一国经济增长和经济发展的核心问题之一。在储蓄向投资的转化机制中,资本市场发挥着至关重要的作用。一方面,居民、企业、政府等储蓄主体可以通过购买股票、国债、公司债券等有价证券,实现其储蓄向投资的转化。另一方面,资本市场又通过金融工具的多样化和集中交易等机制,同时满足各类投资者和筹资者在时间、空间、数量、品质、风险、价格等方面的不同要求,无疑发挥着储蓄动员的作用。资本市场为资本流动提供了广阔空间,而资本在产业和地区之间的流动又决定并改变着产业的部门结构和地区结构。通过对已投入各产业部门和地区的资产的风险—收益评价,资本市场发挥着诱导资本(资产)从夕阳产业向朝阳产业流动,从竞争力较低的部门向竞争力较高的部门转移,从劣势地区向优势地区集中的作用。资本市场是政府调控经济的一个主要渠道。一方面,资本市场作为国民经济运行的"晴雨表",可为政府决策提供大量信息;另一方面,政府也可以对资本市场进行直接或间接干预,影响各种金融变量,进而影响公众的储蓄、消费和投资行为,最终实现对产出、就业、物价以及国际收支的有效控制,从而影响社会财富分配、社会公平和社会福利。

资本市场包括股票市场、债券市场和银行长期信贷市场等,本节主要介绍股票市场和债券市场。

二、股票市场和债券市场

(一)股票市场

股票市场是专门对股票进行公开交易的市场,包括股票的发行和流通。股票是由股份公司发行的权益凭证,代表持有者对公司资产和收益的剩余要求权。持有人可以按公司的分红政策定期或不定期地取得红利收入。股票没有到期日,持有人在需要现金时可以将其出售。

1.股票的形式

股票有"簿记式"和"实物式"两种形式,簿记式股票指发行人按照证监会规定的统一格式制作的记载股东权益的书面名册。实物式股票是指发行人在证监会指定的印刷机构统一印制的书面股票。股票根据不同标准还可以分为记名和不记名股票,普通股和优先股等。记名股票将股东姓名记入股东名册,股票转让要到公司办理过户;不记名股票不记载承购人姓名,可任意转让。

2.普通股与优先股

普通股是公司发行的无特别权利的股票,是公司满足全部债权后,对公司收入和资产的所有权,以出资额为限对公司债务负有限责任,因此,它代表着对公司剩余财产的索取权。普通股的权益主要表现在:①以投票的方式参与公司经营管理和决策的参与权(表决权);②对公司赢利的分配权;③在公司破产清算时,对公司剩余资产的分配权;④在公司发行新股时有优先认股权。

优先股是相对于普通股而言的,与普通股票相比具有一定优先权的股票。其优先权表现在:①优先分配股息的权利;②公司破产清算时,对公司剩余资产的优先分配权。但优先股的股东没有选举董事会和参与公司经营管理的权利。

3.股票的交易

大部分股票市场都有固定的交易场所——证券交易所,如我国的上海证券交易所和深圳证券交易所。股票交易最早出现在欧洲国家。1773年,在伦敦成立了第一家股票交易所。现在,所有经济发达的国家均拥有几家规模庞大的证券交易所。

证券交易所只是为交易双方提供一个公开交易的场所,它本身并不参与交易。能够进入证券交易所从事交易的,必须取得交易所会员资格。会员资格的取得历来均有各种严格限制并需缴纳巨额会费。会员有两类:经纪人和交易商。前者只能充当证券买者与卖者的中间人,从事代客买卖业务,收入来自佣金;后者则可以直接进行证券买卖,收入来自买卖差价。

一般客户如果有买卖上市证券的需要,应遵循如下步骤:

(1)开户,即投资者选择证券经纪商,并签订契约以确定委托代理关系。

(2)委托,即投资者委托开户证券商为投资者买卖股票。

(3)成交,即证券商在交易所内的交易员按照委托指令在场内进行买卖股票。

(4)清算交割,指证券成交后,投资者移交款项和股票。

(5)过户,指记名股票成交后办理变更股东名册登记手续。如果是不记名股票,则在成交时就完成过户,而无须专门办理过户手续。

股票的交易,也可以在场外交易市场进行。场外交易市场的特点是:(1)无集中交易场所,交易通过信息网络进行;(2)交易对象主要是没有在交易所登记上市的证券;(3)证券交易可以通过交易商或经纪人,也可以由客户直接进行;(4)证券交易一般由双方协商议定价格,不同于交易所采取的竞价制度。由于场外交易的相当部分是在证券商的柜台上进行的,所以也称作"柜台交易"或"店头交易"。

许多场外交易市场在信息公开和对上市公司质量的要求上比交易所低,因此,近十几年中发展速度非常快,逐渐成为交易所强有力的竞争对手。

小资料3-3 我国现行股票类型

我国股票类别与其他国家不同,分为国家股、法人股、公众股和外资股。

(1)国家股指有权代表国家投资的部门或机构以国有资产向股份制公司投资形成的股份。

(2)法人股是企业法人或有法人资格的事业单位和社会团体以依法可支配的资产向股份制公司投资形成的股份。

(3)公众股是个人向股份制公司投资后形成的股份,公众股又分为内部职工股和社会公众股。公司职工认购的股份不能超过向社会公众发行的股票总额的10%,一般内部职工股的上市时间要晚于社会公众股。

(4)外资股是外国和我国港、澳、台地区投资者以购买人民币特种股票等形式向股份制公司投资形成的股份,分为境内上市外资股和境外上市外资股。境内上市外资股指经批准在中国境内上市,以人民币标价,以外币认购,供外国或港、澳、台地区投资者投资的股票,称为人民币特种股票或B股。现在,境内投资者也可用外汇投资B股。上海证券交易所的B股以美元认购,深圳证券交易所的B股以港元认购。国家股、法人股和公众股合称人民币普通股或A股。境外上市外资股目前有N股、H股和S股。N股是在美国纽约交易所上市的外资股,H股指中国内地企业在香港联交所上市的外资股,S股则是指在新加坡交易所上市的外资股。

(二)债券市场

1.债券的定义

债券是政府、金融机构、工商企业等机构直接向社会借债筹措资金时,向投资者发行、承诺按一定利率支付利息并按约定条件偿还本金的债权债务凭证,它也是直接融资的重要工具之一。

债券的票面要素包括:①债券面值。包括债券的币种和金额,即债券以何种货币作为计量单位,票面金额是多少。②发行人名。指明债券的债务主体,为债权人到期追回本金和利息提供依据。发行人分为政府、金融机构和企业三类。③债券偿还期限。指债券从发行之日起至偿清本息之日止的时间。④债券利率,是债券利息与债券票面价值的比率,通常年利率用百分比表示。

2.债券的种类

债券可以从不同的角度进行分类,一般说来,债券的类型大体上有以下几种。

(1)按债券的发行主体划分为政府债券、公司债券和金融债券。①政府债券是一国政府为筹集财政资金而发行的债券。政府债券具有风险小、流通性强、收益稳定、利息免税的特点。政府债券主要有公债和地方政府债券两种。公债是一国中央政府为筹措建设资金和弥补财政赤字而发行的一种债务凭证,其本息支付来源于中央政府的税收。地方政府债券是地方政府为了筹措地方建设所需资金而发行的债务凭证。它用于满足地方政府财政需要,或兴办地方公共事业。地方政府债券偿还资金来源于地方税收,其性质与中央政府债券相同。②公司债券是股份公司或非股份公司依照法定程序发行,约定在一定期限内还本付息的债券。发行公司债券通常需要担保和评级。③金融债券是由银行和非银行金融机构发行的债券。目前,我国金融债券主要由国家开发银行、进出口银行等政策性银行发行。

(2)按利率形式分为固定利率债券和浮动利率债券。①固定利率债券是指在发行时规定利率在整个偿还期内不变的债券。②浮动利率债券是指发行时规定债券利率随市场利率定期浮动的债券,利率通常根据市场基准利率加上一定的利差来确定。浮动利率债券往往是中长期债券。由于利率可以随市场利率浮动,采取浮动利率债券形式可以有效地规避利率风险。

(3)按有无抵押担保分为信用债券和担保债券。①信用债券,又称为无担保债券,是指仅凭债务人的信用发行的,没有抵押品做担保的债券。一般包括政府债券和金融债券,少数信用好的公司也可发行信用债券。②担保债券是指以土地、房屋、机器设备等不动产或有价证券等作为抵押担保品所发行的债券。

小资料 3-4　欧债危机

欧债危机,全称欧洲主权债务危机,是指自 2009 年以来在欧洲部分国家爆发的主权债务危机。欧债危机是美国次贷危机的延续和深化,其本质原因是政府的债务负担超过了自身的承受范围而引起的违约风险。

早在 2008 年 10 月华尔街金融风暴初期，北欧的冰岛主权债务问题就浮出水面，而后中东欧债务危机爆发，鉴于这些国家经济规模小，国际救助比较及时，其主权债务问题未酿成较大全球性金融动荡。

2009 年 10 月 20 日，希腊政府宣布当年财政赤字占国内生产总值的比例将超过 12%，远高于欧盟设定的 3% 上限。随后，全球三大评级公司相继下调希腊主权信用评级，欧洲主权债务危机率先在希腊爆发。

2010 年上半年，欧洲央行、国际货币基金组织(IMF)等一直致力于为希腊债务危机寻求解决办法，但分歧不断。同时，欧元区内部协调机制运作不畅，致使救助希腊的计划迟迟不能出台，导致危机持续恶化。葡萄牙、西班牙、爱尔兰、意大利等国接连爆出财政问题，德国与法国等欧元区主要国家也受拖累。

欧洲稳定机制(ESM)执行董事、欧洲稳定基金 CEO 克劳斯·雷格林将表示，欧债危机的发生归结为三大原因：一是货币联盟设计自身存在很多问题；二是各个欧盟成员国之间的政策协调性还有待提升；三是预防机制不健全。雷格林说，这三个原因使得欧债危机发生之后的欧盟各国措手不及，欧元区国家经济更是受到重创。

摘自：百度百科 http://baike.baidu.com/view/3583537.htm

三、一级市场与二级市场

无论是股票市场还是债券市场，都存在一级市场与二级市场。

一级市场也称初级市场，是组织证券发行的市场。凡新公司成立发行股票、老公司增资补充发行股票、政府及工商企业发行债券等，构成一级市场活动的内容。

一级市场上新证券发行有公募与私募两种方式。私募，又称证券直接发行，指发行人直接对特定的投资人销售证券。私募的发行范围小，一般以少数与发行人或经办人有密切关系的投资人为发行对象。通常，股份公司对本公司股东发行股票多采取私募的方式。私募的手续简单，费用低廉，但不能公开上市。公募，指发行人公开向投资人推销证券。在公募发行中，发行人必须遵守有关事实全部公开的原则，向有关管理部门和市场公布各种财务报表及资料，以供投资人决策时参考。公募发行须得到投资银行或其他金融机构的协助。这些金融机构作为证券发行的代销商或包销商，从中取得佣金或差价收入。经销巨额证券的业务，往往不是由一家投资银行之类的金融机构单独进行，而是由一家牵头，组成推销银团。

二级市场也称次级市场，是对已经发行的证券进行交易的市场，当股东想转让股票或债券持有人想将未到期债券提前变现时，均需在二级市场上寻找买主。当投资者希望将资金投资于股票或者债券等长期金融工具时，可以进入二级市场，从希望提前变现的投资者手中购买证券，实现投资。因此，二级市场最重要的功能在于实现金融资产的流动性。

一级市场与二级市场有着紧密的相互依存关系。一级市场是二级市场存在的前提，没有证券发行，自然谈不上证券的再买卖；有了发行市场，还必须有二级市场，否则,新发行的证券就会由于缺乏流动性而难以推销,从而导致一级市场萎缩以致无法存在。

第四节 金融衍生工具

一、金融衍生工具的概念和特点

金融衍生工具,是从原生金融工具中派生出自身价值的金融商品,其价值取决于作为合约标的物的原生金融工具或指数的变动状况。原生金融产品主要包括外汇、债券、股票、货币、存单等金融资产。最常见的金融衍生工具有远期、期货、期权和互换这四种类型。

金融衍生工具从 20 世纪 70 年代产生以来得到了迅速的发展,目前已成为金融交易的主流,世界上几乎所有的大型银行和非银行金融机构都在积极地从事金融衍生工具的创造和交易。

金融衍生工具主要有三大特点:(1)高杠杆性。金融衍生工具的交易只需缴存一定比例的押金或保证金,便可得到相关资产的管理权,通常无须支付相关资产的全部价值。(2)虚拟性。当金融衍生工具的原生商品为实物或货币时,投资于金融衍生工具取得的收益并非来自相应的原生商品的增值,而是来自这些商品的价格变化。(3)高风险性。金融衍生工具是把双刃剑,一方面,它使规避各种金融风险有了灵活方便、极具针对性且交易成本日趋降低的手段;另一方面,由于实施保证金制度,使其投机成分浓厚,一旦失败将给投资者带来灾难性的打击。如 1995 年,英国巴林银行竟然由于它的一个分支机构的职员进行衍生工具投机失败而宣告破产(见本节案例)。

金融衍生工具在形式上均表现为一种合约,在合约上载明买卖双方同意交易的品种、价格、数量、交割时间及地点等。目前较为流行的金融衍生工具合约主要有远期、期货、期权和互换这四种类型,其他复杂的合约都是以此为基础演化而来的。本节我们主要介绍期货和期权。

二、金融期货市场

1.金融期货市场的特征与功能

金融期货合约是交易双方按约定价格在未来某一期间完成一定标准数量特定金融资产交易的合约。金融期货市场主要由外汇期货市场、利率期货市场和股票期货市场等组成。金融期货市场的特征是:交易场所限于交易所、交易很少以实物交割、交易合约系标准化合约、交易每天进行结算。

金融期货市场主要有两大功能：

一是转移价格风险的功能。在日常金融市场活动中，市场主体常面临着利率、汇率和证券价格波动等风险。有了期货交易后，他们就可以利用期货多头或空头把价格风险转移出去，从而实现避险目的。应该注意的是，对单个主体而言，利用期货交易可以达到消除价格风险的目的，但对整个社会而言，期货交易通常并不能消除价格风险，期货交易发挥的只是价格风险的再分配，即价格风险的转移作用。并且，在有些条件下，期货交易还具有增大或减小整个社会价格风险总量的作用。

二是价格发现功能。期货价格是所有参与期货交易的人对未来某一特定时间的现货价格的期望或预期。不论期货合约的多头还是空头，都会依其个人所持立场或所掌握的市场资讯，并对过去的价格表现加以研究后，做出买卖委托。而交易所通过电脑撮合公开竞价出来的价格，即为此瞬间市场对未来某一特定时间现货价格的平均看法。这就是期货市场的价格发现功能。

2.金融期货保证金

它可分为结算保证金和客户保证金两个层次。结算保证金是结算所或期货交易所结算部门向结算会员收取的，以确保履约的能力。客户保证金是结算会员或期货经纪商向客户收取的，以充当履约的保证。结算保证金又分为两种：原始保证金和变动保证金。原始保证金通常按期货合约价格的一定比例缴纳，变动保证金则是指因期货合约结算价格的变动而每天需相应调整的保证金。

保证金的数额主要根据以下因素确定：第一，每份合约的价格，它是确定保证金的基础。第二，不同金融证券期货合约价格变动幅度。价格变动幅度较大的，往往也是收费相对较多的。第三，期货合约的类型。当客户在同一商品不同月份有买卖仓时，其保证金收费比单买或单卖的客户低。第四，是套期保值还是投机。套期保值者的保证金往往要低于投机者，因为套期保值者大多拥有实物。第五，客户对象。对信誉好、稳定的、长期的客户收取的保证金一般比较低。

三、金融期权市场

期权合约是指期权的买方有权在约定的时间或约定的时期内，按照约定的价格买进或卖出一定数量的相关金融资产，也可以根据需要放弃行使这一权利。为了取得这样一种权利，期权合约的买方必须向卖方支付一定数额的费用，即期权费。按照相关资产的不同，金融期权有外汇期权、利率期权、股票期权、股票价格指数期权等。

期权分看涨期权和看跌期权两个基本类型。看涨期权的买方有权在某一约定的时间以约定的价格购买相关资产；看跌期权的买方则有权在某一约定时间以约定的价格出售相关资产。期权又分美式期权和欧式期权。按照美式期权，买方可以在期权的有效期内的任何时点行使权利或者放弃行使权利；按照欧式期权，期权买方只可以在合约到期时行使权利。

期权交易与期货交易不同的是，期权交易场所不仅有正规的交易所，还有一个规模庞大的场外交易市场。交易所交易的是标准化的期权合约，场外交易的则是非标准化的期权合约。对于场内交易期权来说,其合约有效期一般不超过9个月,以3个月和6个月最为常见。

期权这种金融衍生工具的最大魅力,在于可以使期权买方将风险锁定在一定范围之内。如果不考虑买卖相关资产时的佣金等费用支出,对于看涨期权的买方来说,当市场价格高于执行价格时,他会行使买的权利,取得收益;当市场价格低于执行价格时,他会放弃行使权利,所亏损的不过限于期权费。对于看跌期权买方来说,当市场价格低于执行价格时,他会行使卖的权利,取得收益;反之则放弃行使权利,所亏损的也仅限于期权费。因此,期权对于买方来说,可以实现有限的损失和无限的收益。

那么对于卖方来说则恰好相反,即损失无限而收益有限。在这种看似不对称的条件下为什么还会有期权的卖方? 其实卖方所以愿意卖出期权合约,肯定认为此举对他有利。例如,如果认定相关资产的价格将会上涨,那么,卖出几份看跌期权合约,使自己不费任何本金即可坐收期权费的收入。当然,这样做会冒很大风险:如果股市暴跌,看跌期权卖方不得不配合对方行权,以高价买入对方出售的股票,那必将亏损惨重。

小资料3-5　巴林银行倒闭案

英格兰银行1995年2月27日宣布,英国巴林银行因发生巨额亏损和财务危机而不能继续营业,由英格兰银行接管该银行,这一消息震动了整个国际金融市场。巴林银行是英国一家有着233年历史的著名银行,主要从事证券和期货交易。1994年前后虽然由于金融市场动荡,许多大银行收入减少,但巴林银行经营状况良好,1994年税后利润高达1.5亿美元。正是这样一家声名卓著、业绩良好的银行,却在一夜之间破产,不能不引起人们的震惊和思考。巴林银行破产的原因是其新加坡分行的期货首席交易员尼克·里森越权购入大量日本日经股票指数期货,因判断失误导致巨额亏损。

里森于1989年7月10日正式到巴林银行工作。这之前,他是摩根·斯坦利银行清算部的一名职员,进入巴林银行后,他很快争取到了到印尼分部工作的机会。由于他富有耐心和毅力,善于逻辑推理,能很快地解决以前未能解决的许多问题,使工作有了起色。因此,他被视为期货与期权结算方面的专家,伦敦总部对里森在印尼的工作相当满意,并允诺可以在海外给他安排一个合适的职务。1992年,巴林总部决定派他到新加坡分行成立期货与期权交易部门,并出任总经理。他当时从事大量跨式头寸交易,因为当时日经指数稳定,里森从此交易中赚取了大量期权权利金。若运气不好,日经指数变动剧烈,此交易将使巴林招致极大损失。

1995年1月18日,日本神户大地震,其后数日东京日经指数大幅度下跌,里森一方面遭受更大的损失,另一方面购买更庞大数量的日经指数期货合约,希望日经指数会上涨到理想的价格范围。但事与愿违,2月初日经股指急速下滑,使里森的交易出现亏损。为了挽回损失,里森又购进大量大阪证券交易所和新加坡交易所的期货,企图影响期货指数上升。但里森的交易未能奏效,反而使他在这种高风险的交易中越陷越深。据伦敦的交易商估计,日经指数在下跌到18 500点以下时,每下跌1点,里森的的这些期货指数交易就要损失 200 万美元。随着日经股票指数在 2 月 24 日下跌到 1 742.94 点,里森造成的亏损巳达 10 亿美元以上。里森终因无力挽回损失,畏罪潜逃。巴林银行在伦敦的总部得到消息后,因全部资本及储备金不足以抵偿亏损,不得不向英国中央银行——英格兰银行——请求帮助。英格兰银行连夜召集伦敦各大银行首脑商议挽救巴林银行的办法,希望由别的大银行出资援救。但巴林银行这些衍生金融产品的交易风险极大,在将来可能遭到的损失无法预计和防堵,各大银行均不愿踏进这无底黑洞。在东京股指不断下跌的影响下,仅 1995 年 2 月 28 日一天,巴林银行的亏损额就增加了 2.8 亿美元。英格兰银行无法向巴林银行提供资金,只得决定由国际会计公司接管巴林银行。1995 年 3 月荷兰国际集团将其收购。

【本章小结】

1.金融市场是指以金融资产为交易对象而形成的供求关系及其机制的总和。在经济系统中,金融市场能引导资金的流向,使资金由盈余部门向短缺部门转移。

2.金融市场由交易主体、交易客体、交易价格机制及市场法规四个基本要素构成。金融工具作为金融市场的客体,一般具有四个基本特征,即偿还性、流动性、风险性和收益性。

3.在金融市场上,资金融通方式有直接融资和间接融资两种。

4.货币市场是交易期在一年期以内的短期金融工具的市场。货币市场的活动主要是为了保持资金的流动性。按照金融产品的不同划分为票据市场、回购市场、大额存单市场、短期债券市场、银行同业拆借市场、银行短期信贷市场等。

5.资本市场是指中长期资金融通或中长期金融证券买卖的市场。资本市场的基本功能是促进资本的形成。按市场工具来划分,可分为股票市场和债券市场。按组织结构划分,可分为一级市场和二级市场。

6.金融衍生工具,是从原生金融工具中派生出自身价值的金融商品,其价值取决于作为合约标的物的原生金融工具或指数的变动状况。金融衍生工具主要有三大特点:高杠杆性、虚拟性和高风险性。目前较为流行的金融衍生工具合约主要有远期、期货、期权和互换这四种类型。

【思考与练习】

1.名词解释

金融市场　货币市场　资本市场　金融衍生品　股票　债券　期货　期权

2.简述金融市场的功能。

3.简述货币市场和资本市场的功能及两者的区别。

4.简述股票和债券的区别。

5.为什么说金融衍生品具有高风险性?

6.简述远期和期货,期货和期权的区别。

第4章 商业银行

学习内容与要求

　　本章主要介绍商业银行的组织结构和业务活动。要求了解商业银行的产生、发展以及未来商业银行的发展趋势;掌握商业银行的主要组织形式和组织结构;充分掌握商业银行的主要业务内容;理解商业银行的经营目标和原则。

　　商业银行是以追求利润为目标,以经营金融资产和负债为主要对象,具有货币创造能力,并提供日趋多样化服务的综合性、多功能的金融企业。它与其他银行和非银行金融机构的根本区别在于:只有它才能吸收可签发支票的活期存款,是唯一能够创造和收缩存款货币的金融中介机构。因此,商业银行是现代金融体系的主体,它对国民经济的发展起着十分重要的作用。

第一节　商业银行的产生与发展

一、商业银行的概念

　　商业银行是英文 commercial bank 的意译。商业银行在不同时期有不同的定义,即使在同一时期,由于不同国家商业银行的业务范围不同,定义也不同。美国著名经济学家,诺贝尔经济学奖得主萨缪尔森先生在其代表作《经济学》中把商业银行定义为:商业银行是企业的银行,是银行货币的主要提供者。法国在其《银行法》中把商业银行定义为:向公众吸收资金,为客户提供金融服务的信贷机构。我国 1995 年颁布的《商业银行法》将商业银行定义为:"商业银行是指依照本法和《中华人民共和国公司法》设立的吸收公众存款、发放贷款、办理结算业务的企业法人。"这里需要说明的是,我国《商业银行法》所作的定义,具有合理性和时代性。但近几年来国际金融市场发生了深刻变化,商业银行的业务越来越广泛。我国商业银行也正慢慢地适应世界潮流,业务也逐渐多样化。因此,我们认为商业银行的定义应包括以下要点:第一,商业银行是一个信用授受的中介机构;第二,商业银行是以获取利润为目的的企业;第三,商业银行是唯一能提供"银行货币"(活期存款)的金融组织。综合来说,对商业银行这一概念可理解为:商业银行是以经营工商业存放款为主要业务,并以获取利润为目的的货币经营企业。这个定义方法实际上是把中西方学者对商业银行所下的定义做了一个概括。商业银行的特征如下:

第一,商业银行与一般工商企业一样,是以营利为目的的企业。它也具有从事业务经营所需要的自有资本,依法经营,照章纳税,自负盈亏,它与其他企业一样,以获取利润为目标。

第二,商业银行又是不同于一般工商企业的特殊企业。其特殊性具体表现在经营对象的差异上。工商企业经营的是具有一定使用价值的商品,从事商品生产和流通;而商业银行是以金融资产和金融负债为经营对象,经营的是特殊商品——货币和货币资本。经营内容包括货币收付、借贷以及各种与货币运动有关的或者与之相联系的金融服务。从社会再生产过程看,商业银行的经营,是工商企业经营的条件。同一般工商企业的区别,使商业银行成为一种特殊的企业——金融企业。

第三,商业银行与专业银行相比又有所不同。商业银行的业务更综合,功能更全面,经营一切金融"零售"业务(门市服务)和"批发"业务(大额信贷业务),为客户提供所有的金融服务。而专业银行只集中经营指定范围内的业务和提供专门服务。随着西方各国金融管制的放松,专业银行的业务经营范围也在不断扩大,但与商业银行相比,仍差距甚远;商业银行在业务经营上具有优势。

综合我国与发达国家的商业银行的实际,兼顾商业银行的发展趋势,我们对商业银行作以下定义:商业银行是指以吸收存款为主要资金来源,以开展贷款和中间业务为主要业务,以营利为目的的综合性、多功能的金融企业。

二、商业银行的产生

(一)货币兑换业和货币经营业

商业银行的先驱是随着商品生产和流通的扩大而出现的货币兑换业。在14—15世纪的欧洲,社会生产力有了较大的发展,国家间、地区间的商业贸易往来日益扩大。然而,由于封建割据的存在,货币铸造权分散,不同国家、不同地区的货币单位不同,材料、种类和成色不一,给商人们的商业贸易活动带来很多不便,商人们在从事对外贸易时,不仅要鉴别铸币的材料、重量和成色,还要把本国铸币兑换成当地铸币,对货币进行真伪鉴别,从而兑换就成为商业活动中不可或缺的一个组成部分,于是一部分商人就从一般商人中分离出来,专门从事货币兑换业务,成为货币兑换商。

早期的货币兑换商仅仅办理鉴别与兑换货币的技术性业务,并收取一定的手续费。经过长期的业务活动,他们逐渐建立了自己的信誉,取得了商人们的信任;而商人们为了避免自己保管和携带货币所产生的风险和困难,就把自己的货币交给货币兑换商保管,并取得货币兑换商提供的相应的凭据,然后凭着这张凭据,可以在另一个城市兑取当地的货币。后来,商人们又将这些凭据用于商业支付,并委托货币兑换商代为支付现金,这样,货币兑换商所开出的凭据,便成了早期的"汇票",最初的汇兑、结算业务就在此基础上发展起来,原先的货币兑换业逐渐演变成为货币经营业,而原先的货币兑换商也变成货币经营商了。

(二)早期的银行

随着社会生产力和早期资本主义工商业的进一步发展,货币经营业也得到了迅速的发展,货币经营商人手中聚集的资金越来越多,当货币经营商人发现这些长期大量集存的货币相当稳定,可以用来发放高利贷以获取高额利息收入时,货币经营商人就从原来被动接受客户委托保管货币转变为积极主动揽取货币保管业务,通过降低保管费和不收取保管费到后来还给委托保管货币的客户一定好处,此时货币保管业务便演变成存款业务了。同时,货币经营商根据经验改变了以前实行全额准备制以防客户提现的做法,实行部分准备制,所吸收的存款除了保留一部分以应付日常的提现外,其余的均用于贷款取息,此时,货币经营业就演变为集存款、贷款、汇兑、结算业务于一体的早期的银行。

最早的银行产生于当时的世界商业中心意大利,以后传播到欧洲其他国家。如1580年成立的威尼斯银行、1595年成立的米特兰银行、1609年成立的阿姆斯特丹银行和1629年成立的汉堡银行等都是早期著名的银行。这些银行的放款利率很高,一般年利率都在20%~30%之间,属于高利贷性质的银行。

(三)现代商业银行的形成

现代商业银行起源于资本主义社会。随着资本主义生产社会化和商品经济的发展,早期高利贷性质的银行已不能满足经济发展对资金融通的需求,客观上迫切要求建立资本主义银行,以支持和推动资本主义扩大再生产。现代资本主义银行是通过两条途径产生的:一是早期高利贷性质的银行逐渐适应新的条件而转变为资本主义银行;二是根据资本主义原则组建股份制银行。世界上第一家股份制银行是1694年在英国创办的英格兰银行,该行一开始就把年利率定为4.5%~6%,大大低于当时那些高利贷性质的银行的贷款利率。英格兰银行的建立标志着适应资本主义生产方式的新的银行制度的建立,也意味着高利贷在信用领域的垄断地位被粉碎。继英格兰银行之后,欧洲其他国家也先后建立了股份制银行。这种银行资本雄厚、规模大、发展快,从而成为资本主义银行的主要形式。

三、商业银行的发展模式

由于各国商业银行产生的条件和社会生产发展的环境不同,各国商业银行业务经营的范围和特点存在着一定的差异。从历史上看,商业银行基本上是遵循着两种模式发展起来的。

(一)传统式的英国模式

这一模式以"真实票据论"为依据,认为商业银行的放款要以真正的商业行为为基础,并有真实的票据作凭证。这种商业银行以吸收短期存款为主要业务,其资产业务则主要集中于自偿性贷款,即一种依存于商业行为而能自动清偿的贷款,银行通过贴现票据发放短期的周转性贷款,一旦票据到期和承销完成,贷款就可以自动收回。由于这种贷款同商业行为、企业的产销活动相结合,期限短、流动性强,因此,对银行来说比较安全可靠。在英国和受英美传统影响的一些国家,商业银行基本上是遵循这种模式建立和发展起来的。

(二)综合式的德国模式

与英国相比,德国的工业化起步较晚,资本市场比较落后。为了满足工业革命的需要,德国的商业银行不仅为工商企业提供短期的商业性周转贷款,而且还提供中长期的固定资产贷款。此外,德国的商业银行还直接投资于新兴工业企业,并为企业提供财务便利、决策咨询等业务服务。这种综合性的银行业务把商业银行业务和投资银行业务有机地结合在一起。显然,综合式的商业银行促进了德国工业化的进程,使德国在短短几十年间就超过了英国。当然,德国式的综合性银行也并非毫无缺陷,由于业务范围过广,因此,在资本的充足性、资产的流动性及其他管理方面都较容易产生一些问题,从而加大了银行经营风险。

除德国外,瑞士、奥地利和荷兰等国也基本上实行这种综合式的银行发展模式。

(三)商业银行的发展趋势

自 20 世纪 70 年代以来,世界各国经济及国际金融领域的变化对商业银行的业务与经营产生了巨大的影响,商业银行的发展显现出新的趋势。究其原因,主要在于:金融业的竞争日益激烈,商业银行的利润呈下降趋势,为了能在竞争中占据优势,增辟财源,商业银行不得不打破传统的业务框框,从事各种更广泛的业务活动;客户对金融服务的要求日益多样化和高层次化,能提供全面金融服务的综合性银行日益受到公众的欢迎;商业银行的负债结构发生变化,活期存款比重下降,储蓄存款和定期存款比重上升,使其可以获得大量的长期资金来进行更多的业务活动,特别是长期信贷和投资活动;各国金融管理当局逐步放宽了对商业银行业务分工的限制,等等。商业银行出现了新的发展趋势,主要包括以下几方面:

第一,金融业务全面化。20 世纪 70 年代中期以前,主要西方国家由于深受1929—1933 年世界性大危机的影响,普遍推行严格的管理银行业务的金融政策,商业银行与其他银行机构有着严格的界限。但是近 30 年来,由于经济、金融的发展,西方商业银行的业务已从专业化逐渐走向综合化、全面化,即突破原有的专业化业务分工,经营全面的、多样的金融业务。

第二,金融工具创新化。创新是出于经营者的利润最大化的要求而产生的,经济环境的变化刺激人们去寻求可能有利可图的创新。传统的金融市场仅仅为人们提供了很少的金融工具种类,严重地阻滞了社会资本从盈余方向亏缺方的流动。金融机构发现,许多旧的经营方式不再有利可图,金融产品卖不出去。金融中介机构发现,传统的金融工具不再能获取资金。在此形势下,以减少或转移利率或汇率风险为目的的新金融工具不断涌现,在国际金融市场上出现一股金融工具创新的浪潮,以适应不同的需要。

第三,金融市场全球化。自从 20 世纪 60 年代欧洲货币和欧洲债券市场的发展宣告了真正的国际金融市场形成以来,随着银行和证券市场的不断国际化,金融市场越来越超越国界和时区的限制,向全球化方向发展。

第四,金融技术电子化。最近 30 多年来,科学技术突飞猛进,出现了一批新的技术和新的产业。新技术的高速发展和广泛应用,将带来生产力的飞跃和产业结构的变化,这引起了全世界各行各业的密切注意。商业银行只有实现金融技术电子化,才能适应新技术革命的需要,才能在竞争中取胜。自从 1958 年第一台电子计算机进入美国银行以后,西方商业银行以惊人的速度先后实现了银行经营管理和业务的电子化。

第五,金融资产证券化。所谓金融资产证券化,是指商业银行的信用活动改变过去那种定期的固定债权、债务形式,而代之以可以在二级市场上流通转让的有价证券形式。广义金融资产证券化意味着银行系统的非中介化。从资金需求者角度看,他们倾向于通过发行有价证券(债券、股票)的方式,在证券市场上直接向公众筹集资金,资金供求双方直接融资成本还低于向银行借取公众存款的间接融资方式。从资金供应者角度看,他们在购入债券、股票后,债权可以随时在二级市场上转让给其他投资者,更能满足筹资者与投资者的需求。随着"证券化"的发展,西方商业银行日益成为证券的主要发行者与购买者。

总之,商业银行发展到今天,与其当时因发放自偿性贷款而获得的"商业银行"称谓相比已相去甚远。现代商业银行已成为经营范围广泛,业务品种丰富,技术手段先进,功能齐全,服务质量不断提高的多功能、综合性的"金融百货公司"。

四、商业银行的性质与职能

(一)商业银行的性质

商业银行不管采用哪一种模式发展到今天,其共性都是以获取利润为经营目标,以多种金融资产和金融负债为经营对象,具有综合性服务功能的金融企业。

1.商业银行是企业

商业银行具有一般企业的基本特征:(1)拥有从事业务经营所必要的自有资本。自有资本是商业银行存在和发展的基础,国家常通过法律条款对商业银行的资本作出规定。(2)自主从事经营活动。商业银行在法律地位上是独立的,是独立的法人,自主地进行经营活动。商业银行所从事的是货币信用活动,货币活动主要是汇兑、结算、收付等,信用活动主要是存款、贷款、投资等。(3)从经营中获取利润。商业银行作为营利性的企业,追求利润最大化是银行经营的最终目标,营利性自始至终贯穿在商业银行的整个业务全过程。首先,创立或经营银行的目的是为了营利;其次,是否经营某项业务取决于能否为银行带来盈利。商业银行的盈利能力、利润大小,对其经营管理至关重要。利润不仅是商业银行充实资本、扩大经营的重要源泉,也是增强银行信誉、提高竞争力的有力手段。在西方商业银行中,利润成为评价银行业绩的一个最主要的指标,它决定着银行的生存与发展。总之,商业银行有自己的资本,能独立开展业务活动,独立承担民事责任,并在业务经营中获取利润。

2.商业银行是金融企业

与一般的工商企业相比较,商业银行又有不同,主要表现在:(1)经营对象上的差异。一般工商企业所经营的是一般商品,而商业银行经营的是特殊商品——货币资金。(2)经营方式的差异。一般工商企业采取生产或买卖的方式经营,而银行采取的是借贷方式,即信用方式经营。采用信用方式经营货币,不改变货币的所有权,只把货币的使用权作有条件的让渡。(3)社会经济影响的差异。商业银行经营的信用,不仅以吸收存款和发放贷款、证券投资的形式出现,也以开出汇票、支票、开立信用账户,创造存款货币的形式出现。由于货币与信用的这种特殊性,使得商业银行在其业务经营活动中,把货币与信用有机地结合起来,而且把社会中各个经济主体、各种经济活动广泛地联系起来。因此,商业银行的经营活动对整个社会经济的影响要远远大于任何一个企业。同时,商业银行受整个社会经济的影响也较任何一个具体企业更为明显。为此,商业银行必须严格遵守国家颁布的政策、法规、条例。在国际上,通常是通过立法形式来对商业银行业务作出强制性的规定,进行有别于一般的特殊管理。

3.商业银行是特殊的金融企业

现代金融体系是由多种银行和金融机构组成的,其中包括商业银行、投资银行、政策性银行、专业银行、保险公司、证券公司、信托投资公司等。与其他金融机构相比,商业银行有以下两个明显的特征:(1)能够吸收公众存款,这是商业银行的一个显著特点;并且具有存款货币创造的功能。(2)业务范围广泛。商业银行除了吸收存款、发放贷款外,还开展投资、结算、信托、理财、咨询及表外业务等一系列的金融业务,商业银行是"金融超市"。商业银行业务的广泛,客观上给企业和个人的经济活动和日常生活提供了极大的便利,是其他金融机构所无法代替的,从而使商业银行在整个经济活动中居于特殊的地位。

(二)商业银行的职能

商业银行的职能是由商业银行的性质所决定的,是商业银行性质的具体表现。商业银行作为特殊的金融企业,具有信用中介、支付中介、信用创造、金融服务等四大职能。

1.信用中介职能

商业银行的信用中介职能,是指商业银行通过负债业务,把社会上各种暂时闲置的资金聚集起来,再通过资产业务,把资金投放到社会再生产的各个需要资金的部门和企业中去,即充当借贷双方的中间人。信用中介职能是商业银行最基本的、最首要的,也是最能反映商业银行经营特性的职能。通过信用中介职能,商业银行可以将闲置在社会各个角落里的零星、短期的资金集中起来,变小额的货币资金为大额的货币资金,变短期的货币资金为长期的货币资金,不仅扩大了用于社会再生产过程中的货币资金总量,而且使社会资本得到了最充分、最有效的运用。

2.支付中介职能

商业银行的支付中介职能,是指商业银行借助为客户开设的账户,充当客户之间货币收付与结算的中间人,成为客户的现金出纳和保管者,并从中赚取手续费收入。商业银行的支付中介职能是建立在信用中介职能基础上的。商业银行发挥支付中介职能,可以大大减少现金的使用,节约社会的流通费用,加速资金的结算过程和货币资金的周转,促进了社会经济的发展和效率的提高。此外,支付中介职能也使商业银行有了更广大的资金来源和客户基础,增加了商业银行的收益。

3.信用创造职能

商业银行的信用创造职能是在信用中介和支付中介职能基础之上产生的,具体包括两个方面：一方面，是商业银行可以创造各种信用工具，如银行券、存款货币等；另一方面，是商业银行对信用量的创造。在部分准备金制度下，商业银行可以用吸收的存款发放贷款，在非现金结算的条件下，贷款又可以转化为存款。如此循环往复，商业银行就可以创造出数倍于原始存款的派生存款，从而扩大货币供应量，扩大信贷规模。商业银行的信用创造职能进一步促进了社会闲置资金的利用，有益于社会经济的发展，同时，商业银行的信用创造职能又是中央银行通过控制派生存款，进而有效调控金融与经济的重要手段。

4.金融服务职能

现代商业银行作为综合性、多功能的金融企业，是金融的"百货公司"，可以为社会公众提供多样化的金融服务，除了传统的存、取、汇、兑业务以外，信息咨询、财务管理、现金管理、担保、代理、保管等中间业务和表外业务应运而生，客户只要到一家银行，所有金融业务与服务的需求都可以得到满足。随着金融业务电子化进程的推进，商业银行的服务效率大大提高，服务功能大大强化，对经济的渗透力也大大增强了，提供金融服务已经成为现代商业银行的一个重要功能。

第二节　商业银行的类型与组织

一、商业银行的组织形式

商业银行的组织形式，是指商业银行分支机构的设置及其相互关系的状况，它是商业银行运作的基本框架。由于各国的国情不同，商业银行组织形式也具有不同的特点。世界各国商业银行的组织形式主要有以下几种：单元制、分支行制、银行控股公司制、连锁银行制和代理行制等。

（一）单元制

单元制又称单一银行制，即一家商业银行原则上只有一家经营机构，不设或不允许设立分支机构的制度。目前，只有美国还部分地存在这种模式。美国曾长期地实行完全的单　银行制，不许银行跨州经营和分设机构，甚至在州内也不准设分支机构。这种制度是由美国特殊的国家政治体制、适度分权的法律框架和区域经济相对均衡的发展需求所决定的。美国实行联邦制，各州独立性较大，早期东部和中西部经济发展有较大差距，为了发展经济，保护本地信贷资金来源，一些经济比较落后的州政府通过颁布州银行法，禁止或者限制其他地区的银行到本州设立分行，以达到阻止金融渗透、反对金融权力集中、防止银行吞并的目的。然而，随着经济的发展，地区经济联系的加强，以及金融业竞争的加剧，许多州对银行开设分支机构的限制逐步放宽，如20世纪70年代后，美国一些州允许商业银行在一个城市内或在州内设立分支机构。到1993年底，美国有39个州以及哥伦比亚特区通过立法程序，允许商业银行无条件在其他地区内开设分行。1994 年 9 月,美国国会通过了《瑞格—尼尔跨州银行与分支机构有效性法案》,开始允许商业银行跨州设立分支机构。但由于历史原因,美国至今仍有不少单元制银行。

单一银行制的优势在于:一是在单一银行制度下,数量众多的银行同时存在,可以维持竞争局面,不易产生金融的垄断;二是有利于银行与当地政府的协调,促进本地区的经济发展;三是单一银行制在经营决策上自主性强、灵活性大,能够根据市场环境的变化及时改变经营策略。

单一银行制也存在不少弊端:一是银行规模较小,经营成本高,难以提高经营效率,不易取得规模效益;二是商业银行不设分支机构,与现代经济的横向发展和市场经济的范围不断扩大相冲突,不利于银行业的发展,尤其是在电子计算机等高新技术大量应用的条件下,其业务和金融创新都会受到一定限制;三是规模较小且业务较为集中的商业银行,容易受到经济波动的影响,不利于降低经营风险。

(二)分支行制

分支行制也称总分行制,它指的是法律上允许商业银行在设立总行的同时,可以在不同的地区或同一地区设立多个分支机构的商业银行制度。分支行制是目前各国普遍实行的一种银行制度,尤以英国、德国、日本等国最为典型。我国商业银行也采取这种组织形式。

按照总行职能的不同,分支行制又具有总行制和总管理处制两种具体的形式。在总行制下,总行在对其分支机构进行管理监督的同时,还作为经营机构对外营业;而在总管理处制下,总行只负责管理监督各分支机构,不对外营业,总行所在地另设对外营业的分支机构。

分支行制的优点在于:一是实行分支行制的商业银行,一般经营规模较大,易于采用现代化的管理设备,有能力为客户提供全面、优质的金融服务;二是此类银行分支机构众多,易于吸收存款以及在全系统内调剂和使用资金,使资金能够得到有效、合理的使用;三是此类银行内部可以实行高度分工,提高效率,降低成本,便于金融当局的监督。

分支行制也存在着一定的缺陷:一是容易造成大银行对小银行的吞并,加速垄断的形成;二是银行规模过大,内部机构和层次多,管理困难。但对单一银行制和分支银行制在经营效率方面的优劣,却很难简单地加以评判。我国目前实行的是分支行制。

(三)银行控股公司制

银行控股公司制是指由一个大银行或大企业首先成立一家控股公司,然后再由该公司控制或收购一家或几家银行的组织形式。最早的银行控股公司出现在美国,是美国各商业银行对利润的追逐所产生的绕过限制跨州设立分支机构规定的金融创新。这种制度不仅能有效地帮助商业银行逃避管制,还能有效地帮助商业银行突破对其业务的限制,介入到其他行业的业务中去,从而进一步扩大了银行的经营规模,增强了自身实力。此外,银行控股公司还可以从各种渠道筹措资金,从而扩大了商业银行的资金来源,提高了资金的流动性。因此,银行控股公司成为最受银行家欢迎的最具影响力的变相的分支行形式。

银行控股公司制一般有两种类型,一种是银行控股公司,即由一家大银行组建一个控股公司;另一种是非银行控股公司,即由一家大企业组建控股公司拥有银行股份。

(四)连锁银行制

连锁银行制又称联合银行制,它是指由某一个人或某一集团购买若干家银行的多数股票,以达到控制这些银行的目的。它与银行控股公司制的差别在于:它不设置银行控股公司,而是通过若干商业银行相互持有对方的股票,相互成为对方的股东的方式结为连锁银行。这些连锁银行从表面上看是相互独立的,但在业务上相互配合、相互支持,经常互相调剂资金余缺、互通有无,而且,由于其控制权掌握在同一个人或同一个集团手中,因此,它也是一种变相的分支行制。

(五)代理行制

代理行制是指银行间相互签订代理协议,以委托对方银行代办指定业务。一般而言,银行代理关系是相互的,即银行间互为对方代理行。在国与国之间,银行代理关系相当普遍;在一国国内,银行之间也存在着代理关系。如在一国国内的城市和乡镇之间,城市的大银行可以与乡镇的小银行结成代理行的关系,以此克服在乡镇没有或很少有分支机构,或者在乡镇设立分支机构不经济的缺陷。代理行制实际上是银行与银行之间互惠互利、互相协作的产物,与真正的分支银行制很相似。

小资料 4-1　商业银行"柜面通"业务

中小银行在开展个人金融服务时面临的一个共同的问题是,其银行的网点比较有限,分布面不均衡,这些对于银行业务的发展和提升客户服务形成了制约。如何才能在有限的网点资源的条件下,有效提高业务量和客户服务呢?开通"柜面通"业务是一个十分正确的选择,"柜面通"业务使各银行共享所有的网点资源,扩大了各银行受理网点的数量,充分利用了银行的网点资源,节约了社会资源。任何加入"柜面通"项目的银行的客户都可以通过其他加入柜面通项目的银行得到发卡行类似的存取款服务。

跨行取款以前可以通过ATM机进行,但是取款金额较低,每日上限为5 000元。而通过"柜面通"跨行取款,一次最低3 000元,最高5万元,满足了客户就近提取大额现金的需求。跨行存款目前仍处于试验阶段,每笔存款最高金额暂时为5 000元,如果存款金额超过5 000元,可以分数次完成。试验期过后,估计每笔存款最高金额可以达到50 000元。

"柜面通"存款分为两种形式,一种是通过存款POS机完成,一种是通过柜台终端完成。前者是指银行在柜面上安装一台存款POS机,客户把现金和银行卡交给银行柜面人员,银行柜面人员把银行卡在POS机上刷一下,然后输入金额,存款就会打入这张卡里,所以,存款人必须持卡才能实现跨行存款。

另一种形式为在银行原来柜台终端的基础上加上跨行存款的指令,仍然由原来的硬件设备实现跨行存款。存款人只要记住存入卡的卡号,即使不带存入卡也可以跨行存款,当然最好还是带好存入卡,以免记错卡号而带来不必要的麻烦。

二、商业银行内部组织机构

一国商业银行内部机构的设置,要受该国商业银行的制度形式、经营环境等各种因素的制约。即使在一个国家、采取同一制度形式的商业银行,由于经营规模、经营条件等方面存在差异,内部机构的设置也会有所不同。但是,就总体来说,商业银行内部组织机构一般分为三大机构,即决策机构、执行机构、监督机构。下面以西方股份制商业银行为例介绍其内部职能机构的设置。

（一）决策机构

商业银行的决策机构包括股东大会和董事会。股东大会是商业银行最高权力和决策机构,由全体普通股东组成。商业银行的任何重大决策都需经过股东大会通过才有效。它的权力是通过法定的投票表决程序,选择和罢免董事,赞成或否决决策事项,从而间接地影响商业银行的经营管理,实现其控制权。股东大会一般由董事会组织召开,董事长是股东大会的主席。如果部分股东要求召开股东大会,须经董事会研究决定。如果监事会认为必要,可以直接召开股东大会。召开股东大会时,股东有权听取商业银行的一切业务报告,有权对商业银行的经营管理提出质询。但是每个股东的表决权由其持有的股份决定,因此,持有多数股份的大股东对商业银行的经营决策有决定性影响,而一般股东对经营决策的影响并不大,所以,股东大会的表决权实际上是操纵在少数几个大股东手里。

董事会由股东大会选举产生,并代表股东执行股东大会的决议。董事会的职责有:一是确定商业银行的经营目标和经营政策;二是选聘商业银行的高级管理人员;三是设立各种委员会如执行委员会、审计委员会、贷款委员会、稽核委员会等,以贯彻董事会的决议,监督银行的业务经营活动。

（二）执行机构

商业银行的执行机构包括行长、副行长及各职能部门。行长是商业银行的执行总管,是商业银行内部的首脑。行长一般由具有经营管理商业银行的专门知识和组织才能、忠于职守、善于决策的人士担任。行长的职责是执行董事会的决议;组织商业银行的各种经营活动;组织经营管理班子,提名副行长及各职能部门的经理等高级职员的人选,并报董事会批准;定期向董事会报告经营情况;招聘和解雇有关员工,并对员工实施奖惩等。

商业银行的职能部门,一般分为两类,一类是业务职能部门一般包括存款部、贷款部、投资部、国际业务部、信用卡部、信托部等;另一类是内部管理部门,主要有会计部、人力资源部、公共关系部等。

（三）监督机构

商业银行的监督机构包括股东大会选举的监事会和董事会下设的稽核委员会。监事会是由股东大会选举产生的,执行对董事会、行长及整个商业银行管理的监督权。监事会的职责有检查执行机构的业务经营和内部管理,并对董事会制定的经营方针和决策、制度及其执行情况进行监督检查,并督促限期改正。

小资料 4-2　中国工商银行的组织架构

1983 年 9 月 17 日,国务院正式下发了《关于中国人民银行专门行使中央银行职能的决定》,提出"中国人民银行专门行使中央银行职能,不再兼办工商信贷和储蓄业务,以加强信贷资金的集中管理和综合平衡,更好地为宏观经济决策服务"。同时决定"成立中国工商银行,承担原来由人民银行办理的工商信贷和储蓄业务"。

经过紧张筹备,1984 年 1 月 1 日,中国工商银行(简称工商银行)正式成立,这标志着我国国家专业银行体系的最终确立。2005 年 10 月 28 日,工商银行整体改制为股份有限公司。2006 年 10 月 27 日,工商银行成功在上交所和香港联交所同日挂牌上市。工商银行连续十年位列英国《银行家》全球银行 1000 强榜单榜首和美国《财富》500 强榜单全球商业银行首位,连续七年位列英国 Brand Finance 全球银行品牌价值 500 强榜单榜首。

工商银行的组织架构如图 4-1 所示。

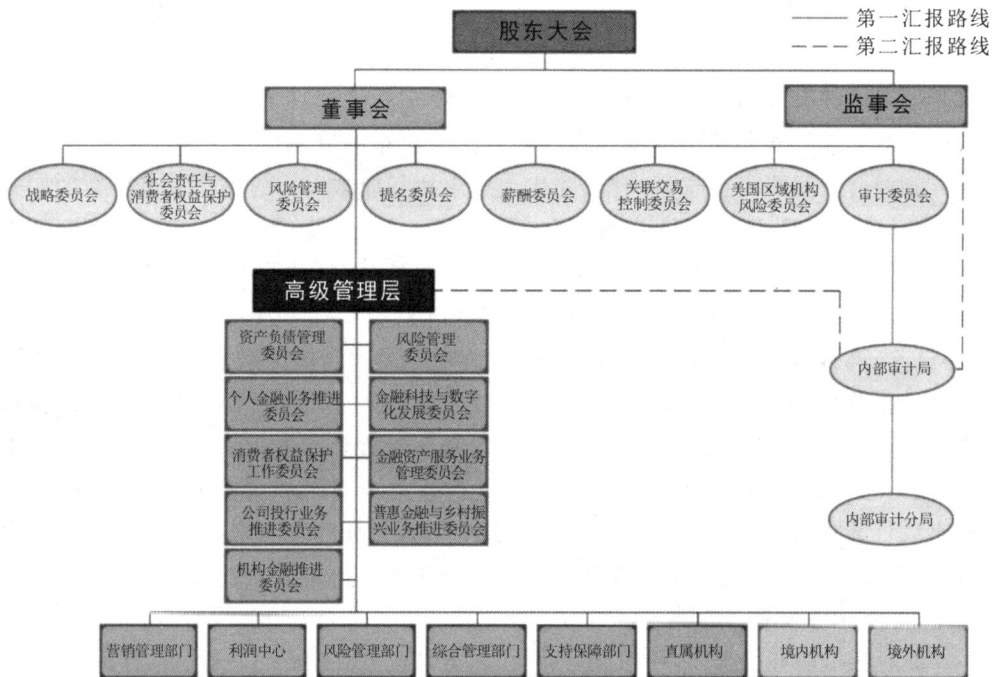

资料来源:中国工商银行网站。

图 4-1　工商银行的组织架构

第三节 商业银行的业务

商业银行的业务种类繁多,并不断得到扩展和创新。概括而言,商业银行的业务包括负债业务、资产业务和中间业务三大类。

一、商业银行的负债业务

商业银行的负债业务是形成商业银行资金来源的业务。该业务的开展,不仅决定着商业银行资产业务以及中间业务的开展,而且决定着商业银行与社会公众之间的密切联系,因此,负债业务是商业银行最基础、最主要的业务。从广义的角度说,商业银行的负债业务包括自有资本、存款和借款三项业务。

(一)自有资本

作为经营货币信用业务的金融企业,商业银行同工商企业一样,必须拥有一定数额的最原始的资金来源,即资本金。

1.资本金的含义与构成

(1)资本金的含义。有关资本金的定义因各国金融制度、会计制度的不同而有所不同。国际上通常把资本金定义为:银行股东为赚取利润而投入银行的货币和保留在银行中的收益。它代表了商业银行股东的所有者权益,或者说银行所有者的净财富。

(2)资本金的构成。国际清算银行于1988年7月通过的《巴塞尔协议》将银行资本分为核心资本和附属资本两类。

核心资本,也叫一级资本,它是最具完全意义上的银行自有资本,也是《巴塞尔协议》达成之前各国银行自有资本定义中唯一相同的部分,它主要包括股本和公开储备两种。股本包括普通股和永久性非累积优先股。普通股是银行股权资本的基本形式。永久性非累积优先股是指若优先股股息因经营状况不好无法支付则在将来不再补发的优先股。公开储备是指银行通过留存收益或其他盈余转化而来的,并在银行资产负债表中公开标明的那部分储备,包括股票发行溢价、未分配利润和公积金等。

附属资本也叫二级资本,它是核心资本的补充,由未公开储备、重估储备、普通准备金、混合资本工具和长期附属债务组成。

2.商业银行资本充足率的测定

银行自有资本是商业银行所能承担的最大资产损失,因此,各国一般都对商业银行有一个最低的资本要求,但在1988年以前,各国规定的资本充足率的计算方法和最低标准各不相同。为了保证银行的安全和国际银行业的公平竞争,在1988年7月通过的《巴塞尔协议》中规定了衡量国际银行业资本充足率的指标,即将资本与加权风险资产的目标比率确定为8%,其中核心资本充足率(即核心资本与风险资产的比率)不得低于4%,并且要求各成员国的国际银行在1992年底都要达到这一标准。

然而,由于科学技术的进步,银行产品服务的创新,金融市场的日益全球化,1988年的资本协议已不能为银行和监管当局提供计量银行风险的可靠办法,迫切需要修订。1996年以来,巴塞尔委员会对资本协议做了多次补充和修订。与1988年的资本协议相比,新资本协议摒弃了以往一刀切式的资本监管方式,提出了计算资本充足率的几种不同方法,以供各国选择;除最低资本充足率8%的数量规定外,新资本协议还提出了监管部门监督检查和信息披露两方面的要求。

1999年6月,巴塞尔委员会推出了《新巴塞尔资本协议》第一个征求意见稿。新协议提出了一个能对风险计量更敏感、并与当前市场状况相一致的新资本标准,明确将市场风险和经营风险纳入风险资本的计算和监管框架,并要求银行对风险资料进行更多的公开披露,从而使市场约束机制成为监管的有益补充。2001年推出的《新巴塞尔资本协议》第二个和第三个征求意见稿更是对第一稿的充实与完善。2002年10月1日,巴塞尔委员会发布了修改资本协议建议的最新版,同时开始新一轮调查,亦即第三次定量影响测算(QIS3),评估该建议对全世界银行最低资本要求的可能影响。

2004年6月26日,10国集团的央行行长一致通过《资本计量和资本标准的国际协议:修订框架》,并决定于2006年底在10国集团开始实施。此后,25个欧盟成员国、澳大利亚、新加坡和中国香港等发达国家和地区也表示将利用新协议对商业银行进行监管,部分发展中国家如南非、印度、俄罗斯等也表示将采取积极措施克服困难实施新协议。

(二)存款

存款是商业银行负债业务中最重要的业务,也是商业银行最主要的资金来源。在商业银行的全部负债中存款所占的比重最大,一般占负债总额的70%左右。存款不仅决定着商业银行的负债规模,而且制约商业银行的资产经营能力,甚至影响银行的生存和发展,因此,对银行而言,具有最重要意义的始终是存款。

商业银行的存款种类很多,其划分方法各个国家有所不同,一般来讲,可将存款分为活期存款、定期存款、储蓄存款三大类。

1.活期存款

活期存款是商业银行传统的、特有的业务。它是指存款户可以随时存取而无须事先通知的一种银行存款。由于在支用这种存款时需使用银行规定的支票,故又称为支票存款。

开立活期存款账户一般是为了交易和支付,所以存款人主要是企业和个人。由于活期存款存取频繁,流动性强,银行需要花费较多的人力、物力来处理此项业务,所费成本较高,因此,在多数国家,银行通常对此类存款不支付利息,有的甚至还要收取手续费。我国是目前少数对活期存款支付利息的国家之一。

2.定期存款

定期存款是指存款客户与银行事先约定期限,到期才能支取的银行存款。这种存款的期限短则3个月或6个月,长则5年或10年不等。与活期存款相比,定期存款存期固定,经营成本较低,为商业银行提供了稳定的资金来源,因此,商业银行通常对定期存款给予较高的利息,一般而言,存期越长,利率越高。定期存款的形式有存单和存折两种。在存款到期前,若存款人要求提前支取,虽然银行制度规定不允许提取,但为了争取客户,吸引存款,银行一般并不严格执行这一规定,但对提前支取的部分要按活期存款的标准计付利息。

3.储蓄存款

储蓄存款是指为居民个人积蓄货币资产和获取利息收入而设立的一种存款。储蓄存款分为活期存款和定期存款两类,银行均应支付利息。储蓄存款不使用支票,也不使用存单,而是通常由银行发给存款户存折,以作为存款和提款的凭证,并且一般不能据此签发支票,支取时只能提取现金或先转入存户款的活期存款账户。

(三)借款

商业银行的借款业务主要有以下几种:

1.同业借款

同业借款是商业银行之间和商业银行与其他金融机构之间发生的短期资金融通活动。具体形式有:

(1)同业拆借。同业拆借是银行同业之间利用时间差、空间差和行际差来调剂资金余缺的一种短期资金借贷行为。拆入的资金主要用于解决日常性的资金周转需要。由于同业拆借一般是通过商业银行在中央银行的存款账户进行,实际上是商业银行之间超额准备金的调剂,因此又称为中央银行基金。

(2)转贴现。转贴现是指商业银行在发生临时性的支付准备金不足时,将已贴现的尚未到期的商业票据在二级市场上转售给其他商业银行。

(3)转抵押。转抵押是指商业银行在准备金头寸不足时,可将发放抵押贷款而获得的借款客户提供的抵押品再次抵押给其他银行来申请抵押贷款,以获得资金融通。

(4)回购协议。回购协议是指商业银行将持有的有价证券暂时出售给其他金融机构,并约定在今后某一日期,以约定的价格再购回其所出售的有价证券的一种协议。回购协议实际上是银行以有价证券作抵押而获得的一种借款。

2.向中央银行借款

中央银行是银行的银行,是商业银行的最后贷款人。当商业银行出现资金不足时,可以向中央银行申请借款。商业银行向中央银行借款主要通过再贴现和再贷款两种形式进行。再贴现是指商业银行将自己办理贴现业务时所取得的尚未到期的票据再向中央银行申请贴现以取得现金的行为;再贷款是指商业银行向中央银行的直接借款,以解决其季节性或临时性的资金需求。西方国家的商业银行通常都以政府债券或合格票据作担保来获取贷款,而我国则采用信用贷款的形式。目前,我国中央银行再贷款有三种形式,即年度性再贷款、季节性再贷款、日拆性再贷款。

3.发行金融债券

发行金融债券是指商业银行以发行人身份,通过承担利息的方式直接向国内国际市场的货币持有者举债的融资活动。主要用于解决长期资金来源需求。由于发行债券筹集的资金不需要缴纳存款准备金,这意味着商业银行实际可用资金的额度增大,实际负担的利息成本降低,同时负债的证券化使商业银行的风险分散,因此,这已成为商业银行吸收长期资金,推进资产负债管理的有效方法。

4.国际金融市场借款

随着国际金融市场的发展,商业银行还可以在国际金融市场上通过吸收存款、发行大额可转让定期存单、发行商业票据等方式广泛地获取资金,来弥补资金来源的不足。目前,最具规模、影响最大的国际金融市场是欧洲货币市场。向国际金融市场借款,具有交易量大、资金来源充足、流动性强、借款手续简便、借款利率较高等特点。

5.结算过程中的短期资金占用

商业银行在为客户办理汇兑、代收代付、代客买卖、代理投资等中间业务时,可以在收进款项与完成业务之间的这段时间内占用客户的资金;银行在同业往来过程中,当出现应付款大于应收款时,也会占用他行的资金。虽然在每笔业务中占用时间很短,金额不大,但就周转总额来看,所占用的资金数量就相当可观,因此也可构成银行的资金来源。

二、商业银行的资产业务

商业银行的资产业务是商业银行运用其资金的业务。商业银行通过其负债业务筹集货币资金的目的,就是为了运用资金从而获得利润。所以,资产业务是商业银行主要的利润来源。一般而言,商业银行的资产业务主要包括现金、贷款以及证券投资等项目。

(一)现金资产

现金资产是商业银行中最富有流动性的资产,是商业银行的一线准备。这部分资产的数额不大,而且基本上不给银行带来直接的收益,但其作用特殊、意义重大。从构成上看,现金资产主要包括:

(1)库存现金。是指商业银行保存在业务库中的现钞和硬币,其主要用于应付客户提现和银行本身的日常零星开支。库存现金不能生息,保管有风险且费用昂贵,所以对商业银行而言,现金库存量要适度,一般压至最低。

(2)在中央银行的存款。是指商业银行存放在中央银行的存款准备金。商业银行存放在中央银行的存款准备金由两部分组成:一部分是法定存款准备金,另一部分是超额准备金。

法定存款准备金是指商业银行根据吸收各项存款余额,按照中央银行规定的存款准备金率计算并向中央银行缴存的准备金。超额准备金是指商业银行存在中央银行的存款准备金账户中,超过了法定准备金的那部分存款余额。商业银行在中央银行的存款,一方面是为了达到法定准备金的要求,另一方面是要通过中央银行的清算系统便利债权债务的清算。

(3)在同业的存款。是指商业银行存放在代理行和有业务往来的商业银行的存款。商业银行在其他银行开立活期存款账户保持存款的目的是便于在同业之间开展代理业务和结算收付。由于在同业的存款属于活期存款性质,随时可以支用,因此可以视同商业银行的现金资产。

(4)托收中的现金。是指本行通过对方银行向外地付款单位或个人收取的票据款项。商业银行经营中每天都会收到开户人拿来的支票,而支票有可能并非要求本行付款,须向付款行收取,这种须向其他银行收款的支票称为"托收中的现金"。

(二)贷款资产

贷款是商业银行作为贷款人按照一定的贷款原则和政策,以还本付息为条件,将一定数量的货币资金提供给借款人使用的一种借贷行为。它是商业银行的传统核心业务,也是商业银行中占比最大、最重要的资产。目前,西方国家的商业银行此项占比在50%左右,我国商业银行目前此项占比在80%左右。商业银行贷款业务种类很多,可以按照不同的标准进行分类。

1.按贷款期限划分,可分为短期贷款、中期贷款和长期贷款

短期贷款是指期限在1年以内(含1年)的各项贷款,一般用于企业的各种临时性、季节性的营运资金需求,因此其期限短、流动性强、周转快;中期贷款是指期限在1年(不含1年)以上5年(含5年)以内的各项贷款,一般用于企业的设备更新和技术改造;长期贷款是指期限在5年(不含5年)以上的各项贷款,一般用于企业的基本建设。

2.按贷款保障程度划分,可分为信用贷款、担保贷款和票据贷款

信用贷款是指银行完全凭借借款人的信誉而无须提供抵押物或第三者保证而发放的贷款。这类贷款从理论上讲风险较大,因此银行要收取较高的利息,而且对借款人的条件要求较高,一般而言银行只向熟悉的、资信状况良好的大公司、大集团提供。

担保贷款是指以法律规定的担保方式作为还款保障而发放的贷款。根据提供保障方式的不同,担保贷款又分为保证贷款、抵押贷款、质押贷款。保证贷款是指按照《中华人民共和国担保法》规定的保证方式由第三人承诺在借款人不能偿还贷款时,按约定承担还款责任而发放的贷款。这种贷款要求保证人必须具有代为清偿债务的条件和能力。按我国法律规定,国家机关、行政事业单位、社会团体、职能部门及企业法人分支机构不得作为保证人。抵押贷款是指按《中华人民共和国担保法》规定的抵押方式以借款人或第三人的财产作为抵押物而发放的贷款。如果借款人不能按期归还贷款本息,银行将凭借抵押权处理抵押品以收回债权。质押贷款是指按《中华人民共和国担保法》规定的质押方式以借款人或第三人的动产或权利作为质物发放的贷款。

抵押贷款和质押贷款有如下区别:①抵押权人不占有抵押物,质权人占有出质财产。②抵押权人只能在法院扣押了抵押财产后才享有收取孳息的权利,而质权人直接享有收取孳息的权利。③债务履行期满,抵押权人在与抵押人协商不成时只有向法院提起诉讼才能实现抵押权,而质权人则享有最终独立决定拍卖或变卖质物的权利。④抵押因不能转移抵押物的占有而不产生保管问题,质押却因转移质物的占有而产生保管义务和相应的权利。⑤抵押财产的价值大于所担保债权的余额部分,可以再次抵押,但不得超出其余额部分,而质押一般不存在这种情况。

票据贴现是贷款的一种特殊方式,它是指贷款人以购买借款人未到期商业票据的方式发放的贷款,即借款人以未到期的票据向银行申请贴现,银行按一定的利率扣除自贴现日起至票据到期日为止的利息后再将余额支付给持票人的一种贷款形式。票据到期后银行可向票据载明的付款人收取票款。如果票据合格且有信誉良好的承兑人承兑,这种贷款的安全性和流动性都比较好。

3.按贷款偿还方式划分,可分为一次性偿还贷款和分期偿还贷款

一次性偿还贷款是指借款人在贷款到期时一次性偿还贷款的本金,其利息则可以在贷款期间分期支付,也可以在归还本金时一次性付清。一般说来,短期的临时性、周转性贷款都是采取一次性偿还方式。

分期偿还贷款是指借款人按规定的期限分次偿还本金和利息的贷款。这种贷款通常按月、季、年确定还款期限,使借款者的还款负担较轻。通常中长期贷款大都采用这种方式。

4.按发放贷款时是否承担本息收回的责任及责任大小,划分为自营贷款、委托贷款、特定贷款

自营贷款是指商业银行以合法方式筹集的资金自主发放的贷款,其风险、经营责任由商业银行承担,并由商业银行收取贷款的本金和利息。委托贷款是指由政府部门、企事业单位及个人等委托人提供资金,由商业银行根据委托人确定的贷款对象、用途、金额、期限、利率等代理发放、监督使用并协助收回的贷款,其风险、经营责任由委托人承担,商业银行只收取手续费,不代垫资金,也不承担责任。特定贷款是指经国务院批准并对贷款可能造成的损失采取相应补救措施后由国有独资商业银行发放的贷款。

5.按贷款的质量和风险程度划分,可分为正常贷款、关注贷款、次级贷款、可疑贷款和损失贷款

(1)正常贷款是指借款人能够履行借款合同,有充分把握按时足额偿还贷款本息的贷款。这类贷款的借款人的财务状况无懈可击,没有任何理由怀疑贷款的本息偿还会发生问题。

(2)关注贷款是指尽管借款人目前有能力偿还本金,但是发生了一些可能会影响贷款偿还的不利因素,如果这些因素继续存在,可能影响借款人的还款能力,因此,需要对其予以关注或进行监控。

(3)次级贷款是指借款人的还款能力出现了明显的问题,依靠其正常经营收入已无法保证足额偿还贷款本息的贷款。

(4)可疑贷款是指借款人无法足额偿还贷款本息,即使执行抵押或担保也肯定要造成一部分损失的贷款。这类贷款具备了次级贷款的所有特征,但是程度更加严重。

(5)损失贷款是指在采取所有可能的措施和一切必要的法律程序之后,本息仍然无法收回或只能收回极少部分的贷款。这类贷款已经丧失作为银行资产的价值,因此已没有意义将其继续保留在资产账面上,应当履行必要的内部程序之后将其冲销。

这种贷款分类标准的核心内容是贷款偿还的可能性,其实践性很强,很大程度上取决于检查人员的经验、知识和判断能力。

(三)证券投资业务

证券投资是商业银行的一项重要的资产业务,它是指商业银行运用其资金在金融市场上购买各种有价证券的业务活动。

1.商业银行证券投资的目的

商业银行作为经营货币信用业务的金融企业,其参与证券投资业务的主要目的有三个:

(1)增加收益。从证券投资业务中获取收益以提高商业银行的盈利水平是商业银行从事证券投资业务的首要目标。激烈的银行竞争及利润最大化的经营目标促使商业银行积极寻求能够提供高回报率的资产。当经济萧条、贷款需求下降和市场利率水平降低时,银行贷款的风险会增大,贷款规模会缩小,来自贷款利差的收益就会减少,所以商业银行必须在贷款业务以外寻找资金增值的途径,以维持、提高商业银行的盈利水平。证券投资就是一种较好的办法。商业银行证券投资的收益主要来自两个方面,即利息收益和资本收益。

(2)分散风险。如果商业银行将全部的资金都用于发放贷款,一旦贷款到期收不回来,银行就必须承担全部风险。而银行如果将部分资金投资于有价证券,就可以防止由于资产过于集中于放款,一旦出现坏账就会导致银行危机的情况。只要投资的证券的回报率与贷款的回报率不完全一致地变动,资产多样化带来的降低风险的好处就会显现出来。同样,只要投资的各种证券的回报率不完全一致地变动,证券回报率的变动越小,证券多样化带来的降低风险的好处就越大。风险分散和降低的结果使银行得以稳健经营,银行利润的实现得到保障。

(3)增强流动性。流动性是商业银行经营管理的重点之一。在商业银行的资产中,具有较高流动性的除现金外,首推其持有的各种流动性较强的有价证券,这些有价证券可以在几乎不受损失的情况下抛售出去,换回现金,所以商业银行投资有价证券可以提高资产的流动性。此外,商业银行投资有价证券还能增加其收益,这比通过增加库存现金和在中央银行的存款来维持流动性更为有利,并可以使银行在流动性和收益性这两种需要之间保持平衡。

2.商业银行证券投资的对象

由于商业银行证券投资的主要目的是提高收益、分散风险和增强资产的流动性,因此,商业银行应投资于安全性好、变现能力强、盈利性较高的有价证券。满足这些要求的最佳选择就是国库券、政府公债、政府机构债券、信用等级高的企业债券和部分优质股票。由于政府债券的最大特点是安全性好、流动性强,特别是短期的政府债券如国库券,还本付息期限短,又有活跃的二级市场,可以随时变现,因此,是各国商业银行投资的主要对象,通常占其证券投资总额的60%以上。

事实上,各国金融管理当局基于银行经营的安全和保持金融秩序稳定的需要,对商业银行的证券投资业务都有严格的限制性规定,如大多数国家的商业银行都被禁止投资于股票。这一方面是由于股票投资风险大,变现成本不确定,流动性不高,不符合银行稳健经营的原则;另一方面是因为银行投资股票容易产生市场操纵行为,不利于证券市场的健康发展。我国《商业银行法》第43条规定:"商业银行在境内不得从事信托投资和股票业务,不得投资于非自用不动产,不得向非银行金融机构和企业投资。"

商业银行的资产除了上述三种外,还包括商业银行拥有的实物资产,如银行的建筑物、计算机、自动取款机和其他设备等固定资产。

三、中间业务

中间业务是指商业银行不用或较少运用自己的资金,以中间人的身份代客户办理收付和其他委托事项,提供各类金融服务并收取手续费的业务。这种业务是由资产业务和负债业务衍生而来的,不在资产负债表中反映,具有相对的独立性。

中间业务的种类繁多,主要有:

(一)结算业务

所谓结算业务,是指商业银行利用一定的结算工具,以信用收付代替现金收付,通过收付款双方在商业银行开立的存款账户,将资金由付款方账户划至收款方账户的业务。对商业银行而言,这是一项业务量大、风险小和收益稳定的典型中间业务。商业银行通过结算业务成为全社会的转账结算中心和货币出纳中心。这项业务不仅能为银行带来安全、稳定的收益,同时也是商业银行集聚闲散资金、扩大信贷资金来源的重要手段。

按照收款客户和付款客户所在地不同,结算业务可分为国际结算和国内结算,国内结算又可按收款人和付款人所处的地点是否处于同一城市或地区分为同城结算和异地结算两种。

同城结算是指收款人和付款人在同一城市或地区的结算,其主要的结算工具是支票。即由付款人根据其在银行的存款和透支限额开出支票,交给收款人,再由收款人亲自或委托自己的开户行到付款人的开户行要求付款。如果收付款双方不在同一银行开户,银行必须把支票送到票据交换所进行清算。

异地结算是指收款人和付款人不在同一地区的结算,主要有汇兑、托收和信用证三种结算方式。

汇兑是指付款人将现款交付给银行,委托银行将其款项汇付给收款人的结算方式。银行(承汇行)通过银行汇票或支付委托书向收款人所在地的本行分支机构或有代理行关系的他行(承兑行)发出支付命令,命令其向收款人支付一定数额的款项。根据承汇行通知承兑行付款的方式的不同,汇兑业务分为票汇、信汇和电汇三种。承汇行开出汇票,由客户寄给异地收款人,再由持票人向承兑行取款,称为票汇;承汇行以邮寄方式寄送支付委托书通知承兑行付款,称为信汇;承汇行以电报或电传方式通知承兑行付款,称为电汇。

托收是指由债权人向银行提出委托收款申请,由银行通知债务人所在地的本行分支机构或有代理关系的他行代收款项,当委托行收到被委托行收妥款项的通知后,就将托收款项付给委托人。商业银行的托收业务根据委托人是否提交委托收款的依据分为跟单托收和光票托收两种。跟单托收是指委托人在提出委托收款申请的同时提交货运单据,而光票托收是指委托人在提出委托收款申请的同时没有提交货运单据。

信用证结算是一种由银行提供付款保证的结算,在国际贸易中被广泛采用。所谓信用证是开证银行根据申请人的要求和指示,向受益人开立的载有一定金额并在一定期限内凭规定的单据在指定地点付款的书面保证文件。通常是由购货方预先把款项存入银行作为结算保证金,并要求其开户行向销货方开出信用证,销货方收到信用证后,根据购销双方所签订的贸易合同以及信用证上所列条款发货,然后凭信用证和提单等有关单据到开证行要求付款,银行审单合格后向销货方付款,同时银行将提单等一套单据交付给购货方并向其收取全部货款。信用证结算实际上是以银行信用替代了商业信用,能够避免购货人拖欠货款或不按合同付款的结算风险。

（二）代理业务

代理业务是指商业银行接受单位或个人的委托,以代理人的身份代表委托人办理一些须双方议定的经济事务的业务。代理业务是典型的中间业务,在代理业务中,商业银行通常是按客户的要求,执行客户的指令并完成相关的业务,商业银行一般不参与客户的决策,也不动用自己的资产,不为客户垫款,不参与收益分配,只收取代理手续费,因而是风险较低的银行业务。目前,商业银行开办的代理业务主要有:

（1）代理收付款业务。代理收付款业务是指商业银行利用自身的营业网点多、结算便利等优势,接受客户委托代为办理指定款项收付的一种业务。包括代理各项公用事业收费、代理行政事业性收费和财政性收费、代发工资、代扣住房按揭消费贷款还款等。商业银行通过代理收付款业务,既能帮助企事业单位和居民个人从繁杂的款项收付中解脱出来,又可取得手续费收入,并有助于挖掘和扩大存款客户资源,吸收到部分低成本的负债。

（2）代理融通业务。代理融通业务又叫应收账款权益售与,是一种应收账款的综合管理业务。是指由商业银行接受客户的委托,以代理人的身份代为收取应收账款,并向客户提供资金融通的一种业务。在赊销赊购的商业信用中,一方面由商业银行代理赊销企业收账;另一方面通过银行购买赊销账款,向赊销企业提供资金融通。代理融通业务一开始主要服务于国际贸易,20世纪60年代以后开始应用于国内贸易中。

（3）其他代理业务。主要有代理政策性银行业务、代理证券业务、代理保险业务、代理个人外汇买卖业务等。

（三）信用卡业务

（1）信用卡的概念。信用卡是由商业银行或专门的信用卡公司发行的证明持卡人资信状况良好,可以凭卡在约定的商店和场所进行记账消费或在指定地点支取现金的一种信用凭证。

（2）银行信用卡的功能。银行信用卡的功能是由发卡银行根据社会需要和自身经营能力所确定的。随着社会经济的发展,银行信用卡的功能也不断地发展和完善。

①转账结算功能。即持卡人在特约商号购物消费后,无须用现金付款,只要通过信用卡进行转账结算即可。特约商号一般都通过销售点终端机与发卡单位实行联网,持卡人购物刷卡后,货款就自动从持卡人的信用卡账户转移到特约商号的账户上。转账结算功能是信用卡最主要的功能。

②储蓄功能。持卡人可以在发行信用卡银行所指定的储蓄所办理存款或支取现金业务,还可以在发卡银行所属的自动柜员机上凭卡提取现金。

③汇兑功能。当信用卡持有者外出旅游、购物或出差,需要在异地支取现金时,可以持卡在当地银行的储蓄所办理存款手续,然后持卡在异地发卡银行的储蓄所取款。

④消费贷款的功能。信用卡通常有一定的透支额度,当持卡人在消费过程中各种

费用超过其信用卡存款账户余额时,在透支限额内,发卡银行允许持卡人进行短期的透支行为。从实质上讲,这是发卡银行向持卡人提供的消费贷款,因此,透支超过一定期限后,持卡人要支付利息。

(四)信托业务

信托即信任委托。商业银行的信托业务是指商业银行接受个人、机构或政府的委托,代为经营、管理或处理所托管的资金或财产,并为受益人谋取利益的业务。信托关系中的受益人既可以是委托人本身,也可以是委托人指定的个人或机构。

和信贷业务不同,商业银行经营信托业务只收取有关的手续费,至于在营运中所获得的收入则归委托人或其指定的受益人所有。

开展信托业务对商业银行具有十分重要的意义,它拓展了商业银行的业务活动领域,可以增加商业银行的收入,此外,还可以占用一部分信托资金用于投资、放款业务,但是商业银行从事信托业务是否合宜一直是一个有争议的问题,不少人主张应使银行业和信托业相分离。目前,各国一般都要求银行的信托部门和其他部门在财务、人事等方面相互独立。

(五)租赁业务

租赁业务是指以收取租金为条件出让物品使用权的经济行为。租赁可以分为经营性租赁和融资性租赁两种类型。经营性租赁是指出租人将其所拥有的租赁物反复出租给不同的承租人,以收取租金回收投资并从中获利的业务。这种租赁期限较短,租赁期满后不发生物品所有权的转移,因此,一般由出租人负责租赁物的保养、维修和配件供应。融资性租赁是商业银行根据企业的要求,筹措资金购买企业所需的设备,然后出租给企业,收取租金,待租赁期满后,再以象征性的价格将租赁物出售给企业。融资租赁中的出租人一般只负责筹措购买租赁物所需的资金,而不负责设备的挑选、安装及维修等业务。这种租赁以融资为目的,当企业急需某种机器设备而又缺乏必要的资金时,这种方法是一种明智的选择。

(六)信息咨询业务

信息咨询业务是指商业银行利用机构网络、人才等方面的优势,为客户提供业务咨询、资信调查、项目可行性研究等金融服务。根据信息的银行属性和社会属性的不同,有银行无偿信息咨询业务和有偿信息咨询业务之分。无偿信息咨询业务包括初期信息咨询、事务性信息咨询和交换性信息咨询等;有偿信息咨询包括银行运用已有信息资源,向客户提供信息并收取费用的一般咨询,以及银行追加一定的劳动量进行信息资料收集、加工、处理后,才能提供的高级信息咨询。

(七)表外业务

表外业务,顾名思义,就是资产负债表以外的业务,是指对商业银行的资产负债表没有直接影响,但却能够为商业银行带来额外收益,同时也使商业银行承受额外风险的经营活动。表外业务有广义和狭义之分。广义的表外业务是指能给银行带来收入而又不在资产负债表中反映的业务。按这一定义,那么商业银行的所有中间业务均属表外业务。狭义的表外业务,仅指涉及承诺和或有债权的活动,即银行对客户作出某种承诺,或者使客户获得对银行的或有债权,当约定的或有事件发生时,银行承担提供贷款或支付款项的法律责任。一般所指的表外业务都是指狭义的表外业务。

20世纪80年代以来,由于为规避利率和汇率波动的巨大风险、逃避金融监管当局对资本金的监管、增加更多的盈利、应对更加激烈的市场竞争、满足日益多样化的客户需求以及科学技术进步等因素,西方商业银行的表外业务飞速发展,为商业银行的可持续发展打开了一片崭新而广阔的市场空间。

从总体上看,商业银行的表外业务可分为三大类:即贸易融通类业务,如银行承兑业务、商业信用证业务等;金融保证类业务,如备用信用证业务、贷款承诺业务、贷款销售业务等;金融衍生交易类业务,如远期交易、期货交易、期权交易及互换协议等。

表外业务对于商业银行来说是一把双刃剑,既可以带来巨大的收益,也可以带来巨大的风险。由于表外业务不反映在商业银行的资产负债表中,同时又常常以或有资产、或有负债的形式存在,因而具有相当大的隐蔽性,一旦客户违约或商业银行市场决策判断失误,将给商业银行带来极大的风险,甚至是灭顶之灾,因此,商业银行必须在严格的自律以及金融监管的约束下开展此类业务。

四、商业银行的业务经营原则

安全性、流动性、盈利性是商业银行在业务经营过程中必须始终坚持的三条基本原则。

(一)安全性原则

所谓安全性,是指商业银行的资产、负债、收益、信誉以及所有业务经营发展所需的条件免遭损失的可能性。由于银行业是一个风险高度集中的行业,因此安全性是银行在其经营活动中首先要考虑的一个问题,坚持安全性原则,也是商业银行业务经营的特殊性所决定的,是商业银行业务经营与管理的内在要求。

第一,商业银行自有资本较少,经受不起较大的损失。商业银行的资本金按照目前国际统一的监管标准,只要达到8%就可以了,而一般的工商企业至少为50%以上,高负债经营的特性使得商业银行承受风险的能力比一般工商企业小得多,因此,在其业务经营与管理中必须特别关注安全性。

第二,银行经营条件特殊,尤其需要强调安全性。银行经营的对象是货币,而货币是国民经济发展中的综合变量,它受到许多复杂因素的影响,如政治、经济、社会等,极易从流量、流向、流速等方面发生变化,这样,不仅运用出去的资金能否收回难以预料,而且资金成本、资金价格的变动也很难预测。因此,要想在一个高度变化的经济环境中站稳脚跟并得到发展,就必须在各项业务中严格经营管理,强化安全观念。

(二)流动性原则

所谓流动性是指商业银行能够随时应付客户提现、满足各种合理资产支付需求的能力。这种流动性具体体现在资产和负债两个方面。资产的流动性是指商业银行的资产能够在不发生损失的条件下迅速转变为现金的能力;负债的流动性是指商业银行能够以较低的成本随时获得所需资金的能力。

商业银行的经营性质决定了它必须保留足够的流动性。首先,商业银行与其他企业相比,其资金的流动更加频繁,现金资产的收支频率更大、更快;其次,商业银行的现金资产的收支时间事先无法准确预测;最后,商业银行的流动性要求往往具有刚性特征,没有任何调和、商量的余地,这就要求商业银行必须保持充足的流动性,以免陷入经营的困境。

既然商业银行的流动性具体体现在资产和负债两个方面,那么商业银行就可以从资产和负债两方面来获得其流动性。从资产方面看,商业银行应多层次搭配资产,以形成多层次的、足够多的流动性资产,以便在必要时迅速变现,满足资产流动性的需求;从负债方面看,商业银行应开拓尽可能多的低价获取资金的渠道,主要通过创造主动负债来实现,如同业借款、向中央银行借款、发行大额可转让定期存单、在国际金融市场融资等。

(三)盈利性原则

所谓盈利性是指商业银行获得利润的能力。商业银行作为经营性的企业,获取利润既是其最终的目标,又是其生存的必要条件,因为只有获得足够多的利润,才能使银行股东获得较高收益,股东收益提高,又能提高股票价格,扩大股票销售,有利于银行增加资本;只有获得足够多的利润,才能提高银行信誉,增强银行实力,使银行对客户有较大的吸引力;只有获得足够多的利润,才能增强银行承担经营风险的能力,避免因资本大量损失而带来银行破产倒闭的危险。可见,银行盈利多少,不仅关系到银行股东的利益,而且关系到商业银行的生存和发展。

商业银行的盈利来自银行业务收入与银行业务支出之差。一般的,银行盈利的多少,主要取决于银行资产收益、其他收入和各项经营成本费用的多少。因此,努力提高银行资产的收益能力,不断提供更多更好的金融服务以获得更多的服务费收入,并尽可能地降低商业银行的经营成本,是提高银行盈利性的根本途径。

(四)"三性"原则的关系

商业银行经营的安全性、流动性与盈利性原则,既有统一的一面,又有矛盾的一面。一方面,它们共同保证了银行经营活动正常、有效地进行。其中,安全性是前提,只有保证了资金安全无损,才能获得正常盈利;流动性是条件,只有保证了资金正常流动,才能确立信用中介的地位,银行各项业务活动才能顺利进行;盈利性是目的,保持资金安全性和流动性,就是为了盈利。另一方面,这"三性"原则之间又存在着矛盾。因为较富有流动性、因而较安全的资产,一般都只能提供较低的收益;而盈利性较高的资产,往往安全性和流动性都比较差,所以,要提高资金的安全性和流动性,往往会削弱其盈利性;而要提高盈利性,安全性和流动性必然受到影响。因此,从某种意义上说,商业银行经营管理的核心或着力点就是协调处理这三者之间的关系,使安全性、流动性和盈利性达到最佳组合。

【本章小结】

商业银行是以追求利润为目标,以经营金融资产和负债为主要对象,具有货币创造能力,并提供日趋多样化服务的综合性、多功能的金融企业。

作为特殊的金融企业,商业银行具有四大职能,即信用中介职能、支付中介职能、信用创造职能和金融服务职能。

商业银行的负债业务是形成商业银行资金来源的业务,也是商业银行最基础、最主要的业务。从广义的角度说,商业银行的负债业务包括自有资本、存款和借款三项业务。

资产业务是商业银行主要的利润来源。一般而言,商业银行的资产业务主要包括现金、贷款以及证券投资等项目。

中间业务是指商业银行不用或较少运用自己的资金,以中间人的身份代客户办理收付和其他委托事项,提供各类金融服务并收取手续费的业务。主要包括结算业务、代理业务、信用卡业务、信托业务、租赁业务、信息咨询业务等。

表外业务,是指涉及承诺和或有债权的活动,即银行对客户作出某种承诺,或者使客户获得对银行的或有债权,当约定的或有事件发生时,银行承担提供贷款或支付款项的法律责任。它大体可分为三类,即贸易融通类业务、金融保证类业务和金融衍生交易类业务。

安全性、流动性、盈利性是商业银行在业务经营过程中,必须始终坚持的三条基本原则。这三大原则既对立又统一,商业银行经营管理的核心或着力点就是协调处理这三者之间的关系,使安全性、流动性和盈利性达到最佳组合。

【思考与练习】

1.名词解释

商业银行　信用中介　信用创造　金融服务　分支行制　银行业务
存款　贷款　中间业务　"三性"原则

2.唯一能提供存款货币的银行机构是(　　　　)。

A. 中央银行　　　　　　　　　B. 政策性银行

C. 商业银行　　　　　　　　　D. 投资银行

3.以下项目中,属于商业银行非盈利性资产的有(　　　　)。

A. 贷款　　　　　　　　　　　B. 贴现

C. 法定准备金　　　　　　　　D. 投资

4.一般称之为银行一级准备的是(　　　　)。

A. 库存现金　　　　　　　　　B. 抵押贷款

C. 证券资产　　　　　　　　　D. 现金资产

5.商业银行的性质是(　　　　)。

A. 国家机关　　　　　　　　　B. 政府

C. 企业　　　　　　　　　　　D. 具有国家机关和企业的双重性质

6.商业银行是(　　　　)的银行。

A. 不以营利为唯一目的　　　　B. 仅向商业企业提供贷款

C. 开展存贷业务和结算业务　　D. 经营存贷款但不搞证券投资业务

7.简述商业银行的基本特征。

8.简述商业银行的作用。

9.简述商业银行的"三性"原则。

第5章 中央银行与货币政策

学习内容与要求：

　　本章主要介绍处于金融系统核心地位的中央银行及由中央银行制定的货币政策。要求理解中央银行产生的必要性，了解中央银行的设立和发展；理解中央银行的所有制形式、组织形式和管理体制；掌握中央银行的性质和职能，了解中央银行的独立性问题；理解中央银行的资产负债表，掌握中央银行的资产负债对基础货币的影响；掌握货币政策的概念，掌握货币政策的目标，理解目标之间的矛盾，掌握一般性政策工具，理解选择性政策工具，理解货币政策的传导机制，理解影响政策效果的因素和货币政策执行原则。

第一节　中央银行的产生与发展

一、中央银行产生的必要性

（一）统一银行券发行的需要

　　银行券，是由银行发行的一种债务凭证。早期的银行券可以随时向发行银行兑换金属货币，所以它是作为金属货币的代用品进入流通领域的。在中央银行产生之前，众多银行都有权发行自己的银行券。随着经济的发展，这种分散的银行券发行逐步暴露出其严重的缺点：（1）不利于保证货币流通的稳定。为数众多的中小银行信用实力薄弱，其发行的银行券常常不能兑现，尤其在经济危机时期，不能兑现的情况非常普遍，从而容易使货币流通陷入混乱。（2）不利于商品流通的进一步扩大。众多分散的小银行，其信用活动有着地区上的限制。随着资本主义经济的发展，商品流通范围的扩大，需要能在全国市场广泛流通的一般信用流通工具。而这样的流通工具显然只能由信誉卓著、信用活动覆盖全国的大银行集中发行。

（二）票据清算的需要

　　随着银行业的不断发展，债权债务关系越来越复杂，票据交换及清算需要得到及时、合理的处置，否则就会阻碍经济顺畅运行，于是客观上需要建立一个全国统一而有权威的、公正的清算机构为之服务。

最初的票据清算是通过银行派专人持客户交来的收款票据到应付款银行要求付款来进行的，不仅成本高、缺乏效率，而且极不安全。票据流通量的扩大迫使银行对此进行变革。于是，新的票据交换和清算制度开始出现。刚开始时是银行的收款人员自发地聚集在某一固定的地点，交换手中所持有的由对方付款的票据，并相互结清差额。在此基础上，1773 年在英国伦敦成立了世界上最早的票据交换所。早期的票据交换所虽然对清算效率的提高发挥了极为重要的作用，但一般仅局限于同城内的票据清算，而且结算后的差额仍须以现金（金属货币）清偿，不方便之处依然存在。因此，需要有一个更权威的、全国性的、统一的清算中心进行票据清算。

（三）最后贷款人角色的需要

在经济的周期性发展过程中，商业银行有时会陷入资金调度不畅的困境，有的则因支付能力不足而破产。银行缺乏稳定性，不利于经济的发展和社会的稳定。因此，客观上需要一个金融机构作为商业银行的后盾，在必要时为它们提供货币资金，发挥最后贷款人的角色，也即提供流动性支持。

（四）金融宏观调控的需要

银行不同于其他一般的企业，银行的破产倒闭会给经济造成极大的震动和破坏。为了建立公平、有效和稳定的银行经营秩序，政府需要对金融业进行监督和管理。中央银行是最早承担起金融监管职责的机构，也是目前绝大多数国家实施金融监管的最重要机构。

（五）政府融资的需要

在经济发展的过程中，政府的作用越来越突出，政府融资也就成为一个重要问题。在中央银行建立以前，政府融资往往要与多家银行联系，非常不便。成立一家与政府有着密切联系的、便于政府融资的机构就显得非常必要。

二、中央银行的设立和发展

中央银行的设立有两条主要途径：一是个别实力强劲的商业银行经过缓慢的演变过程，取得了中央银行的权力和承担了中央银行的职责，逐渐转化为中央银行，如英格兰银行。二是根据有关法律，由政府出面创立中央银行，如美国的联邦储备系统。

世界上第一家执行中央银行职能的是成立于 1694 年的英格兰银行。英格兰银行是由伦敦的 1 268 位商人创立的，其目的是筹集 120 万英镑，并按 8％的年息贷给英王威廉三世，支持其在欧洲大陆的军事活动。因此，英格兰银行成立之初，就享有向政府放款、代理国库、管理政府债券、以政府债券为抵押发行等值银行券等特权，但当时它没有独占货币发行权，业务经营也等同于一般商业银行。直到 1844 年颁布实施了银行条例，即《皮尔法案》之后，英格兰银行通过竞争和合并，才逐渐垄断了全国货币发行权。之后，许多商业银行为了保障自己的安全，常把一部分现金准备存放在英格兰银行，它们之间的债权债务关系也由英格兰银行来清算，同时英格兰银行还对这些商业银行提供贷款。至此,英格兰银行便具备了结算中心和最后贷款人的功能。1872 年,英格兰银行以放款利率作为货币政策工具,在伦敦金融市场上调节使用,使英国避免了 1890 年的金融危机。此时,英格兰银行成为金融机构的最后贷款人,并同时强化了金融宏观调控的职能。这一系列变化使之最终成为英国的中央银行。

英格兰银行部分行使中央银行职能之后,西方各国都相继成立央行效仿。例如于 1800 年 1 月 18 日开业的法兰西银行,于 1848 年获得全国货币发行权。1856 年设立西班牙银行,1860 年设立俄罗斯银行,1875 年设立德国国家银行,1882 年设立日本银行,1913 年美国在立法基础上建立联邦储备系统。至此,欧洲的主要国家、亚洲的日本和北美的美国都先后建立了中央银行。

现代意义上的中央银行制度形成于第一次世界大战之后,当时各国为应付战争支出需要,使中央银行大量垫付战争费用,引起了严重的通货膨胀,实行金本位制度的国家大多被迫停止货币兑换,由金本位货币制过渡到信用货币制。为了遏制金融市场的动荡和信用秩序的混乱,各国开始意识到建立中央银行制度的必要性。自从 1913 年美国联邦储备制度建立之后,中央银行与商业银行的业务划分获得明确一致的认识,要求中央银行在稳定货币和建立新的信用秩序方面发挥特殊功能。1920 年在比利时首都布鲁塞尔举行了国际金融会议,会议决议要求,为稳定货币和金融,已成立中央银行的国家应改进中央银行制度,按照货币金融稳定的要求和宗旨独立进行活动;建议尚未设立中央银行的国家尽快建立中央银行。于是,世界许多国家都顺应国际大趋势及国内经济发展需要,纷纷建立或改组中央银行。例如英国在 1928 年通过《银行通货法》,规定英格兰银行独享货币发行权,从而使英格兰银行成为英国的唯一发行银行。1930 年在瑞士巴塞尔成立了国际清算银行,作为各国中央银行的国际合作机构,使中央银行的地位和作用进一步得到加强。美国在 1933 年和 1935 年对联邦储备制度作了重大改革,加强了美国联邦储备系统调节金融的能力以及在整个经济活动中的地位。1936 年法兰西银行经过改组,加强了政府对中央银行的控制。1942 年日本制订了《日本银行法》对日本银行进行了改组,由政府出资 55%,从而扩大了政府在该行的权力。20 世纪上半叶,现代意义上的规范化的中央银行制度逐渐确立,其主要标志是中央银行独占了货币发行权,并将其职能和业务重心放在稳定货币上。

第二次世界大战以后,国家对中央银行的控制进一步加强。1936 年凯恩斯的《就业、利息和货币通论》开创了政府调控宏观经济的新时代,强调政府干预经济,而政府干预经济的主要手段之一就是中央银行的货币政策。为此,欧洲一些中央银行开展了资本国有化运动。英国于第二次世界大战刚刚结束就通过了《英格兰银行国有化法》,使英格兰银行由一家独立的私营中央银行转变为一家受政府控制的中央银行。法兰西银行通过国有化运动,使其完全受制于法国政府。

从以上西方国家中央银行的产生和发展可以看出,中央银行的建立和完善并不是一蹴而就的,而是经历了一个漫长的历史演变过程。

小资料 5-1　中央银行在中国的发展

中央银行在中国的萌芽是 20 世纪初清政府建立的户部银行。当时主要是为了解决因战争赔款所带来的财政困难,统一币值,推行纸币。

最早以立法形式成立的中央银行是 1928 年成立的国民政府中央银行。1928 年 11 月 1 日中央银行正式成立,总部设在上海。中央银行享有经理国库,发行兑换券,铸发货币等特权。中央银行成立之初,尚未完全独占货币发行权。直到 1942 年 7 月 1 日,根据《钞票统一发行办法》,由中央银行独占货币发行权,同时由中央银行统一管理国家外汇。1945 年 3 月,当时的财政部授权中央银行检查和管理全国的金融机构,其管理职能得到了强化。1949 年,国民政府的中央银行体系在大陆崩溃了。

中国人民银行是 1948 年 12 月 1 日在原华北银行的基础上经过合并改组建立起来的,同时开始发行全国统一的人民币。在 1978 年党的十一届三中全会以前,中国人民银行既是行使货币发行和金融管理职能的国家机关,又是从事信贷、储蓄、结算、外汇等业务经营活动的专业银行,是"一身二任"的银行机构,这也符合当时国情的需要。1983 年 9 月,国务院决定中国人民银行专门行使中央银行的职能,不再对企业、个人直接办理存贷业务,中国人民银行成为负责"管理全国金融事业的国家机关",其三项根本任务是:"集中力量研究和做好全国金融的宏观决策,加强信贷资金管理,保持货币稳定。"中国人民银行行使中央银行的职能,标志着我国现代中央银行制度的确立。1993 年,中国人民银行进一步强化金融调控、金融监管和金融服务职责,划转政策性业务和商业银行业务。1995 年 3 月 18 日,全国人民代表大会通过《中华人民共和国中国人民银行法》,首次以国家立法形式确立了中国人民银行作为中央银行的地位,标志着中央银行体制走向了法制化、规范化的轨道。1998 年,中国人民银行及其分支机构在全国范围内进行管理体制改革,撤销省级分行,设立 9 个跨省区分行。2003 年,中国人民银行对银行、金融资产管理公司、信托投资公司及其他存款类金融机构的监管职能被分离出来,成立了中国银行业监督管理委员会。同年 12 月 27 日《中华人民共和国中国人民银行法(修正案)》正式通过。至此,经过 50 多年的曲折经历,现代中央银行制度在我国基本建立起来。

第二节　中央银行的体制

一、所有制形式

按所有制形式,各国的中央银行可划分为以下三类。

1.属于国家所有的中央银行

资本属于国家所有是目前世界上大多数国家的中央银行所采用的所有制形式。有些设立较早的中央银行,开始是由一些私人股份商业银行组合而成,国家为了加强对经济的干预,对这些银行逐渐实行国有化。第二次世界大战以后,许多新成立的中央银行,都是由国家直接投资创建。西方主要发达国家中,国有的中央银行有英、法、德、荷等国的中央银行。中央银行国有化已成为一种发展趋势。

2.属于半国有性质的中央银行

有些中央银行的资本,部分股份是由国家持有,部分股份由私人持有。例如日本银行,55%的股份由政府认购,其余45%由民间认购,其私人股东唯一的权利是按规定每年领取最高为5%的股息。

3.属于私人股份资本的中央银行

中央银行的资本全部是由私人股东投入的国家有意大利和美国等。意大利的中央银行——意大利银行,就是由股份公司转变为按公法管理的中央银行,股份数为30万股,每股面值为1 000里拉,由储蓄银行和全国性银行等金融机构认购。又如美国的中央银行——美国联邦储备银行,它的资本是由参加联邦储备体系的各个会员银行所认购的股份形成的。

二、中央银行的组织形式

虽然世界各国基本上都实行了中央银行制度,但中央银行的组织形式却存在着很大差异。归纳起来大致可分为单一型中央银行制度、复合型中央银行制度、准中央银行制度和跨国中央银行制度四种形式。

1. 单一型中央银行制度

单一型中央银行制度是指在全国只设立一家中央银行,并由其全面行使中央银行权力,履行中央银行的全部职责。目前世界上绝大多数国家都实行这种制度。单一型中央银行制度的特点是中央银行的权力高度集中。

单一型中央银行制度又有两种:一种是一元式中央银行制度,这种类型的中央银行在分支机构的设置上一般采取总分行制,逐级垂直隶属,大多数国家都实行这种制度;另一种是二元式中央银行制度,即在一国内建立中央和地方两级相对独立的中央银行机构,地方级中央银行虽然要接受中央级中央银行的监督管理,但其与中央级中央银行之间并非总分行关系,地方级中央银行在各自的辖区内独立性很强。实行这种制度的主要是联邦制国家,如美国和德国。

2. 复合型中央银行制度

复合型中央银行制度是指把中央银行职能与商业银行职能集于一体的中央银行制度,即一家很大的国家银行既履行中央银行职能,又开展一般商业银行的业务。这种制度主要存在于前苏联和东欧各国,我国在1984年以前也一直实行这种制度。

3. 准中央银行制度

准中央银行制度指由几个履行有限中央银行职能的类似中央银行机构共同组成

一国的中央银行体系。有些国家和地区没有独立的中央银行,但仍有一些类似的机构在行使中央银行职能,如新加坡、中国香港等。新加坡将货币发行权授予大商业银行,而将除货币发行以外的其他中央银行职能授予金融管理局。在香港,货币发行职能由渣打银行、汇丰银行和中国银行共同承担,票据清算由汇丰银行管理,"政府的银行"这一职能也由商业银行执行。

4. 跨国中央银行制度

跨国中央银行制度是指由几个国家共同组成一个货币联盟,并由其为成员国执行中央银行职能。跨国中央银行制度的突出代表是西非货币联盟、中非货币联盟和东加勒比海货币区。这种制度是第二次世界大战后这些发展中国家为发展民族经济而开展金融合作的成果。跨国的中央银行为成员国发行共同使用的货币和制定统一的货币金融政策,监督各成员国的金融机构和金融市场,对成员国的政府进行融资,办理成员国共同商定并授权的事项。

1998 年 7 月 1 日,欧洲中央银行的成立为跨国中央银行制度的发展树立了一个新的里程碑。欧洲中央银行是国际金融史上一次前所未有的创新,也是历史上第一个超级的跨国中央银行。其主要任务有:在欧盟国家内发行统一的纸币和硬币,确定和实施欧盟统一的货币政策,促进欧盟内结算系统的顺利运行,经营各项外汇业务,持有和管理成员国官方外汇储备,负责金融机构监管、提供顾问咨询和信息统计等。

三、中央银行的监督管理体制

在现代银行监督管理中,中央银行具有不可替代的优势。随着经济发展的需要,中央银行的监管地位和重要性日益加强。纵观世界各国中央银行监督管理体制,主要有如下模式:

1. 双线多头银行管理体制

实行双线多头银行管理体制的国家不多。美国联邦和各州都有权对银行发照注册并进行监督管理,从而形成双线银行管理体制。在联邦这一线,有 8 个管理机构,其中最主要的是 3 个,即联邦储备体系、财政部通货总监和联邦存款保险公司。在州这一线,50 个州各有各的金融法规和银行监督管理机构。加拿大是由 10 个省和 2 个地区组成的联邦制国家,联邦和省的立法机构对不同的金融机构有不同的金融法规,实行双线立法管理。美国和加拿大的双线多头管理体制并不完全相同。美国是形成对某一家银行的多头的重复的检查管理,而加拿大的却是各自监督管理特定的金融机构,彼此并不重复,尤其对联邦特许银行的监督管理还是单一的。

2. 一线多头银行管理体制

所谓一线是指相对双线管理体制而言,管理权力集中于中央。但在中央一级又分别由两个或两个以上的机构负责银行体系的监督管理。通常,这种多头管理体制是以财政部和中央银行为主体开展工作的。

法国的银行监督管理体系比较复杂。财政部、法兰西银行、国家信贷委员会和银行管理委员会共同负责银行体系的管理。意大利银行负责管理其国内银行体系,但服从于部际信贷储蓄委员会的领导和命令。日本财政部的银行局和国际金融局是主要的监督机构,日本银行与这些机构紧密协商,共同完成任务。

3. 高度集中的单一银行管理体制

世界上大多数国家的银行管理体制是高度集中的单一型管理体系。如在英格兰,英格兰银行全权负责银行体系的监督管理工作。

第三节　中央银行的性质和职能

一、中央银行的性质

中央银行的性质是指中央银行自身所具有的特殊属性。中央银行的性质是由其业务活动的特点和所发挥的作用来决定的。

从中央银行业务活动的特点来看,中央银行是一个特殊的金融机构,与商业银行有很大的不同。商业银行以追求利润最大化为经营目标,通过存、贷、汇、兑业务广泛地与普通的工商企业和个人发生联系。而中央银行不以营利为目的,不经营商业性业务,只与特定的对象如商业银行、政府机构等打交道,不与一般公众发生业务关系。国家还赋予中央银行一些特有的权力与业务,如垄断货币发行、集中存款准备金、代理国库、管理黄金外汇储备等。

从中央银行发挥的作用来看,中央银行是制定和实施货币政策、监督管理金融业的宏观管理部门。中央银行是全国货币信用的提供者和调节者,它按照经济发展的客观需要发行货币并保持币值稳定。中央银行还是各国金融体系的核心,负责制定和执行货币政策,代表国家运用货币政策对宏观经济进行干预。中央银行还代表国家参加国际金融组织和国际金融活动。但中央银行又明显不同于一般的国家行政管理机关,这是因为中央银行更多地运用经济手段而非行政手段或法律手段来进行宏观调控和管理。

二、中央银行的职能

中央银行的职能,一般被概括为发行的银行、银行的银行和国家的银行。中央银行正是通过这些职能来实现对金融领域乃至整个经济的调节作用。

(一)发行的银行

在现代银行制度中,中央银行首先是发行的银行。发行的银行是指中央银行是垄断货币发行权并管理货币流通的银行。发行货币是中央银行最原始、最基本的职能,也是中央银行区别于商业银行及其他金融机构的独特之处。现代社会是商品和货币经济社会,其顺利运行的条件是健全的货币制度和稳定的币值。因此,为了提供稳定的货币环境,中央银行必须对全国的货币发行做出合理的安排和调节。

1.中央银行货币发行的基本职责

(1)发行统一的货币,并适度掌握货币发行数量,调节货币流通总量。发行统一货币,目的在于避免不同货币共同流通造成的混乱;统一货币发行还要求适度掌握货币发行总量,为经济的稳定和持续增长提供一个适宜的金融环境。因为货币流通是国民经济运行的血液,过少的货币发行量会使经济不景气,过多的货币发行量则会造成经济过热和通货膨胀。

(2)调节流通中的货币结构。在货币供应总量既定的条件下,中央银行还应根据商品流通的需要,印刷、铸造或销毁票币,进行库款调拨,调剂不同地区间货币投放数量和面额比例,满足社会各界对货币提取和支付的不同要求。

2.中央银行的货币发行准备

发行货币需要有发行准备。从历史上看,充当货币发行的准备有黄金准备和信用准备。

(1)黄金准备集中体现在中央银行的黄金库存上,其准备形态可以是金币或金块。它的主要作用在于把货币的发行量限制在一定的范围之内,并维持货币价值的稳定。

(2)信用准备主要是指中央银行以有价证券、各种商业票据和外汇作为货币投放基础。其作用在于保证货币发行不超过商品交易的客观需要。在目前的信用货币制度下,各国货币的发行均已同贵金属脱钩,发行准备主要是信用准备。这种发行准备制度使货币发行数量的弹性增大,如果控制不当,容易引起通货膨胀。

目前,世界上几乎所有国家的现钞都由中央银行发行。至于辅币的铸造、发行,有的由中央银行经管,有的则由财政部负责。发行银行券是中央银行最重要的资金来源。由中央银行发行的银行券,一小部分形成银行等金融机构的库存现金,大部分则形成流通中的现金。

(二)银行的银行

中央银行也像其他银行一样,办理存款、贷款等业务,只不过它的业务对象不是一般的工商企业和个人,而是商业银行和其他金融机构。中央银行各项业务活动的目的不仅在于为商业银行和其他金融机构提供服务,以促进金融服务效率的提高,更在于对商业银行和其他金融机构的活动施加有效的政策影响。具体说来,这一职能主要包括:

1.集中管理存款准备金

集中管理存款准备金是指中央银行以吸收存款的方式集中管理商业银行的存款准备金。中央银行制度规定,商业银行及有关金融机构必须向中央银行缴存一定比例的存款准备金。其目的在于:①保证存款机构的清偿能力,以备客户提现,从而保障存款人的资金安全和银行的经营安全;②有利于中央银行根据宏观政策的需要调整准备金率,进而调节货币供应量;③可以增强中央银行的资金实力。集中保管存款准备金,实际上使中央银行拥有了对这部分资金的支配权。

2.充当银行的最后贷款人

最后贷款人是指当某些商业银行发生支付困难时,中央银行有义务提供资金支持帮助这些银行摆脱困境,充当在金融领域内的最后贷款者,以避免支付链条的中断,导致金融恐慌甚至触发经济危机。最后贷款人原则的提出,确立了中央银行在整个金融体系中的主导地位。

中央银行作为最后贷款人,通常采用再贴现和再抵押的方式对商业银行提供信贷,为了配合政府的经济政策,中央银行主动采取变动再贴现率或者再贴现票据种类的措施,以调节商业银行的信贷规模和结构。在某些特殊情况下,商业银行还可以直接从中央银行取得临时性的信用贷款来满足自己的资金需要。

3.组织银行间的资金清算

中央银行是各金融机构的清算机构。各商业银行在中央银行都开设了准备金存款账户,这样由客户之间的债权债务关系引起的商业银行之间的债权债务关系,就可以通过其在央行的账户用非现金方式清算。作为清算银行,中央银行采用差额结算的办法完成清算,即每一家商业银行的清算差额都可以用来增减该银行在中央银行的存款。中央银行作为资金清算中心的主要意义在于加快资金周转,节约现金使用,减少清算费用,及时、全面地了解和监督商业银行的经营活动。

(三)国家的银行

"国家的银行"有时也称之为"政府的银行",是指中央银行代表国家贯彻执行财政金融政策,代理国库收支以及为国家提供各种金融服务。作为国家的银行,主要通过以下方面得到体现:

1.中央银行代表政府制定和执行货币政策

中央银行根据宏观经济环境制定和执行货币政策,适时向市场提供或回笼货币,调节全社会的货币供给量。

2.中央银行是国库收支中心

作为国库收支中心是指政府不另设机构管理财政收支,而由中央银行代理资金收付。政府的所有收入与支出均通过财政部在中央银行开立的各种账户进行。具体业务包括:按国家预算要求协助财政、税务部门收缴库款,根据财政支付命令向经费单位划拨资金,随时反映收、支、缴、拨过程中掌握的预算执行情况,以及经办其他有关国库的事务。

3.为政府提供信贷支持

当政府财政出现暂时性收不抵支的情况时,中央银行作为政府的银行,对政府提供短期信贷支持。其手段主要是短期国债或中央银行票据的回购,而不得直接认购、包销国债和其他政府债券。大多数国家都通过立法程序,严格限制中央银行向财政提供长期贷款或透支。因为向财政提供长期贷款或透支容易使中央银行沦为弥补政府财政赤字的货币供给者,不利于货币的正常流通和金融稳定。

4.代理政府金融事务

中央银行作为政府的银行代理政府债券的发行以及债券到期时的还本付息。另外,代政府保管外汇和黄金储备,进行外汇、黄金的买卖。中央银行通过为国家保管和管理黄金、外汇储备,并根据国内、国际情况,适时、适量地运用这些资金,可以起到稳定币值、调节汇率和保证国际收支平衡的作用。此外,中央银行还充当政府的顾问,提供经济金融情报和决策建议,代表政府参加国际金融组织,出席各种国际性会议,从事国际金融活动以及代表政府签订国际金融协定等。

三、中央银行的独立性问题

(一)中央银行的独立性问题的提出

中央银行体制的存在已经有 400 多年的历史了。但是一直到 20 世纪中央银行的独立性才被各国中央银行法所承认,并在 20 世纪初的美国、20 世纪中叶的各发达国家及 20 世纪末的欧盟的中央银行法中得以充分的体现,这主要与金本位制的崩溃和对通货膨胀认识的发展有着重要的联系。

实证研究表明,中央银行的独立性与通货膨胀之间存在明显的负相关关系,即央行的独立性越强,通货膨胀率就越低;反之,央行的独立性越弱,通货膨胀率就越高。1990 年美国哈佛大学的学者采用实证方法,对中央银行的独立程度与经济发展的关系进行了研究,提出了《哈佛报告》。报告认为,中央银行的独立程度与经济的良性发展之间具有正相关关系,只有保持中央银行高度的独立性,才能在低通货膨胀的条件下,实现适度的经济增长和低失业率。在中央银行的独立性非常高的德国和瑞士,其经济增长率为 3.1% 时,通货膨胀指数为 3.1%;与之相反,在中央银行的独立性非常低的澳大利亚、新西兰、爱尔兰等国,其经济增长率为 3.8% 的代价是通货膨胀指数达到了 7.5%。由于通货膨胀与各国的经济增长有着紧密的联系,这就使得稳定币值成为中央银行重要的任务,而拥有一个强大的、独立的中央银行则成为确保一国币值稳定的先决条件。

(二)中央银行的独立性的内涵

所谓中央银行的独立性,首先是指中央银行在履行通货管理职能、制定和实施货币政策时的自主性。制定与实施货币政策必然要涉及货币政策目标与货币政策手段两个方面的问题,因此中央银行的独立性包括了确定目标的独立性和运用工具的独立性。稳定币值是中央银行的中心目标。货币政策目标不明确或者币值不稳定的国家,或者事实上不能坚持以稳定币值为中心目标的国家,大多是由于中央银行缺乏独立性所致。即使在确定了以稳定币值为中心目标的国家,中央银行在选择货币政策工具时也会遇到来自各方面的压力,如果中央银行的独立性不强,可能受到不同利益集团的影响,使其所选择的货币政策工具变得不再是最佳工具,从而不能实现既定的货币政策目标。

其次,金融监管上的独立性,也成为中央银行独立性的新内容。1997 年 9 月,巴塞尔银行监管委员会发布《银行业有效监管的核心原则》,明确提出:"在一个有效的银行监管体系下,参与银行组织监管的每个机构要有明确的责任和目标,并应享有工作上的自主权和充分的资源。""为有效执行其任务,监管者必须具备操作上的独立性、现场和非现场收集信息的手段和权力以及贯彻其决定的能力。"

（三）中央银行的独立性的表现

1.中央银行与其他部门的关系

中央银行存在的目的是稳定币值,并以此为基础稳定经济,同时中央银行又是为政府服务的银行。由此引出中央银行和政府的关系问题或中央银行的独立性问题。一般认为,中央银行在一国政府中应保持充分的独立性。现代经济学理论认为,政府是一个具有特定利益和目标的利益集团,而不是一个单纯的政治团体。特别是在政府机构及其经济职能不断膨胀的情况下,政府既承担着一国的经济发展职能,又作为一个创造收益的投资主体和消费主体参与社会经济运行和资源配置过程。同时它的收支方式有着强大的政权力量作为支撑,如果将中央银行完全置于政府的领导和掌握之下,不仅会失去对货币供应的制衡机制的作用,而且当政府目标与货币稳定目标相矛盾时,还会引起货币价值的起伏,有悖于稳定币值的初衷,甚至导致整个经济的动荡。因此,在现代经济学的论述中,独立于政府机构的中央银行一直是被提倡和推崇的。

从制度分析的角度看,中央银行是一种为实现货币稳定,改善经济运行,提高资源配置效率,进而给全社会带来福利的制度安排。中央银行与其他公共机构一样,是全社会利益均衡和公共选择的结果。这种制度意味着中央银行的行为应当对全社会的利益负责,而不能偏向或依附于某个利益集团的利益。因此,中央银行在原则上应当保持中立和保有自身决策的独立性。

2.中央银行的独立性的基本原则

（1）中央银行金融政策的制定必须以国家的宏观经济目标为出发点,以此来考虑自身的任务和所承担的责任。

（2）中央银行的政策实施应遵循金融和经济活动的特有规律,并对政府的短期行为起到一定的抑制作用,防止中央银行决策的短期化,促进社会经济的长期稳定和协调发展。

3.中央银行的独立性的具体体现

由于各国历史背景、经济运行模式、政治体制不同,中央银行的独立性程度也有很大差异。一般来说,中央银行的独立性主要体现在以下几个方面:

（1）建立独立的货币发行制度,维持货币稳定。货币发行权高度集中于中央银行,由中央银行根据国家的宏观经济政策及经济发展的客观需要自行决定货币发行的数量、时间、地区分布及面额比例等。

（2）独立地制定和执行货币政策。中央银行应尽量在与国家的宏观经济政策保持一致的基础上,独立掌握货币政策的制定权和执行权。在中央银行制定和执行货币政策的过程中,政府应当充分尊重中央银行的意见,并积极配合,使中央银行的货币政策能更有效地发挥作用。

（3）独立地与其他金融机构开展业务。中央银行应在国家法律的授权和保障下,独立地与各类营利性金融机构发生业务往来,并通过业务往来实施对金融机构和金融市场的管理、调控,使整个金融活动按货币政策的需要有序地运行。

第四节 中央银行的资产负债业务

一、中央银行的资产与负债

中央银行各项职能的履行,可以通过其业务活动反映出来,最终概括地表现在中央银行的资产负债表上。由于在金融制度及信用表现方式等方面的差异,各国中央银行的资产负债表并不统一,其项目的设置及包括的内容也不一致。这里仅将中央银行最主要的资产负债项目概括出来,如表 5-1 所示。

表 5-1 中央银行资产负债表

资　　　产	负　　　债
商业银行的再贴现	流通中现金
持有的政府债券	金融机构存款
外汇储备占款	政府部门存款
其他资产	国际金融机构存款
	资本项目

(一)中央银行的资产项目

中央银行的资产项目是中央银行的资金运用项目。它包括以下几方面。

(1)商业银行的再贴现。中央银行作为最后贷款人,当各商业银行资金不足时,可以通过再贴现或再抵押的方式用未到期的商业票据或有价证券到中央银行申请再贴现,获取资金。中央银行对商业银行的再贴现是中央银行资金流出的主要渠道之一。

(2)持有的政府债券。指中央银行在公开市场上购买的国库券和其他政府债券,它是中央银行资产项目中的重要内容,集中反映了中央银行通过公开市场操作进行间接调控的职能。

(3)外汇储备占款。任何一个独立的国家都有自己的外汇储备。中央银行承担管理国家外汇的责任,必然要占用中央银行的资金购买外汇资产,因此外汇储备占款构成了中央银行资金运用的一个项目。

(4)其他资产。指以上资产以外的项目。如中国人民银行的专项贷款资金的拨付款。

(二)中央银行的负债项目

中央银行的负债是指社会各集团和个人持有的对中央银行的债权。它包括以下几方面。

(1)流通中的现金。指中央银行发行的由社会公众(企业和个人)持有的各种纸币和辅币。流通中的现金自身并无价值,完全凭借央行的信用才得以流通,可以看作是央行欠持有人的"债",是中央银行的重要资金来源,也是中央银行负债的一个主要项目。

(2)商业银行等金融机构的存款。包括两部分:一部分是商业银行上缴的法定存款准备金;另一部分是商业银行的周转性资金,该资金是为了使用中央银行的清算设施,它形成商业银行的超额准备金存款。其中,法定准备金构成商业银行在中央银行主要的、稳定的存款资金来源。

(3)政府部门的存款。指财政部和其他政府部门存放在中央银行的款项。中央银行是政府的银行,担负着为政府代理货币收支的任务,因此政府部门的周转性货币资金就存放在中央银行账户上,形成中央银行的资金来源之一。

(4)国际金融机构存款。指国际货币基金组织、世界银行、亚洲开发银行等国际金融机构对本国的债权。

(5)资本项目。指中央银行的自有资金,包括股本、盈余结存和财政拨款。

二、基础货币与中央银行的资产和负债的关系

(一)基础货币

基础货币又称强力货币或高能货币,它是商业银行存款货币创造的基础。基础货币是由流通中的现金和商业银行的存款准备金所构成。现金是中央银行对社会公众的负债,存款准备金是中央银行对商业银行的负债。因此,基础货币是中央银行可以控制的变量。

(二)影响基础货币的因素

对中央银行的资产负债进行分析,有助于我们了解中央银行如何影响商业银行体系的准备金从而实现金融宏观调控的全过程。

资产负债表的基本恒等式是:

资产总额＝负债＋资本项目

上述公式也可用下述方式表达:

资产总额＝存款机构准备金存款＋其他负债＋资本项目

存款机构准备金存款＝资产总额－(其他负债＋资本项目)

这个方程式的意义是:

(1)如果资产负债表的其他项目不变动,中央银行资产的增加(或减少),会使存款机构准备金存款增加(或减少)。例如,购买有价证券。这是中央银行为改变银行准备金而进行的公开市场业务。中央银行通过购买证券,可以使商业银行准备金增加。因为中央银行购买证券必须开出支票付款,出售证券的客户收到支票后将其存入商业银行,商业银行将支票转中央银行进行结算,中央银行就在商业银行的中央银行准备金存款账户上增加这笔资金,从而使商业银行在中央银行的准备金存款增加。同样,如果中央银行出售证券,则可使商业银行准备金减少。

(2)如果资产负债表的其他项目不变动,中央银行负债的增加(或减少),会使存款

机构准备金存款减少(或增加)。例如,财政部增加在中央银行的存款,会使银行准备金存款减少。当企业或个人向财政部门缴纳税款时,签发支票给财政部门。支票经过结算,会使企业或个人开户的商业银行在中央银行的准备金账户减少同样的金额,而财政部在央行的存款增加相应的数额。同时,企业或个人在商业银行的存款也相应减少。结果是商业银行的准备金和社会的货币供应都将减少。

总之,中央银行可以通过调整自身资产负债结构,改变存款机构准备金数额,间接调节金融机构的信贷规模,实现对金融的宏观调控。

第五节 中央银行的货币政策

所谓货币政策,是指中央银行为实现其特定的经济目标而采用的各种控制和调节货币供应量或信贷规模的方针和措施的总称。它是一个包括货币政策目标、货币政策工具、货币政策的中间目标、货币政策效果等一系列内容在内的广泛概念。货币政策是国家经济政策的重要组成部分,是中央银行实现其职能的核心所在。

一、货币政策的目标

1.货币政策目标的形成

20 世纪 30 年代以前,西方各国普遍信奉"自由放任"原则,认为资本主义是一架可以自行调节的机器,能够自行解决经济运行中的矛盾。当时西方社会普遍存在各种形式的金本位制度,维持金本位制,被认为是稳定货币的基础。因此,维持货币币值的稳定及物价稳定是当时货币政策的主要目标。

20 世纪 30 年代,世界经济大危机震撼了世界。在这场大危机中,美国的物价水平下跌 22%,实际国民生产总值减少了 31%,失业率高达 22%。各国政府及经济学家开始怀疑金本位的自动调节机能,纷纷抛弃金本位制度。1936 年,凯恩斯的著作《就业、利息和货币通论》问世,系统提出国家调节经济的理论,以解决失业问题。第二次世界大战结束后的 1946 年,美国国会通过就业法案,具体地将充分就业列入经济政策的目标。从此,充分就业成为货币政策的主要目标之一。

自 20 世纪 50 年代起,世界经济得到了迅速的恢复和发展。各国经济发展的不平衡性,使美国经济增长率一度落后于其他西方国家。为了保持自身的经济实力和政治地位,美国着重强调经济发展速度问题,把发展经济、促进经济增长作为当时的主要目标。所以,各国中央银行的货币政策目标也发展成为稳定物价、实现充分就业和促进经济增长三大目标。

20 世纪 50 年代末期以后,国际贸易得到了迅速的发展。在长期推行凯恩斯主义的宏观经济政策后,各国普遍出现了不同程度的通货膨胀,国际收支状况也日益恶化,特别是美国经济实力削弱,国际收支出现巨额逆差,以美元为中心的国际货币制度受到严重威胁。其间,美元出现了两次大危机。许多国家密切注意这种态势的发展,相应提出了国际收支平衡的经济目标。因此,中央银行的货币政策目标也相应地发展为四个,即稳定物价、充分就业、促进经济增长和国际收支平衡。

2.货币政策目标的具体含义

(1)稳定物价,是指一般物价水平在短期内不发生显著的波动,以维持国内币值的稳定。由于在现代信用货币流通条件下,物价波动总体呈上升趋势,因此,货币政策的首要目标就是将一般物价水平的上升控制在一定范围内,以防止通货膨胀。至于物价水平控制的范围,各国国情不同,所设定的容许波动幅度也有差异,但从各国货币政策的实际操作来看,大都比较保守,一般要求物价上涨率在 2% 或 3% 以内。

(2)充分就业,是指有能力并愿意参加工作的人,都能在较合理的条件下,随时找到适当的工作。此时劳动力市场处于均衡状态。劳动力市场处于均衡状态时的失业率,即称"自然失业率"。由于对自然失业率的衡量及估计一直存在分歧,因此,人们通常用平均失业率来估计自然失业率。从各国实际的执行情况看,对自然失业率的标准也是灵活掌握的。如 1971 年美国国会联合经济委员会在《联合经济报告》中,提出失业率不超过 3%;1978 年《美国就业法案》又规定失业率不超过 4% 即为充分就业;而到 20 世纪 90 年代中期,对自然失业率的估计在 6% 左右。

(3)经济增长。经济增长是指一国人力和物质资源的增长。经济增长的目的是为了增强国家实力,提高人民生活水平。经济增长常常带来一些社会问题,如环境污染。靠破坏生态平衡、污染环境带来的经济增长,不能算是真正的经济增长;价格上涨常常会引起国民生产总值的增加,这也并不表示经济增长。衡量经济增长最常用的方法是以剔除价格因素后的国民生产总值(GNP)或国内生产总值(GDP)的增长率来衡量一国的经济增长状况。

(4)国际收支平衡。国际收支状况是一个国家同世界其他国家之间的经济关系,反映一国在一定时期对外经济往来的综合情况。一国国际收支会出现三种情况:国际收支逆差、国际收支顺差或国际收支平衡。一般情况下,很难实现绝对的国际收支平衡,短期的逆差或顺差却很常见。各国中央银行货币政策中的国际收支平衡目标,就是要努力实现本国对外经济往来中的全部货币收入和货币支出大体平衡或略有顺差、略有逆差,避免长期出现大量的顺差或逆差。

3.政策目标之间的矛盾

货币政策的四个目标,是国家经济政策的战略目标的组成部分。要同时实现四个目标是非常困难的,因为它们既有一致性,又有矛盾性,各国在制定货币政策时都必须充分考虑到这一点。在实际经济运行中,通过某种货币政策工具实现某一货币政策目标的同时,常常会干扰其他货币政策目标的实现,具体表现在:

(1)稳定物价与充分就业之间的矛盾。失业率与物价上涨率之间存在着一种此消彼长的关系。要保持充分就业,就必须扩大生产规模,增加货币供应量,从而会导致物价上涨;而要降低物价上涨率,就要缩紧银根,压缩生产规模,这又会提高失业率。稳定物价与充分就业两者之间表现出一种矛盾的关系:要实现充分就业目标,必然要牺牲一定程度的物价稳定;而要维持物价稳定,又必须以失业率一定程度的提高为代价。

(2)经济增长与国际收支平衡之间的矛盾。经济迅速增长、就业增加、收入水平提高,结果对进口商品的需求比出口贸易增长更快,导致国际收支状况恶化。而要消除逆差,则必须压缩国内需求,但紧缩的货币金融政策又同时会引致经济增长缓慢乃至衰退。

(3)物价稳定同经济增长之间的矛盾。对这个问题颇有争议,有的人认为,通货膨胀可作为经济增长的推动力;也有人认为,通货膨胀与经济增长是紧密相连的;还有人认为,除非保持物价稳定,否则不能实现持续的经济增长。从根本上讲,经济的增长和发展,为保持物价稳定提供了物质基础,两者在根本上是统一的,关键在于采取什么样的政策来促进经济增长。如果采取通货膨胀政策来刺激经济发展,暂时可能奏效,但最终会使经济发展受到严重影响。因为通货膨胀政策会导致物价上涨,反过来迫使政府采取反通货膨胀政策,最终又降低经济增长率。总之,既要保持高速的经济增长率,又要防止通货膨胀,这确实是一道难题。

事实证明,货币政策各个目标之间的矛盾是客观存在的。强调一个或两个目标,其他目标就可能会向相反的方向发展;要实现一个目标,就可能会牺牲其他目标。因此,在制定货币政策时,要根据本国的具体情况,在一定时间内选择一个或两个目标作为货币政策的主要目标。随着政治经济形势的发展变化,货币政策目标的侧重点也会发生变化。

二、货币政策工具

中央银行对货币和信用的调节政策有两大类:一是从收缩和放松两个方向调整银行体系的准备金和货币乘数,从而改变货币供应量,这就是一般性货币信用管理,它影响货币信用的总量,属宏观措施。二是用各种方式干预信贷市场的资金配置,有目的地调整某些经济部门的货币信贷供应量,从而引起货币结构变化,这就是选择性信贷管理,属微观措施。因此,中央银行的货币政策工具可分为一般性政策工具和选择性工具。

(一)一般性政策工具

一般性货币政策工具即传统的三大货币政策工具,也就是我们通常所说的"三大法宝":存款准备金政策、再贴现政策和公开市场业务。

1.存款准备金政策

将存款准备金集中于中央银行的做法最初始于英国,但以法律的形式规定商业银行必须向中央银行缴存存款准备金,则始于 1913 年美国的《联邦储备法》。该法案硬性地规定了法定准备金率,目的是确保银行体系不因过度放款而发生清偿危机。法定准备金率作为中央银行调节货币供给的政策工具,普遍始于 20 世纪 30 年代经济大危机以后。在做法上,许多国家都对期限不同的存款规定不同的准备金率。一般地,存款期限越短,其流动性越强,规定的准备金率就越高。

存款准备金政策是指中央银行在法律所赋予的权力范围内,通过调整商业银行交存中央银行的存款准备金比率,以改变货币乘数,控制商业银行的信用创造能力,间接地控制社会货币供应量的活动。

存款准备金政策包括的内容有:(1)规定法定存款准备金率。凡商业银行吸收的存款必须按照法定比率保留一定的准备金,其余部分才能用于贷款或投资。(2)规定准备金的构成。准备金包括商业银行在中央银行的存款和自身的库存现金。(3)规定存款准备金的计提基础和缴存时间。目前多数国家的中央银行采用按旬或月平均存款余额计算应缴数额。即法定准备金以一旬或一个月的平均存款余额为计提基础。规定期限结束后的若干日内,金融机构以本期应缴准备金为基础向中央银行办理补缴金额和退缴金额。

存款准备金政策是威力较大的政策工具,法定准备金的调整一般会产生很大的影响。根据信用创造原理,准备金率越高,银行存款创造信用的规模就越小,存款准备金所能支持的派生存款数量就越小。假定商业银行吸收存款 500 万元,如果法定准备金率为 10%,则商业银行应交存中央银行 50 万元作为法定准备金,其余 450 万元才可以发放贷款。若中央银行要缩紧银根,将法定准备金率提高到 11%,货币乘数变小,这就迫使商业银行削减它们的贷款和投资量 5 万元。反之,若中央银行放松银根,可将法定准备金率降至 9%,货币乘数变大,商业银行就可提供 455 万元贷款,比原来可多发放 5 万元贷款。由于货币乘数的效应,商业银行可以派生发放相当于初始存款金额的若干倍的贷款,并维持相当于初始存款金额若干倍的存款。因此,降低法定准备金率,导致货币乘数提高,就能放松银根,扩张经济;而提高法定准备金率,货币乘数缩小,就可缩紧银根,收缩经济。

存款准备金政策操作简单,但也会产生较大的负面影响。一方面,中央银行难以确定调整准备金率的时机和调整幅度;另一方面,许多商业银行也难以迅速调整准备金以符合变动了的法定限额。由于商业银行一般只保留少量超额准备金,因此,即使法定准备金率略有提高,也会把超额准备金一笔勾销,从而使一些资金周转不畅的商业银行,或被迫在市价疲软的情况下大量抛售有价证券,或处于资金严重周转不灵的困境。由于法定准备金变动可产生强大的冲击力,所以这一政策工具一般只在少数场合下使用。

2.再贴现政策

商业银行等金融机构,把通过贴现业务获得的票据再卖给中央银行的行为,称为再贴现。中央银行在确定其票据合格的前提下,根据当时的再贴现率,从票据金额中扣除再贴现利息后,将余额付给商业银行等金融机构。

所谓再贴现政策,是指中央银行通过调整对合格票据的再贴现利率,来干预和影响市场利率以及货币市场的供给和需求,从而调节市场货币供应量的一种货币政策。再贴现政策的作用,在于影响银行融资成本,进而影响商业银行的准备金,以达到松紧银根的目的。

再贴现率实质上就是中央银行向商业银行的贷款利率。中央银行提高再贴现率,就是不鼓励商业银行向中央银行借款,这就影响到商业银行的资金成本和超额准备金的持有量,从而影响商业银行的融资决策。同时,商业银行就会因融资成本上升而提高对企业贷款的利率,从而减少社会对借款的需求,达到收缩信贷规模和货币供应量的目的。反之,如果中央银行降低再贴现率,则会出现相反的效果。

调整再贴现率还有一种所谓的"告示性效应",即再贴现率的变动,可以作为向银行和公众宣布中央银行政策意向的有效办法。再贴现政策在某种程度上已成为心理上的宣传工具,它表明了中央银行货币政策的信号与方向,从而达到心理宣传的效果。

但再贴现政策也有一定的局限性。一方面,由于中央银行处于被动地位,导致往往不能达到预期的效果。因为尽管中央银行可以通过变动再贴现率,使商业银行的融资成本发生变化,并影响其准备金数量,但不能强迫或阻止商业银行向中央银行申请再贴现。另一方面,由于货币市场的发展和效率提高,商业银行获得资金的渠道增加,其对中央银行贴现窗口的依赖性大大降低,再贴现政策只能影响到前来贴现的银行,对其他银行只是间接地发生作用。另外,再贴现政策缺乏弹性,中央银行若经常调整再贴现率,会引起市场利率的经常性波动,影响投资者信心。

3.公开市场业务

所谓公开市场业务是指中央银行在二级市场上公开买卖各种有价证券以控制货币供应量及影响利率水平的行为。公开市场业务主要是通过影响商业银行体系的实有准备金来进一步影响商业银行信贷量的扩张和收缩,进而改变货币供应量。同时,通过影响证券市场价格的变动,来影响市场利率水平。公开市场业务的基本操作过程是中央银行根据经济形势的变化,当需要收缩银根时,就卖出证券;反之,则买进证券。

中央银行在出售证券时,购买者无论是商业银行还是社会其他部门或个人,经过票据交换和清算后,必然会导致银行体系的准备金减少,通过货币乘数的作用,使商业银行的贷款规模缩小,银根紧缩,货币供应量减少,抑制过度的需求。同时,中央银行大量出售证券,也会使证券价格下跌,市场利率提高,提高借入资金的成本,减少社会投资,抑制国民经济发展过程中投资过热和消费过热的势头。反之,中央银行购进证券,就会出现与上面相反的过程,表现为信贷规模扩张,货币供应量增加,市场利率下降,刺激投资和消费的扩张,促进经济发展。

公开市场业务也可用来调节长期证券市场和短期证券市场的利率结构和水平。例如,中央银行在抛售短期证券的同时,购进长期证券,则可提高短期市场利率,压低长期利率,从而影响投资结构。如果购进长期证券和售出短期证券在数量上相等,那么在长短期利率发生变化的同时,货币供应量则保持稳定。这种活动称为调期业务。

公开市场业务作为中央银行最重要的货币政策工具之一,其优点在于:第一,通过公开市场业务可以控制基础货币量,使它符合政策目标的需要;第二,中央银行的公开市场政策具有主动权,可以根据不同情况和需要,随时主动出击,而不是被动等待,这比再贴现政策优越;第三,公开市场业务可以适时适量地进行调节,中央银行既可大量买卖有价证券,又可以在很小幅度上买进卖出,这比威力较大的法定准备金政策灵活;第四,中央银行可以根据金融市场的信息不断调整其业务,万一经济形势发生改变,能迅速作反方向操作,还可以及时改正在货币政策执行过程中可能发生的错误,因而能产生一种连续性的效果,这种效果使社会对货币政策不易作出激烈反应。

综上所述,一般性政策工具的特点是:对金融活动的影响是普遍的、总体的,没有特殊的针对性和选择性。一般性货币政策工具的实施对象是整体经济,而非个别部门或企业。

(二)选择性政策工具

选择性货币政策工具是中央银行针对个别部门、企业或特殊用途的信贷而采用的政策工具,这些政策工具可以影响商业银行体系的资金运用方向以及不同信用方式的资金利率。中央银行的选择性政策工具主要有以下几类。

1.间接信用控制工具

这类工具的主要特点是:作用过程是间接的,要通过市场供求关系或资产组合的调整途径才能实现。这类工具主要有以下几种:

(1)优惠利率。中央银行对国家重点发展的经济部门,如出口工业、重工业、农业等,制定较低的再贴现率或贷款利率,作为鼓励这些部门增加投资,扩大生产的措施。优惠利率多在发展中国家采用。

(2)证券保证金比率。中央银行通过对购买证券的贷款规定法定保证金比率,以控制对证券市场的信贷量。例如证券保证金比率为60%时,证券购买者必须支付60%的现款,其余40%才可以向银行贷款,但同时以购入的证券的银行作抵押。规定法定保证金比率,实际上也就是间接地规定最高贷款比率。通过调整这个比率,就能影响这类贷款的规模。

(3)消费信用管制。中央银行根据需求状况和货币流通状况,对消费信贷量进行控制,以达到抑制过度消费需求或刺激消费量增长的目的。这种控制手段主要包括规定最低的首期付现的比率和最高偿还期限。提高法定的首期付现比率,实际上就降低了最高贷款额,从而抑制对此种用途的贷款需求;反之,则可提高这种需求。调整偿还期限,会改变贷款者每次分期付款所需的支付额,相应调整对这类贷款的需求。

(4)预缴进口保证金制度。为抑制进口过快增长,中央银行要求进口商预缴进口商品总值的一定比率的外汇存于中央银行,以减少外汇流失。比率越高,进口换汇成本越高,其抑制作用就越大;反之,则越小。这一措施主要是在国际收支经常处于逆差状态的国家使用。

(5)房地产信贷管制。为了阻止房地产投机,中央银行限制银行或其他金融机构对房地产的贷款。主要内容包括规定最低付现额和最高偿还期两方面。

2.直接信用管制手段

直接信用管制是指中央银行以行政命令的方式,直接对银行贷款或接受存款的数量进行控制。最普遍的工具是银行贷款量的最高限额和银行存款利率的最高限额。

(1)贷款量的最高限额。这种管制方法一般较少采用,中央银行只有在战争、严重的经济危机等情况下,才使用这种行政控制手段。其控制对象主要是商业银行的贷款额。控制的方式有两种:一种是控制贷款总量的最高额度;另一种是对贷款进行边际控制,即控制贷款增长的最高比率或幅度。这两种方法都可以达到直接控制信贷规模的目的。

(2)存款利率的最高限额。运用这种手段是为了通过对存款利率上限进行限定,抑制金融机构滥用高利率作为谋取资金来源的竞争手段。因为用高利率争夺资金,会诱使银行业从事于高风险的贷款;同时,银行为争夺资金来源而进行价格竞争,也大大增加了银行业的营业费用。

规定最高贷款限额和最高利率限额是一种直接的行政管理方式。西方经济学家大都认为这种直接干预方式,只能在特殊情况下采用,如果在平时长期采用这些工具,会使金融体系的效率受到损害,迫使受到干预的银行和金融机构千方百计地寻找各种手段来阻碍或回避这些行政管制,从而降低金融体系分配资源的效率。因此,一般来说,中央银行应尽量避免采用直接行政干预手段。

3.道义劝导

所谓道义劝导是指中央银行利用其地位和权威,对商业银行和其他金融机构经常以发出书面通告、指示或口头通知,甚至与金融机构负责人面谈等形式向商业银行通报经济形势,劝其遵守金融法规,自动采取相应措施,配合中央银行货币政策的实施。例如,在通货膨胀恶化时,中央银行劝导银行和其他金融机构自动约束贷款或提高利率;在房地产与股票市场投机风气盛行时,劝导各金融机构缩减这类信贷;在国际收支出现赤字的情况下,劝告金融机构提高利率或减少海外贷款等等。

道义劝导工具的优点是较为灵活方便,无须花费行政费用。其缺点是无法律约束力,故其效果如何,要视各金融机构是否与中央银行精诚合作而定。但由于中央银行地位特殊,特别是作为商业银行的最后贷款者和经营活动的监督者,总是能够促使商业银行与其合作。

小资料 5-2 美联储应对"9·11事件"

2001 年 9 月 11 日,恐怖组织对美国世贸中心大楼的袭击,不但使美国的航空与保险业陷入困境,而且也扰乱了美国支付与金融体系的正常运行,从而对整个国民经济带来严重的后果。一方面,企业与个人对流动性的需求大幅增加;另一方面,不确定性的增加和资产价格的下降也削弱了银行和其他金融机构的贷款意愿。这一切,对已陷入衰退的美国经济来说,无异于雪上加霜。为了最大限度地减少"9·11事件"对经济复苏的不利影响,美联储通过多种渠道,采取了有力的措施试图恢复市场信心和保证金融与支付体系的正常运行。下面是美联储为"9·11事件"所采取的六大措施:

第一,美联储通过其在纽约的交易中心以回购协议的方式为市场注入大笔资金,2001 年 9 月 12 日,美联储持有的有价证券金额高达 610 亿美元,在此之前,美联储日平均证券余额仅为 270 亿美元。

第二,美联储通过再贴现直接将货币注入银行体系。9 月 12 日的再贴现余额高达 450 亿美元,远远超过在此之前的 5 900 万美元的日平均余额。

第三,美联储联合通货监理局劝说商业银行调整贷款结构,为出现临时性流动性问题的借款人发放专项贷款。并声称,为帮助商业银行实现这一目的,美联储随时准备提供必要的援助。

第四,由于交通运输问题妨碍了票据的及时清算,美联储于9月12日将支票在途资金扩大到230亿美元,几乎是此前平均金额的30倍。

第五,美联储很快与外国中央银行签署了货币互换协议,对已有的货币互换协议,也扩大了其协议的金额。

第六,在9月17日清晨,联邦公开市场委员会又进一步将联邦基金利率的目标利率定为3%,下降了0.5个百分点。同日晚些时候,纽约股票交易所重新开业。

三、货币政策的传导机制

(一)货币政策的中间目标

1.中间目标的选择

从货币政策工具的运用到货币政策目标的实现之间有一个相当长的作用过程。准确地选择货币政策中间目标,是实现货币政策目标的前提条件。

货币政策目标能为中央银行制定货币政策提供指导思想,却并不提供现实的数量依据。在整个过程中,需要及时了解政策工具是否得力,估计政策目标能否实现。最终目标的统计资料,需要较长时间的汇集整理,所以货币当局对整体经济运行状态,不可能每时每刻都能掌握详尽的数据。然而货币当局可以在短期内汇集一些经济指标,作为反映货币政策实施效果的指针,以决定货币政策的调整。因此,中间目标的选择是否正确以及选定后能否达到预期调节效果,关系到货币政策最终目标能否实现。可见,中间目标是货币政策作用传导的桥梁,是与货币政策最终目标相关联的、能有效测定货币政策效果的金融变量。

为能有效地影响货币政策最终目标,货币政策中间目标的选择必须具备以下条件:

(1)可控性。是指中央银行通过各种货币政策工具的运用,能对货币政策中间目标进行有效的控制和调节,能够较准确地控制该中间目标的变动状况及其变动趋势。

(2)可测性。是指中央银行选择的中间目标的概念应该明确、清晰,中央银行能迅速而准确地收集到有关指标的数据资料,并且便于进行定量分析。

(3)相关性。是指中央银行选择的中间目标,对货币政策能敏感地作出反应,而且必须与货币政策最终目标有密切和稳定的统计数量上的相关关系,中央银行通过对中间目标的控制和调节,就能使货币政策最终目标得以实现。

(4)抗干扰性。货币政策在实施过程中常会受到许多外来因素或非政策因素的干扰。中央银行所选择的中间目标尽可能少受这些因素的影响,使货币政策能在干扰度较低的情况下对社会经济产生影响,避免货币当局错误判断经济形势,造成决策失误、控制失当的局面。

(5)与经济体制、金融体制有较好的适应性。经济及金融环境不同,中央银行为实现既定的货币政策目标而采用的政策工具可能也不同,选择作为中间目标的金融变量也可能存在区别。

2.中间目标体系

中央银行货币政策发生作用的过程非常复杂,在这个过程中,要求充当中间目标的某一金融变量同时具备上述条件是很困难的。因此,货币政策的中间目标往往不止一个,而是由几个金融变量组成的中间目标体系。在该体系中,中间目标可分为两类:一类是近期目标,它在货币政策实施过程中,为中央银行提供直接连续的反馈信息,借以衡量货币政策的初步影响,也称操作目标;另一类是远期目标,在货币政策实施的后期为中央银行提供进一步的反馈信息,衡量货币政策达到最终目标的效果,也称效果指标。

(1)近期目标:银行准备金和基础货币等

银行准备金是指商业银行和其他存款机构在中央银行的存款余额及其持有的库存现金。就可测性而言,无论是总准备金、法定准备金、超额准备金、自由准备金、借入准备金还是非借入准备金等都可以很方便地从有关的记录和报表中获得或者通过相应的估测得到。另外,由于中央银行可以通过公开市场业务任意地改变准备金数额,可控性也不存在问题。至于相关性,我们知道,基础货币由流通中的现金和银行准备金组成,通过调控银行准备金就可以改变基础货币,从而改变货币供应量。

基础货币是流通中的现金和银行的存款准备金的总和,是中央银行可以控制的金融变量,也是银行体系的存款扩张和货币创造的基础,与货币政策目标有密切关系,其数额的变化会影响货币供应量的增减。所以,中央银行可以通过操纵基础货币来调整货币供应量,影响整个社会的经济活动。因此,将基础货币作为货币政策操作目标,具有重要意义。

(2)远期目标:利率和货币供应量

作为远期中间目标的利率,主要指长期利率。利率是影响货币供应量和银行信贷规模、实现货币政策的重要指标。在任何时候,中央银行都可以观察和掌握市场利率水平及其结构方面的资料,并根据货币政策的需要,通过调整再贴现率或公开市场操作,调节市场利率,影响消费和投资,进而调节总供求,达到宏观调控的目的。

不过,利率作为中间目标存在一定的问题,因为利率同时也是经济内生变量。当经济繁荣时,利率会因为资金需求增加而上升;如果货币当局为了抑制过热的需求,采用紧缩政策,结果利率的确上升了,但这种上升究竟是经济过程本身推动的还是外部政策造成的,则难以区分。此时中央银行就不易判断政策操作是否达到了预期的目的。

货币供应量作为货币政策长期中间目标是比较合适的。货币供应量按流动性标准可划分为 M0、M1、M2 和 M3 等若干层次。只要中央银行控制住这几个货币供应量指标,就能控制社会的货币供应总量。因为,这几项指标都反映在中央银行、商业银行及其他金融机构的资产负债表内,容易获取资料进行预测分析。M0 是中央银行直接发行的,由中央银行掌握。只要中央银行控制住基础货币的投放,就基本能控制M1、M2 和 M3 的供应量。这几项指标也代表了一定时期的社会购买力。因此,中央银行将这几项指标控制住,就大致控制了社会总需求,有利于达到货币政策的最终目标。货币政策传导过程如图 5-1 所示。

货币政策工具	近期目标	远期目标	最终目标
法定准备金率 再贴现率 公开市场业务	银行准备金 基础货币	长期利率 货币供应量	稳定物价 充分就业 经济增长 国际收支平衡

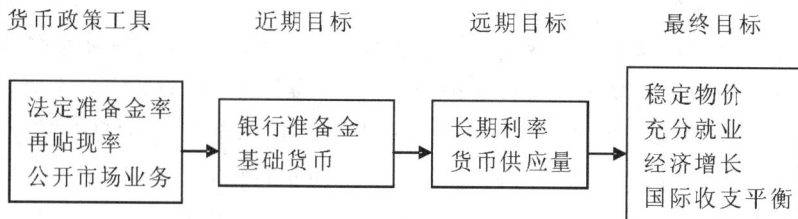

图 5-1　货币政策的传导机制

小资料 5-3　我国的货币政策中间目标

在 1994 年以前,我国并没有明确的货币政策中间目标,中央银行一直是采取行政命令式的直接调控手段。实际操作中经常选用的中间目标是信贷规模和现金发行量。但随着社会主义市场经济体制的逐步确立和完善,这两个指标越来越不能适应经济发展的客观需要。

从我国现阶段的实际情况出发,大多数学者认为,应把货币供应量作为我国货币政策的主要中间目标。货币供应量这一指标对经济生活的作用十分直接,它的变动会立即在经济生活中得到反应。在货币供应量各层次的划分中,M1 比较适合作为货币政策中间目标的重点。它是直接用于市场交易的货币量,与经济活动尤其是与物价水平的变动密切相关。当然,中央银行在重点控制 M1 的同时,也要兼顾 M0 与 M2,因为我国尚处于社会主义初级阶段,市场发育还不健全,各种结算工具并没有得到普遍推广,现金与消费品价格的变动存在一定的联系,中央银行仍需采取相应调控措施,以控制现金投放量。而 M2 中的居民储蓄存款在银行存款总额中所占的比重越来越大,大量的储蓄存款会对通货膨胀构成潜在压力,有人形象地将储蓄存款喻为"笼中虎",故中央银行同样不能忽视。实际上,进入 20 世纪 90 年代后,我国的货币政策中间目标已经完成了由信贷规模向货币供应量的过渡。中国人民银行从 1994 年 9 月起,定期向社会公布各个层次的货币供应量指标。

在我国现阶段,利率还不适宜作为我国的货币政策中间目标,主要是因为我国的利率市场化改革还未完成,反映资金供求关系的市场利率尚未形成,企业和银行行为还缺乏硬化的自我约束机制。但随着我国利率市场化改革的逐步深入,利率也将会成为我国货币政策的一个重要中间目标。

（二）传导机制

货币政策的传导机制就是货币政策工具的运用引起中间目标的变动,进而实现中央银行货币政策的最终目标这样一个过程。不同学派对货币政策传导机制的分析也不同,以下是几个关于货币政策传导机制的主要理论。

1.传统的利率传导机制理论

社会经济主体总是以货币、债券、股票和实物资产等形式持有资产,货币只是资产的一种形式。每一种资产都有收益率,各经济主体通过比较各种资产的收益而随时调整其资产结构,这种调整必将影响到整个经济活动。对此,凯恩斯学派认为,当货币政策变动时,例如中央银行通过公开市场业务购买债券,货币供应量增加,导致货币资产收益率下降,经济主体以货币买进债券,导致债券价格上涨,市场利率下降,投资者则增加投资,引起总需求增加,导致产出增加。这个传递过程可表示为:

货币政策工具→M(货币供应量)↑→r(利率)↓→I(投资)↑→E(总支出)↑→Y(收入)↑

如上所述,货币政策的作用过程,先是通过货币供应量的变动影响利率水平,再经利率水平的变动改变投资活动水平,最后导致收入水平的变动。这一传递过程中各个环节是一环扣一环的,如果其中任一环节出现阻塞或障碍,都可能导致货币政策效果的减弱或无效。在这个传导机制发挥作用的过程中,主要环节是利率。凯恩斯学派传导机制理论的特点,就是对利率这一环节特别重视。

2.资产价格渠道

货币主义学派反对用 IS—LM 模型来分析货币政策对经济的影响,其中一个重要原因就是,它只关注一种资产价格即利率,而不考虑其他资产价格。在货币主义学派提出的传导机制中,货币政策是通过其他相关的资产价格以及真实财富作用于经济的。因此,货币主义学派认为利率在传导机制中并不具有重要作用,而是强调货币供应量在整个传导机制中的直接作用。

(1)汇率渠道。当一国的经济对外开放并实行了浮动汇率制以后,必须将国际的因素也考虑进来,货币政策的传导机制主要表现在汇率的变动对净出口的影响上。国内货币供应量的增加会使得利率下降,此时与用外币计价的存款相比,国内的本币存款吸引力降低,导致其相对价值下跌,即本币贬值。本币的贬值会造成本国商品相对于外国商品便宜,因而在一定条件下会增加净出口 NX,继而总产出增加。故货币政策的汇率传导机制为:

货币政策工具→M(货币供应量)↑→r(利率)↓→e(汇率)↓→NX(净出口)↑→Y(总收入)↑

当然,这种传导效应是有前提条件的,它们是:外币可以自由流入、本币可以自由兑换、实行浮动汇率制。缺乏这三个条件,汇率渠道就不会产生作用了。

(2)股价渠道。就货币传导机制而言,有两种与股价相关的渠道:托宾的 q 理论和消费的财富效应理论。

美国经济学家詹姆斯·托宾发展了一种货币政策通过影响股票价格进而影响投资支出的理论,通常被称为托宾的 q 理论。这里的 q 被定义为企业资本的市场价值除以其重置成本。企业资本的市场价值就是其在股票市场上的价值。重置成本,是指企业重新取得与其所拥有的某项资产相同或与其功能相当的资产需要支付的现金或现金等价物。如果 $q>1$,那么企业资本的市场价值要高于其重置成本,企业每增加一单位的资本投入可以得到大于一单位的收益,因此,企业将愿意增加投资支出,增加资本存量。当 $q<1$ 时,结果正好相反。

货币主义学派认为,这一论述的关键在于,在托宾的 q 和投资之间存在一种联系。当货币供给增加时,社会公众就会发现他们所持有的货币比所需的要多,于是就会通过支出来减少持有的货币。去处之一就是股票市场,社会公众增加对股票的需求从而提高股票的价格。于是我们便可以得到托宾的 q 理论的货币政策传导机制:

货币政策工具→M（货币供应量）↑→P_e（股票价格）↑→q↑→I（投资）↑→Y（总收入）↑

另一种借助股票价格的货币传导渠道是依靠消费的财富效应来运转的。这种观点认为,消费支出是由消费者毕生的财富所决定的。这种财富由人力资本、实物资本以及金融财富构成。金融财富的一个主要组成部分便是普通股。因此当货币扩张导致股价上升时,金融资产的价值也上升,导致消费者毕生财富增加,从而消费增加。于是我们得到财富效应的货币传导机制:

货币政策工具→M（货币供应量）↑→P_e（股票价格）↑→财富↑→消费↑→Y（总收入）↑

这种理论存在的基本前提条件是:存在评价企业价值的股票市场;消费者手中的金融财富主要是股票,而不是存款或债券。这些条件不满足,托宾的 q 理论和消费的财富效应就不可能发挥作用。

3.信贷渠道

传统的利率效应对货币政策如何影响长期资产成本的解释并不能令人满意,因而,一种新的强调金融市场不对称信息的货币政策传导机制应运而生。信贷市场上的信息不对称问题产生了两种货币政策传导渠道:银行贷款渠道及资产负债表渠道。

(1)银行贷款渠道。银行贷款渠道的出发点在于商业银行在金融体系中所扮演的特殊角色,即它们不仅为大型企业提供间接融资,而且更重要的是它们能够为一些无法在资本市场上进行融资的中小型企业提供信贷资金。就货币政策的传导而言,扩张性货币政策将增加银行的准备金和存款,从而使得银行的贷款量上升。而贷款量的增加将刺激企业投资和公众的消费。因此,简化的银行贷款渠道就是:

货币政策工具→M（货币供应量）↑→银行存款↑→银行贷款↑→I（投资）↑→Y（总收入）↑

这种信贷观点的一个重要启示就是:货币政策对那些更依赖银行贷款的小公司的作用,要大于对那些可以不通过银行而可以直接进入融资市场的大公司的作用。

(2)资产负债表渠道。尽管银行贷款渠道的重要性正在下降,然而另一种信用渠道——资产负债表渠道却并非如此。资产负债表渠道也产生于信用市场中的信息不对称。公司的资产净值越低,贷款给这些公司所产生的逆向选择和道德风险问题就越严重,因为净值较低意味着贷款人对其贷款只拥有较少的抵押品,则违约带来的损失也更高。净值的下降使逆向选择问题更严重,因为这会导致用于金融投资的贷款减少;净值的下降也使道德风险上升,因为它意味着所有者所拥有的公司的股本价值下降,这就更加促使他们去参与高风险的投资项目。而进行风险更高的投资项目使得贷款人得不到偿还的可能性增大,故公司的资产净值下降会导致贷款的减少,进而引起投资下降。

货币政策可以通过多种途径来影响公司的资产负债表:首先,扩张性的货币政策使股票价格上升,增加公司的资产净值。由于逆向选择和道德风险下降,使得可贷款量增加,投资增加,引起总需求上升。即:

货币政策工具→M（货币供应量）↑→P_e（股票价格）↑→净值↑→贷款↑→I（投资）↑→Y（总收入）↑

其次,降低名义利率的扩张性货币政策改善了公司的资产负债表,因为它增加了现金流,因而减少了逆向选择和道德风险。于是又形成了另外一条资产负债表渠道:

货币政策工具→M(货币供应量)↑→r(利率)↓→现金流↑→贷款↑→I(投资)↑→Y(总收入)↑

最后,由于债务一般是事先确定的,并且利率通常是固定的,因此通货膨胀率的增加会使债务的实际价值减少,降低企业的债务负担,然而却不会降低公司资产的实际价值。所以,货币扩张会使公司实际净资产价值增加,减少了逆向选择和道德风险,从而使投资和总产出增加。即:

货币政策工具→M(货币供应量)↑→P(未预期物价水平)↑→净值↑→贷款↑→I(投资)↑→Y(总收入)↑

以上所介绍的信用渠道尽管大部分都是针对商业企业支出的,但是它对于消费者支出同样适用,尤其是耐用消费品和住房。货币紧缩导致银行贷款的下降,消费者由于无法接触其他的信贷来源,于是不得不减少耐用品和房屋支出。同样,由于消费者现金流所受到的不利影响,利率的上升会导致家庭财务状况的恶化。

四、货币政策的效果

(一)影响货币政策效果的因素

1.货币政策的时滞

货币政策从制定到最终目标的实现,必须经过一段时间,这段时间称为货币政策的时滞。时滞是影响货币政策效果的重要因素。通常货币政策的时滞大致有三种:第一种为认识时滞,即从需要采取货币政策行动的经济形势出现到中央银行认识到必须采取行动所需要的时间;第二种为决策时滞,即从央行认识到必须采取行动到实际采取行动所需的时间。上述两种统称为货币政策的内在时滞。第三种为货币政策的外在时滞,即从央行采取货币政策措施到对经济活动发生影响取得效果的时间。内在时滞的长短取决于货币当局对经济形势发展的预见能力、制定对策的效率和行动的决心等因素。内在时滞一般比较短促,也易于解决。只要中央银行对经济活动的动态能及时、准确地掌握,并对今后一段时期的发展趋势作出正确的预测,中央银行对经济形势的变化,就能迅速作出反应,并采取相应的措施,从而可以减少内在时滞。而外在时滞所需时间较长,货币当局采取货币政策行动后,不会立即引起最终目标的变化,它须先影响中间目标变量的变化,然后通过货币政策传导机制,影响到社会各经济单位的行为,从而影响到货币政策最终目标,这个过程需要的时间较长。

2.合理预期因素的影响

合理预期对货币政策效果的影响,是指社会经济单位和个人根据货币政策工具的变化对未来经济形势进行预测,并对经济形势的变化作出反应。这可能会使货币政策归于无效。例如,政府拟采取长期的扩张政策,只要公众通过各种途径获得一切必要信息,他们将意识到货币供应量会大幅度增加,社会总需求会增加,物价会上涨,公众将认为这是发生通货膨胀的信号。在这种情况下,工人会通过工会与雇主谈判,要求提高工资,企业预期工资成本增大而不愿扩展经营,或人们为了使自己在未来的通货膨胀中免受损失而提前抢购商品。最后的结果是只有物价的上涨而没有产出的增长。

显然,公众对金融当局采取政策的预期以及所采取的预防性措施,使货币政策的效果大打折扣。

鉴于微观主体的预期,似乎只有在货币政策的取向和力度没有或没有完全为公众知晓的情况下才能生效或达到预期的效果。但是,货币当局不可能长期不让公众知道它要采取的政策;即使采取非常规的货币政策,不久之后也会落入公众的预期之内。但实际情况是,即使公众的预测是非常准确的,实施对策即使也很快,其效应的发挥也要有个过程。这就是说,货币政策仍可奏效,只是公众的预期行为可能会使其效果大打折扣。

3.货币流通速度的影响

对货币政策有效性的另一主要限制因素是货币流通速度。对于货币流通速度的一个微小的变化,如果政策制定者未能预料到或在估算这个变动时出现小的差错,就可能使货币政策的效果受到严重影响,甚至可能使本来正确的政策走向反面。例如,根据过去的经验,如果包括货币流通速度在内的其他条件不变,货币供给等比增长即可满足 GDP 对货币的追加需求。但如果货币流通速度比预期的快了,若仍等比例地增加货币供给就会助长经济过热。

在实际经济生活中,对货币流通速度的估算,很难做到不发生误差,因为影响它的因素有很多,这也就限制了货币政策的有效性。

4.其他因素的影响

除以上因素外,货币政策的效果也受到其他外来因素的影响,例如客观经济条件的变化等。一项既定的货币政策出台后总要持续一段时期,在这一时期内,如果经济条件发生某些意想不到的变化,而货币政策又难以作出相应的调整时,就可能出现货币政策效果下降甚至失效的情况。政治因素对货币政策效果的影响也是巨大的。当政治压力足够大时,就会迫使中央银行对其货币政策进行调整。金融改革与金融创新的出现对各国中央银行货币政策的制定和实施也带来了重大影响。

(二)货币政策的执行原则

货币政策的时滞等因素给政策的实施带来困难,并产生不良后果,这就在如何执行货币政策的问题上引发了争议。

凯恩斯学派赞成中央银行采取"相机抉择"政策,认为市场经济并无自动调节或稳定的趋向,而且货币政策的时滞是短暂的,中央银行应和财政部门依照具体经济情况的变动,运用不同工具和采取相应措施来稳定金融和经济。中央银行一旦认定目标,就要迅速采取行动,在情况发生变化时,要及时作出反应,采取新的对策权衡处理。

货币主义学派主张,采用"单一规则"来代替"相机抉择",即中央银行应长期一贯地维持一个固定的或稳定的货币供应量增长率,而不应运用各种权力和工具企图操纵或管制各种经济变量。货币主义者相信市场机制的稳定力量,认为在经济繁荣、需求过旺时,固定货币供给增长率低于货币需求增长率,因此,具有自动抑制经济过度膨胀的能力;而在经济不景气、需求不足时,固定货币供给增长率高于货币需求增长率,因而又具有自动刺激经济恢复的能力。同时,由于时滞的存在和人为判断失误等因素,"相机抉择"货币政策往往不能稳定经济,反而成为经济不稳定的制造者。

小资料5-4 米尔顿·弗里德曼的货币政策主张

20世纪70年代的经济"滞胀"为货币学派带来了大展宏图的历史机遇。长期实施凯恩斯主义的扩张性经济政策终于给西方经济带来了恶果。70年代之后,各国的经济发展缓慢下来,赤字越来越大,失业越来越多,通货膨胀率越来越高。在这种经济形势下,经过10多年发展起来的货币学派选择了通货膨胀为主要靶子,提出了以稳定货币、反对通货膨胀为中心内容的一系列政策主张。

货币学派创始人米尔顿·弗里德曼认为,根治通货膨胀的唯一出路是减少政府对经济的干预,控制货币增长。控制货币增长的方法是实行"单一规则",即中央银行在制定和执行货币政策的时候要"公开宣布并长期采用一个固定不变的货币供应增长率"。

由于这些政策主张顺应了西方经济在新形势下发展的需要,因此赢得了许多的赞同者和追随者,并且得到官方的特别赏识。1979年,以撒切尔夫人为首相的英国保守党政府将货币学派理论付诸实施,奉行了一整套完整的货币主义政策;美国里根总统上台后提出的"经济复兴计划"中,也把货币学派提出的制定一种稳定的货币增长政策作为主要项目;瑞士、日本等被认为是"成功地控制了通货膨胀"的国家,自称其"成功的秘密"就在于实行了货币学派的"稳定的货币供应增长率"政策。货币学派一时声誉鹊起,被普遍看作凯恩斯学派之后的替代者,弗里德曼更是被称为"反通货膨胀的旗手"。

然而,事情的两面性再一次出现:英国的通货膨胀率从1980年的22%降到1984年的4%的同时,失业人数从100万上升到300万;同出一辙,1979年,美国的通货膨胀率和失业率分别为12.7%和5.9%,4年后,这两个数据变为3.2%和7.6%。物价降下来了,但人们却又承受着失业的痛苦。"坚持!",这是弗里德曼始终如一的信条。于是,奇迹出现了:1993—2000年,美国经济出现了持续8年的低通胀、低失业率的经济增长。

摘自:MBA智库百科——米尔顿·弗里德曼

【本章小结】

1.中央银行产生的必要性:统一银行券发行的需要,票据清算的需要,最后贷款人的需要,金融宏观调控的需要和政府融资的需要。

2.中央银行的所有制形式可分为国有、半国有和私有三种。

3.中央银行的组织形式可分为单一型中央银行制度、复合型中央银行制度、准中央银行制度和跨国中央银行制度。

4.中央银行的管理体制可分为双线多头、一线多头和高度集中的单一银行管理体制。

5.中央银行的性质:不以营利为目的,拥有国家赋予的特殊权力的国家管理机关。

6.中央银行的职能:发行的银行、银行的银行和国家的银行。

7.中央银行的独立性和中央银行的作用有着密切的关系。

8.中央银行的资产负债与一般商业银行的资产负债不同,它的资产负债项目的变动会引起基础货币的变动:如果资产负债表的其他项目不变动的话,中央银行资产的增加(或减少),会使存款机构准备金存款增加(或减少);如果资产负债表的其他项目不变动的话,中央银行负债的增加(或减少),会使存款机构准备金存款减少(或增加)。

9.货币政策,是中央银行为实现其特定的经济目标而采用的各种控制和调节货币供应量或信贷规模的方针和措施的总称。

10.货币政策的目标是稳定物价、经济增长、充分就业和国际收支平衡。不同目标之间存在矛盾。

11.货币政策工具包括一般性政策工具和选择性政策工具。一般性政策工具包括法定准备金政策、再贴现政策和公开市场业务。选择性政策工具包括间接信用控制工具、直接信用管制手段和道义劝导。

12.货币政策中间目标的选择要符合可控性、可测性、相关性、抗干扰性、与经济体制和金融体制有较好的适应性。中间目标可分为近期目标(银行准备金和基础货币等)和远期目标(利率和货币供应量等)。

13.对货币政策传导机制的分析,主要有凯恩斯学派传导机制理论与货币主义学派传导机制理论。凯恩斯学派强调利率的重要性,而货币主义学派强调货币供应量的变动对支出的影响。

14.货币政策效果受时滞、合理预期、货币流通速度等因素的影响。

15.在货币政策的执行上,凯恩斯学派赞成中央银行采取"相机抉择"政策,而货币主义学派主张制定"单一规则"。

【思考与练习】

1.名词解释

货币政策　基础货币　法定准备金率　再贴现率　公开市场业务　中间目标
时滞　合理预期　货币流通速度　相机抉择　单一规则

2.简述中央银行的性质和主要职能。

3.中央银行的资产负债和基础货币有什么关系?

4.货币政策中间目标的选取需要符合哪些条件?

5."三大法宝"各自的特点是什么?

6.影响货币政策效果的因素有哪些?

7.货币政策的传导机制有哪些解释?

8.围绕货币政策的执行原则有哪些争论?

第6章 金融发展与金融监管

学习内容与要求：

　　理解金融与经济发展的关系，认识金融在经济发展中的重要地位与作用及可能出现的不良影响；掌握"金融压制论"与"金融深化论"的主要内容，理解"金融二论"对发展中国家的意义；充分认识我国金融改革的进程和目标；了解金融创新的概念及主要表现形式，深刻认识金融创新对金融与经济发展的积极作用；掌握金融监管的含义、特征，理解金融监管的必要性。

　　货币金融除了学习货币、信用、金融市场与商业银行业务等相关知识以外，还有一个很重要的方面，就是金融本身的发展及监管问题。金融作为现代经济的核心，其发展、监管及安全问题已成为被普遍关注的焦点。

第一节　金融发展

　　自银行产生以来，人们就一直在思考金融在经济增长中的作用。金融发展理论是随着发展经济学的产生而产生的，但在发展经济学的第一阶段（20 世纪 40 年代末到 60 年代初期），西方发展经济学家并没有对金融问题进行专门研究，因为此阶段结构主义发展思路处于主导地位，在唯计划、唯资本和唯工业化思想的指导下，金融因成为工业化、计划化和资本积累的工具而处于附属和被支配地位，其发展受到了忽视。20 世纪 60 年代中期以后，发展经济学进入第二阶段，新古典主义发展思路取代结构主义思路而处于支配地位，市场作用受到重视，金融产业的发展理论才有了合适的空间。

　　金融发展理论，主要研究的是金融发展与经济增长的关系，即研究金融体系（包括金融中介和金融市场）在经济发展中所发挥的作用，研究如何建立有效的金融体系和金融政策组合以最大限度地促进经济增长，以及如何合理利用金融资源以实现金融的可持续发展并最终实现经济的可持续发展。

　　究竟如何认识金融发展，如何观察金融发展的水平，为回答上述问题相应产生了各种金融发展理论。美国经济学家约翰·G. 格利和爱德华·S. 肖认为，金融发展主要是指各类金融资产的增多及各种金融机构的建立。货币只是各类金融资产中的一种,银行也只是各种金融机构中的一种,金融的发展表现为各种非货币金融资产和非银行金融中介机构的大量出现和发展。雷蒙德·W.戈德史密斯先生认为,金融发展就是指金融结构的变化,而金融结构就是金融工具和金融机构的总和。一个国家金融发展的状况可以通过该国与别国或该国的不同历史时期的金融结构变化的情况反映出来,它包括各种金融工具、金融机构的性质、经营方式及其规模的变化,各种金融中介的分支机构情况及其活动的集中程度,金融工具总额及其占国民生产总值、资本总额、储蓄总额等经济总量的不同比重等等。

一、金融抑制

罗纳德·I.麦金农和爱德华·S.肖在批判传统货币理论和凯恩斯主义的基础上,论证了金融发展与经济发展相互制约、相互促进的辩证关系。他们根据发展中国家的实际情况提出了金融抑制理论。所谓金融抑制就是指政府通过对金融活动和金融体系的过多干预抑制了金融体系的发展,而金融体系发展的滞后又阻碍了经济的发展,从而造成了金融抑制和经济落后的恶性循环。这些干预手段包括政府所采取的使金融价格发生扭曲的利率、汇率等在内的金融政策和金融工具。

（一）金融抑制的表现形式

（1）对存贷款利率实行高限,通常低于市场平均利率。由于存在通货膨胀,许多国家的实际利率都出现负值。其结果是,由于存款利率过低,减少了存款人的收益,抑制了储蓄。而贷款利率过低则导致银行贷款长期供不应求,只能由贷款机构集中分配给大企业和政府扶植的企业,形成信贷的垄断和大企业的垄断,社会普遍存在对货币资金的强烈需求,这种强烈需求会误导货币当局将大量货币资金投向效益低下的项目和进行重复建设,进一步加剧了通货膨胀。

（2）对贷款额及贷款增长率进行限制。其结果是众多企业的长期资金需求得不到满足,在无法得到国家信贷分配的情况下,许多企业尤其是中小企业只好求助于私人钱庄或高利贷者,实际上承受着高利率的风险。

（3）政府对金融机构的设立以及经营活动严加管制,各种金融业务必须由规定的机构在批准的业务范围内进行,结果形成金融市场的分割,使整个金融业效率低下。

（4）限制股票、债券等资本市场工具的发展,对国际资本流动实行严格管制,限制本国居民购买外国金融资产,并实行外汇管制。货币市场主要是银行间同业拆借市场,票据市场等其他形式的货币市场处于落后状态。金融市场的落后局面,导致了资金配置和投资的长期低效益。

（二）金融抑制的消极作用

（1）资本市场效率降低。任何加剧"金融抑制"的措施,都会降低资本市场效率,这种代价特别大。此时价格不能真实反映供给与需求之间的关系,价格也不能起到刺激供给、限制需求的作用。

（2）经济增长达不到最佳水平。凯恩斯理论认为,经济增长达到合意水平的前提条件是,投资等于储蓄。但在发展中国家,由于出现了金融抑制,使储蓄很难达到最佳水平,金融动员起来的储蓄也不能有效地转化为投资,导致投资小于储蓄,最后经济也就达不到合意的增长水平,金融抑制影响了经济增长。

(3)限制了银行体系适应经济增长的需要。抑制论者主张,银行体系应该扩大,其边界是直到持有货币的实际收益加上提供银行服务的边际成本等于新投资的边际收益时为止。然而,在金融抑制下,银行体系的扩展受到了限制,根本达不到理论上的边界,货币实际收益与服务的边际成本往往大于新投资的边际收益,银行业本身有缺陷,更无法引导私人储蓄向高收益的领域进行投资。

(4)加剧了经济上的分化。由于当局是通过金融抑制手段来支持出口贸易,低价从农民手中收购农副产品,但在出口时又给出口商以补贴,或者从有利于制造业产品这个角度来改变商品贸易条件。这样,使贫困的那部分人受剥夺而更加贫困,使富裕的人在分配中受益而更加富裕,市场经济的公平原则在这里得不到体现。

(5)融资形式受到了限制。一个企业或个人的内部积累毕竟有限,于是,大家对外源融资趋之若鹜,争取到外源融资的权利,就相当于拥有了一种稀有的金融资源,就相当于争取到了发展权。但是,金融抑制下对外源融资,尤其是对中小企业的外源融资是采取限制措施的,只有一些政府认为极为重要的大企业才有外源融资的权利。限制外源融资的后果是,阻止了大批企业为获得最佳生产技术的连续投资。

二、金融深化

针对发展中国家所普遍存在的金融抑制现象,麦金农和肖进而提出了"金融深化"理论。金融深化也称"金融自由化",是"金融抑制"的反面。金融自由化理论主张改革金融制度,改革政府对金融的过度干预,放松对金融机构和金融市场的限制,增强国内的筹资能力以改变对外资的过度依赖,放松对利率和汇率的管制使之市场化,从而使利率能反映资金供求,汇率能反映外汇供求,促进国内储蓄率的提高,最终达到抑制通货膨胀、刺激经济增长的目的。

(一)金融自由化的主要内容

金融深化理论不仅推动了广大发展中国家的金融改革和发展,而且在全球金融领域内已发生了重大影响。20世纪80年代以后,在世界范围内兴起一股放松金融管制,推行金融自由化的浪潮,其主要内容有:

(1)价格市场化。即取消利率限制,放开汇率,取消证券交易中的固定佣金制度,由市场来调节金融价格。其中,核心内容是放松利率管制。

(2)扩大各类金融机构的业务范围和经营权利,取消对银行贷款的行政性限制。

(3)放宽金融从业登记,准许私人银行、合资银行的建立,对一些国有银行实行私有化,使各类金融机构公平竞争。

(4)改革金融市场,大力培育资本市场,放松各类金融机构进入金融市场的限制,大力发展金融工具和融资技术,放宽和改善金融市场的管理。

(5)资本流动自由化,允许外国资本和金融机构进入本国市场,同时也放宽本国资本和金融机构进入外国市场的限制。

（二）金融自由化的影响

放松金融管制，推行金融自由化，对经济的影响主要表现在：

第一，放松金融管制，使金融业摆脱了政府的过多行政干预，因而对其发展有积极的刺激作用，主要结果有：(1)促进了金融市场一体化，推动了市场竞争，提高了金融运行效率。由于放松管制，不仅金融业内部原有的分工被打破，竞争更有效，还促成了金融资本与产业资本的融合，形成了金融"百货公司"和"超级市场"。(2)促进了金融创新。放松金融管制，为金融创新营造了良好环境，使金融产品、金融服务设施、金融组织和制度等各方面的创新更加顺利。(3)加速了国内金融市场与国际金融市场的融合。这主要体现在外汇管制的放松上面。

第二，放松金融管制也带来种种负效应，主要表现有：(1)加大了金融体系的风险，为金融危机的产生创造了条件。过度的自由竞争使金融机构盈利下降，降低了抵御风险的能力；利率自由化，使金融机构经营的市场风险加大；业务范围的扩张，使表外风险增多；等等。(2)金融监管和货币政策操作变得十分困难和复杂，加大了社会管理成本，削弱了中央银行控制货币的能力。(3)金融市场投机行为增多，更多的人才和资金流入金融服务业，削弱了实际产业部门和行业的发展，产生经济"泡沫"。

世界银行在总结各国金融自由化改革的经验和教训时指出，金融自由化改革必须要有稳定的宏观经济背景，特别是要有物价稳定的环境，否则将会引起利率和汇率的剧烈波动以及资本的不正常运动，甚至会引发银行和企业的倒闭；金融自由化并不是放任自流，必须要有政府对金融机构和金融市场的管理和监督，必须建立起符合本国国情的谨慎管理制度；金融自由化还会触动各种利益集团的利害关系，政府应有相应的协调政策，以消除可能引发的社会动荡。

三、中国的金融改革与发展

新中国的金融事业是和中华人民共和国一起诞生、一起成长的；改革开放以后，中国的金融事业迎来了新的春天。经过 30 年的曲折历程和改革发展，适应社会主义市场经济发展需要的金融体制初步形成，整体金融实力不断壮大，金融宏观调控不断加强，金融业在支持国民经济的发展等方面发挥了越来越重要的作用。

（一）1978 年以前"大一统"的金融体制

在第一个五年计划中，与高度集中的计划管理休制相适应，各类金融机构按照苏联银行模式进行了改造，建立起一个高度集中的国家银行体系，即"大一统"的银行体系模式，并于 1953 年开始建立了集中统一的综合信贷计划管理体制，实行"统存统贷"的管理方法，银行信贷计划纳入国家经济计划，为经济建设进行全面的金融监督和服务。这一状况一直延续到 70 年代末。

在计划经济的特定环境下，"大一统"的金融体制有利于统一指挥，便于政策贯彻和全局控制。在第一个五年计划期间和 60 年代初的三年经济调整期间，这种金融体制曾十分明显地表现出自己的效率和优点。但是，高度集中的计划经济模式与社会生产力发展的要求不相适应，不能使社会主义制度的优越性得到应有的发挥。突出的一点是统得过多,忽视商品和市场的作用,尤其是基层金融机构,更无法发挥主动性、积极性。因此,金融在国民经济中发挥的作用相对不够充分,正如邓小平同志多次所讲:过去的银行不是真正的银行,是会计出纳,是货币发行公司。当发展社会主义商品经济和提高社会主义企业活力的方针提上日程的时候,克服这种缺点的金融体制改革才有现实性和迫切性。

(二)改革开放以来中国金融体制改革历程(1978 年至今)

1979 年 10 月,邓小平同志提出"要把银行作为发展经济、革新技术的杠杆,要把银行办成真正的银行",从而开始了恢复金融、重构金融组织体系的工作。30 年来的金融改革,遵循了一个以市场为取向的、渐进式的改革逻辑,改革的巨大成就体现在从整体上突破了传统的计划金融体制模式,基本建立起一个符合现代市场经济要求的市场金融体制模式,建立起以间接手段为主的金融调控体系,建立起以银行信用为主,多渠道、多形式、多种金融工具聚集和融通资金的信用体系,建立起以中央银行为中心,多种金融机构并存的金融体系,建立起以现代科学技术为基础的现代化金融管理体系。

1.金融宏观调控体制改革

1978—1993 年间,市场化调控体系初步建立。1983 年 9 月,国务院发布《关于中国人民银行专门行使中央银行职能的决定》,确立了中国人民银行的性质与地位,即:作为发行的银行、政府的银行、银行的银行,是领导和管理全国金融事业的国家机关,应主要用经济办法对各金融机构进行管理。1994 年以后,中共中央已经明确提出了建设社会主义市场经济体制的目标,金融体制也进入全面深化改革的关键时期,我国金融业在已有的基础上继续发展,并初步建立起社会主义市场金融体制的基本框架。这一阶段的改革目标是:建立适应社会主义市场经济发展需要的以中央银行为领导、政策性金融和商业性金融相分离、以国有独资商业银行为主体、多种金融机构并存的现代金融体系。在具体实施中,主要是围绕贯彻"分业经营、分业管理"原则推进的。

2.货币市场的发展和完善

改革开放后,票据承兑贴现市场和同业拆借市场初步形成。1996 年 1 月 3 日,全国统一的银行间同业拆借市场交易网络系统在上海联网试运行,实现了同业拆借的统一报价、统一交易、统一结算,随着拆借会员不断增多,全国统一的同业拆借市场利率(CHIBOR)开始形成。这标志着中国同业拆借市场进入了一个新的发展时期。同时,商业票据贴现、再贴现市场和证券回购业务得到了较快的发展。

3.利率市场化改革

我国在 1993 年明确了利率市场化改革的基本设想,1995 年初步提出利率市场化改革的基本思路。从"九五"计划的第一年起,国家开始将一些资金置于市场中,通过市场机制来确定其价格,实现资金定价的市场化。(1)在货币市场上,从 1996 年 6 月放开银行间同业拆借市场利率开始,央行又逐渐放开债券市场债券回购和现券交易利率、再贴现和转贴现利率、政策性银行金融债券利率,并于 1999 年 9 月成功实现国债在银行间债券市场利率招标发行。货币市场上的利率市场化改革取得了较大的进展。(2)在信贷市场上,从 1998 年开始,我国逐步扩大贷款利率浮动幅度,同时简化贷款利率种类,取消了大部分优惠贷款利率。1999 年 10 月,对保险公司大额定期存款实行协议利率。2000年9月,放开外币贷款利率和大额外币存款利率。2002年,扩大农村信用社利率改革试点范围,进一步扩大农信社利率浮动幅度。但是,从总体来看,2002年以前信贷市场上的利率市场化进程是滞后的。因此,中国人民银行于2004年1月1日起再次扩大金融机构贷款利率浮动区间。这次利率浮动范围的调整有利于营造公平竞争的市场环境,有利于推进金融机构改革和经营管理水平的提高。同时,它也给商业银行的贷款风险管理提出了挑战,需要商业银行不断加强利率定价基础信息系统和内部风险管理系统的建设。(3)外币利率改革总体运行平稳。2000年9月21日,进一步放开了外币贷款利率,对300万美元以上的大额外币存款利率由金融机构与客户协商确定,并报中央银行备案。

从以上各方面可以看出:中国利率市场化改革是从货币市场起步的,其中二级市场先于一级市场;存款利率改革先放开大额、长期,对一般存款利率是实行严格管制的;贷款利率改革走的是逐渐扩大浮动幅度的路子;在本外币利率改革次序上,外币利率改革先于本币。

4.外汇管理体制改革

新中国成立以来,中国外汇管理体制经历了由计划管理向市场调节为主、辅以计划调控管理方式的转变。1978年实行改革开放战略以来,中国外汇管理体制改革沿着逐步减少指令性计划,培育市场机制的方向,有序地由高度集中的外汇管理体制向与社会主义市场经济相适应的外汇管理体制转变。

1979年以前,国家计委、财政部、经贸部、中国人民银行分别承担管理外汇的职能。1979年3月,国务院批准设立国家外汇管理总局,归属于中国银行,并赋予它管理全国外汇的职能,从此改变了外汇多头管理的混乱状况。1979年8月13日,国务院颁发了《关于大力发展对外贸易增加外汇收入若干问题的规定》,提出外汇由国家集中管理、统一平衡、保证重点的同时,实行贸易和非贸易留成制。1980年10月制定了《调剂外汇暂行办法》,开始外汇调剂试点,随后逐渐扩大调剂主体范围、增加交易品种、放松了外汇调剂价格的限制,我国外汇调剂市场逐渐发展起来,形成了计划管理和市场调剂并行的管理方式以及官方汇率和外汇调剂价格并存的双重汇率制度。从1994年1月1日起,我国实现人民币官方汇率与外汇调剂市场汇率并轨,建立了以市场供求为基础的、单一的、有管理的浮动汇率制度;并取消各类外汇留成、上缴和额度管理制度,实行强制银行结售汇制度。1996年,中国实现了人民币经常项目可兑换后,为配合入世进程和适应经济发展需要,我国对大量外汇管理法律法规等进行了全面的清理,按照世贸组织的要求废止和修改了部分法规,同时制定出台了《中华人民共和国外汇管理条例》、《银行外汇业务管理规定》、《境内外汇账户管理规定》等一系列新的外汇管理政策法规,使外汇管理法规更加系统、规范。

自2005年7月份以来,我国对汇率制度进行了很大幅度的调整和改革。2005年7月21日,中国人民银行宣布将人民币钉住美元的汇率制度改为参考一揽子货币,同时将人民币对美元的汇率上调2%。2005年8月3日,外汇管理局将境内机构保留外汇收入比例提高到50%~80%,并提高了居民个人因私购汇指导性限额:出境时间在半年以下的,由等值3 000美元提高到等值5 000美元;在半年(含)以上的,由等值5 000美元提高到 8 000 美元。2005 年 10 月,扩大银行间外汇交易主体,允许开展远期外汇交易。2005 年 10 月 14 日,上调境内商业银行美元、港元小额外币存款利率上限。2006 年 4 月 13 日,三项经常项目外汇管理政策得以调整,同时还允许符合条件的银行、基金公司、保险机构可采取各自方式,按照规定集合境内资金或购汇进行相关境外理财投资。

第二节 金融创新

金融深化为发展中国家带来的突出成果是金融的改革与发展,许多国家因此使计划金融体制改变为市场金融体制,金融工具、金融机构获得了迅猛发展,金融市场体系也随之逐步建立和完善。如果单从西方发达国家角度来考察金融自由化的成果,最为突出的要说是金融创新。是金融自由化为金融创新营造了良好环境,金融创新又反过来大力地推动着金融的自由化。

一、金融创新的概念与发展背景

所谓金融创新,是指西方发达国家自 20 世纪七八十年代开始至今,金融业不断超越传统的经营方式和管理模式,在金融工具、金融机构、金融方式、金融服务技术、金融市场组织等各个方面所进行的大量革新与创造活动。这种创新浪潮的兴起,主要有如下几方面原因:

(1)金融业竞争加剧。金融业的迅速发展和市场边界的不断扩大,使进入竞争性市场的经营主体迅猛增加。竞争个体的数目扩大,竞争必然加剧,其结果是金融机构的成本增加,收益普遍下降。在这种竞争局面下,金融机构只维持传统的经营和服务项目已经不能保证正常的发展,甚至还会威胁到生存,于是,开发新业务品种,开辟新经营领域,成为金融机构首选的谋生之道。

(2)通货膨胀和利率波动。从 20 世纪 60 年代便开始蔓延的通货膨胀,在 70 年代中期演变为"滞胀"。针对这种情况,各国纷纷将货币政策中间目标由利率转为货币供应量,加强了对货币供给的控制。货币收紧,再加上放松了对利率的管制,导致利率上升。与高通货膨胀率和高利率相伴随的是物价水平和市场利率的频繁波动。在这种情况下,金融机构一方面要防止物价变动给其造成的实际利率的损失,另一方面还要防止市场利率变动给其造成的收入和盈利的损失。由此引发了金融机构积极创造旨在应付价格和利率波动,规避市场风险的金融工具的活动热情。

(3)科学技术的迅猛发展。20 世纪 70 年代以后,以计算机技术为核心的电子通信技术在金融业得到广泛应用,它为金融创新提供了强大的技术支持。如:利用电子通信技术的辐射功能和电脑的自动化信息处理功能,银行业务实现了跨越时空的延伸,一家银行可以同时处理与远在另一半球的分支机构或客户之间的业务,ATM 机(自动提款机)、POS 机(销售终端机)、电话银行、自助银行、网络银行等可以连续 24

小时准确及时地为所有通过电讯联系的机构和客户服务。银行业务的创新随着金融市场全球化、一体化的进程而不断向纵深发展,新工具的设计、定价、运行和管理等,统统都在最先进的电子信息技术支持下进行,创新更具有紧迫性和挑战性。

(4)金融管制。二战后西方国家为维持金融稳定而对金融业实行长时间的严格管制,使金融机构的业务范围、利率、信贷规模、分支机构的设立等诸多方面受到限制,这些限制实际上构成了对金融机构的成本追加或隐含税收,因而成为诱发旨在逃避管制、摆脱不利于利润最大化的约束条件的金融创新活动的重要因素。如在美国,商业银行通过开设可转让支付命令账户(NOW)和自动转账服务账户(ATS)等来规避金融监管当局的利率管制;通过设立控股公司来规避金融监管当局对商业银行不准跨州设立分支机构的限制,等等。

二、金融创新的内容

金融创新是指金融内部通过各种要素的重新组合和创造性变革所创造或引进的新事物,大致可归为四类:金融工具创新、金融服务创新、金融组织创新、金融制度创新。

(一)金融工具创新

狭义上的金融创新就是金融工具创新。金融工具创新大致可分为四种类型:(1)信用创新型,如用短期信用来实现中期信用、分散投资者独家承担贷款风险的票据发行便利等;(2)风险转移创新型,包括能在各机构之间相互转移金融工具内在风险的各种新工具,如货币互换、利率互换等;(3)增加流动性创新型,包括能使原有的金融工具提高变现能力和可转换性的新金融工具,如长期贷款的证券化等;(4)股权创造创新型,包括使债权变为股权的各种新金融工具,如附有股权认购书的债券等。

表 6-1、表 6-2、表 6-3 反映了金融工具发展的几个发展阶段及相应特点。

表 6-1 20 世纪 60 年代的避管性创新

创新时间	创新内容	创新目的	创新者
50 年代末	外币掉期	转嫁风险	国际银行机构
1958 年	欧洲债券	突破管制	国际银行机构
1959 年	欧洲美元	突破管制	国际银行机构
60 年代初	银团贷款	分散风险	国际银行机构
	出口信用	转嫁风险	国际银行机构
	平行贷款	突破管制	国际银行机构
	可转换债券	转嫁风险	美国
	自动转账	突破管制	英国
1960 年	可赎回债券	增强流动性	英国
1961 年	可转让存款单	增强流动性	英国
1961 年	负债管理	创造信用	英国
60 年代末	混合账户	突破管制	英国
60 年代末	出售应收账款	转嫁风险	英国
60 年代末	福费廷	转嫁风险、创造风险	国际银行机构

表 6-2　20 世纪 70 年代转嫁风险的创新

创新时间	创新内容	创新目的	创新者
1970 年	浮动利率票据（FRN）	转嫁利率风险	国际银行机构
	特别提款权（SDR）	创造信用	国际货币基金组织
	联邦住宅抵押贷款	信用风险转嫁	美国
1971 年	证券交易商自动报价系统	新技术运用	美国
1972 年	外汇期货	转嫁汇率风险	美国
	可转让支付账户命令（NOW）	突破管制	美国
	货币市场互助基金（MMMF）	突破管制	美国
1973 年	外汇远期	转嫁信用和利率风险	国际银行机构
1974 年	浮动利率债券	转嫁利率风险	美国
70 年代中期	与物价指数挂钩之公债	转嫁通胀风险	美国
1975 年	利率期货	转嫁利率风险	美国
1978 年	货币市场存款账户（MMDA）	突破管制	美国
	自动转账服务（ATS）	突破管制	美国
70 年代	全球性资产负债管理	防范经营风险	国际银行机构
	资本适宜度管理	防范经营风险	美国

表 6-3　20 世纪 80 年代防范风险的创新

创新时间	创新内容	创新目的	创新者
1980 年	债务保证债券	防范信用风险	瑞士
	货币互换	防范汇率风险	美国
1981 年	零息债券	转嫁利率风险	美国
	双重货币债券	防范汇率风险	国际银行机构
	利率互换	防范利率风险	美国
	票据发行便利	创造信用	美国
1982 年	期权交易	防范市场风险	美国
	股指期货	防范市场风险	美国
1982 年	可调利率优先股	防范市场风险	美国
1983 年	动产抵押债券	防范信用风险	美国
1984 年	远期利率协议	转嫁利率风险	美国
	欧洲美元期货期权	转嫁利率风险	美国
1985 年	汽车贷款证券化	防范流动性风险	美国
	可变期限债券	创造信用	美国
	保证无损债券	减少风险	美国
1986 年	参与抵押债券	分散风险	美国

综上,我们可以发现,20世纪60年代各国对金融实行严格管制。70年代以来,电子计算机技术进步并在金融行业迅速推广,金融当局开始放松管制。在进入70年代中后期以后,西方国家普遍出现"滞胀"以及随之而来的高利率;同时,"石油危机"造成全球能源价格大幅上涨,形成金融"脱媒"现象,风险加剧;80年代后,各国普遍放松管制,金融自由化增强,出现了利率自由化、金融机构自由化、金融市场自由化、外汇交易自由化。进入90年代以后,世界经济发展的区域化、集团化和国际金融市场的全球一体化、证券化趋势增强,国际债券市场和衍生品市场发展迅猛,新技术广泛使用,金融市场结构发生了很大变化。从金融创新的宏观生成机理来看,金融创新都是与经济发展阶段和金融环境密切联系在一起的。

(二)金融服务的创新

电脑在金融领域的广泛普及和运用,使金融服务水平空前提高。电脑开始充当业务经理的角色,自动完成有关业务处理的全部流程;电脑更新了业务合法性的检验手段,能够对客户的印鉴、密押、资金转账授权、业务操作权限等各项内容进行审核;电脑将传统的柜台业务通过自动取款机、自动银行、网络银行等延伸到每一个方便的角落,甚至到每个客户的家里。所有这些,都体现了现代金融服务已经进入了电子化、自动化时代。有了电子化、自动化的金融服务,客户可享受到全方位的金融服务,他可以随时获得各种市场信息,随时查询有关账目,随时办理存款、贷款、转账、证券买卖等各项业务,甚至还可以享受到由金融部门提供的支付电话费、水电费、税款、领取工资、购物等超级服务。这也说明,当代金融业正在向第三产业的深度和广度发展。

(三)金融机构功能和金融市场组织体系的创新

这主要体现在放松金融管制后,金融机构的功能由传统的单一型向多功能型转变,商业银行业务与投资银行业务,银行业与证券业、保险业,银行机构与非银行金融机构的传统界限不断被打破,与此同时,金融市场组织体系也由分割型转向统一型,各种金融机构和市场交易主体进入市场的条件在创新的不断冲击下,在自由化的进程中渐渐被放松,全社会统一的大市场已经形成,而且,随着电子通信技术的飞速发展,金融市场体系明显地朝着全球一体化的方向发展。

(四)金融制度创新

金融制度创新是指为了保证金融机构和整个金融体系的安全稳定和高效所进行的一系列在管理制度和管理活动上的调整和改善。制度创新一般来说是紧随业务创新活动的,为了防止和消除业务创新活动引发的各种金融风险,就会有相应的金融管理制度的调整。但是,制度创新又往往会反过来成为业务创新的原因,许多业务创新的品种和内容,实际上是在设法逃避现行制度管制的动机和过程中出现的。

小资料 6-1 我国新型农村金融组织的建立

由于农业自身抵御自然灾害能力差、风险高和收益不稳定等特点,中国的农村金融长期面临着"失血"难题,很多商业银行纷纷弱化农村市场,减少分支机构,而不良资产率偏高的农村信用社对农民信贷支持也非常有限。为解决这一难题,中国政府从2006年开始试点发展农村资金互助社、小额贷款公司和村镇银行三类新型农村金融组织。因为植根于社会基层,直接服务于农村、广大中小企业等基层对象,这类新型农村金融组织在中国被形象地称为"草根金融"。

小额贷款公司是指由自然人、企业法人与其他社会组织投资设立,不吸收公众存款,经营小额贷款业务,自主经营、自负盈亏、自我约束、自担风险的有限责任公司或股份有限公司。

村镇银行是指经中国银行业监督管理委员会依据有关法律、法规批准,由境内外金融机构、境内非金融机构企业法人、境内自然人出资,在农村地区设立的主要为当地农民、农业和农村经济发展提供金融服务的银行业金融机构。

农村资金互助社,指的是一种由农民和农村小企业按照自愿原则发起设立的为入股社员服务、实行社员民主管理的新型农村银行业金融机构。

第三节 金融监管

一、金融风险

金融自由化和金融创新活动给金融领域乃至整个经济体系和整个社会带来的最严重的问题,就是金融风险的生长和蔓延。金融业在庆幸自由化和创新为其带来的巨大发展成果时,也为日益增长的金融风险和业已爆发的金融危机痛心和担忧。防范和化解金融风险,已经成为当代各国政府高度重视的头号经济问题。

金融风险是指在金融活动中,由于各种随机因素的存在,使金融机构、投资者等参加金融活动的各个经济主体的实际收益与预期收益发生背离的不确定性或资产遭受损失的可能性。由于金融活动的核心领域是商业银行和金融市场,所有的金融活动几乎都是围绕着商业银行的业务经营和金融市场的交易活动来展开的,所以,通常说的金融风险实际上主要指的是银行业的风险和金融市场的风险。金融风险的主要分为以下几种:

(1)信用风险,又称违约风险,是指在信用活动中,由于一方在合同期满后不能及时或根本无法履行合同而给另一方造成损失的可能性。通常主要指债务人不能履约而使债权人的本金和利息遭受损失的可能性,特殊情况下,也包括债务人提前还款而给债权人带来的再投资风险。就通常情况而言,信用风险是由债务人的意愿和能力两大因素所致。由意愿所致的信用风险是指债务人在财务状况正常和具备还款能力的情况下,缺乏履约诚意和应有的商业道德,有意隐瞒真实资信状况,以骗取债权人授信,使其蒙受损失;由能力所致的信用风险,则是指债务人由于不可抗拒的财务状况恶化,如经营失败或市场环境剧变而导致的现金流收入阻断,无力偿还到期债务而给债权人造成损失。

(2)流动性风险,是指金融机构由于资金头寸安排不当,无力满足债权人提存和清算支付的要求,使金融机构信誉下降甚至发生挤兑危机的可能性。存款性金融机构的经营是建立在高负债基础上的,其经营的安全性主要取决于存款人对其的信任。一旦出现不利于金融机构的信息或环境,使存款人的预期心理普遍发生波动,就可能形成金融机构的流动性危机。金融机构在预防流动性风险时,通常是处在矛盾之中的,因为为减轻流动性压力,需要更多地安排无收益的现金资产或低收益的短期流动性资产,这与金融机构追求利润最大化的目标是相冲突的。

(3)利率风险,又称市场风险,是指在市场利率变化的情况下,由于金融机构的资产项目和负债项目利率没有随市场利率变化而调整或调整不当,而使其净利息收入减少或利息支出扩大而形成损失的可能性。在市场利率经常波动的情况下,金融机构只有准确掌握市场信息、科学判断市场利率变动的趋势和规律,正确安排利率敏感性资产和利率敏感性负债的结构,才能够有效防范利率风险。

(4)汇率风险,是指因外汇市场汇率波动而给外汇投资者带来潜在损失或使其外汇投资的预期收益率下降的可能性。在汇率经常波动的情况下,在不同时点上买进或卖出特定的外币资产,就要承担汇率风险,其风险的大小取决于汇率波动幅度和外币投资者持有的将承受汇率风险的外币资产差额部分(又称为汇率风险敞口)。汇率风险还表现在,由于汇率波动,而使经营外汇的金融机构由外币表现的资产、负债和权益在折算成本国货币表示时发生改变,从而使经营绩效出现恶化的可能性。

(5)购买力风险,又称通货膨胀风险,是指金融活动中的收入和本金因通货膨胀的存在而出现实际购买力相对于名义货币数量下降的可能性。当实际的通货膨胀率高于贷款人预期的通货膨胀率时,最终收回的货款本金和利息的购买力就将低于贷款人贷出资金时所预期的购买力,这便是由通货膨胀的不确定性所导致的贷款人的损失。

(6)经营风险,是指金融机构在经营活动中,由于决策失误、资产负债结构比例安排失当、过度使用金融衍生工具、内部管理失控等各种原因导致损失的可能性。

(7)政策性风险和国家风险。前者是指由于国家宏观经济政策不合时宜或政府部门对金融机构的不适当干预,而造成金融业经营发展的政策环境恶化、收益下降或发生损失的可能性;后者是指拥有国外债权的金融机构,由于债务方所在国的政治、经济、社会环境等发生变化而导致债务人不能按合同偿还债务本息的可能性。

小资料 6-2 微观金融主体经营风险引发连锁反应

银行业改革以来,我国银行业总体不良资产比例大大下降,资本充足水平显著提升,银行体系的安全性有较大提高,但仍面临一定的经营风险。

一是仍然依赖传统业务以及非市场化的利率差获取利润。以中国银行为例,尽管利润增长迅速,但非利息收入占总收入的比重从 2005 年的 17.6% 减少到 2007 年的 15.5%。2007 年,中国银行的净息差比 2006 年提高了 31 个基点,仅此一项就使中国银行的收入增加 174 亿元,占净利润的 19.3%。从公布的上市银行年报情况看,其他上市银行的状况与中国银行类似。2007 年,银行业总体中间业务收入比重有所上升,但此类增长严重依赖于理财业务收入的增长。随着 2008 年证券市场持续走低,预计理财业务收入将大幅下降。

二是银行资产负债的期限错配严重,资产负债管理和流动性管理面临调整。近年来,银行短期贷款投放比例下降,而一年期以上的中长期贷款比例不断提高,中长期存款比例并没有相应地提高。2008 年 1 月,我国金融机构中长期贷款占所有贷款的比重为 50.0%,比 2001 年提高了 13.0%;同时,金融机构的活期存款占所有存款的比例为 40.3%,相比 2001 年,并没有出现相应的下降。

三是银行信贷追逐热门行业。商业银行的贷款主要投向了房地产业,交通运输、仓储和邮政业,电力、燃气及水的生产和供应业,水利、环境和公共设施管理业,制造业等行业。在从紧货币政策背景下,银行收缩对热门行业的信贷,可能导致某些企业资金链断裂,进而影响贷款质量。四是外汇风险头寸加大。人民币升值预期导致商业银行外币贷款上升、外币存款减少。2007 年底,外汇贷款余额 2 198 亿美元,同比增幅达 30.19%,同期外汇存款为 1 599 亿美元,同比下降 0.94%。商业银行汇率风险突出,外汇资金流动性风险加大。在次贷危机和升值背景的共同影响下,商业银行汇率损失和外汇理财产品风险损失加大。以工商银行为例,到 2007 年底,该行持有美国次级债券 12.26 亿美元,同时 2007 年汇率及汇兑损失 68.81 亿元。而较早开展国际业务的中国银行至 2007 年底共持有次级抵押债券 49.90 亿美元,并为次级贷款提取了减值准备 12.95 亿美元。

五是金融机构大量相互持有债券,债务风险被金融机构内生化,而一旦债务链条的某个环节出现问题,可能对众多金融机构带来影响。某些金融改革措施可能使得此类风险显现,如政策性金融机构的商业化改革。此前,政策性金融机构不能吸纳存款,只能通过债权方式获得本外币资金;在债权融资过程中,政策性金融机构完全以主权信誉作为担保。商业化改革之后,此类债券可能失去国家信誉担保,资产价格势必要重新评估。

综合以上方面,可以看出,经济高速增长带来银行利润大幅增加,并没有导致银行抵抗风险能力显著提高。在从紧货币政策背景下,经济增长放缓,呆坏账比例将有所上升,银行利润可能出现大幅下降。由于我国大型金融机构许多已经上市,且大型国有银行往往是境内股市的权重股,业绩下降必然会影响到股市。

(资料来源:《第一财经日报》,2008-05-19)

金融风险与一般的经济活动风险相比,有几个明显的不同之处。一是扩张性强。银行和金融市场出现风险、酿成危机,不仅很快波及整个金融体系,而且由于银行和金融市场组织连接着无数企业、家庭和个人,他们的投资、收益和风险与银行和金融市场业务活动息息相关,因此,风险和危机就会很快波及整个社会。二是破坏性强。金融风险一旦发生,不仅金融机构会蒙受经济损失,甚至破产倒闭,而且还会使客户和股东受到损失。由于金融机构与社会再生产过程是紧密联系在一起的,因此,金融风险的破坏性不仅仅表现在其给参加金融活动的主体所带来的经济损失,更重要的是它破坏了业已形成的经济活动中的信用关系和资金配置秩序,当社会再生产各方面赖以正常运行的资金供给渠道受到破坏时,再生产活动就受到了重创。三是突发性强。所有的风险都具有突发性,但是,金融风险的突发性尤为明显。这是由于金融活动涉及面广,影响其活动的因素多而复杂,人们无法知道什么样一种因素会在何时以怎样的形式危及金融体系。还由于金融业的活动主要建立在信用基础上,通常一家商业银行的自有资本还不到其全部资金来源的 10%,银行的贷款和投资基本上靠的是客户对其的信任,一旦有任何影响这种信任的事情发生,就会立刻引起客户的挤兑,酿成危机的后果。

二、金融监管

金融监管是与金融风险同生共长的。20 世纪 80 年代以后迅速加快的金融创新、金融自由化、金融全球化、金融现代化,使各国的金融业进入了一个空前发展、繁荣和变革的时期,与此相伴随的则是金融风险的不断积累和金融危机的频频爆发。"金融脆弱"已不再是一个理论上争论的命题,而是一个被大量事实充分证明了的结论,并因此成为各国金融当局强化金融监管,提高监管水平的政策依据。

从金融监管的发展过程和趋势看,一方面,随着金融创新、金融自由化、国际化和现代化水平的不断提高,原有的金融监管内容和方式等不断被修改或放弃,由新的内容和方式所取代,金融监管水平在不断地提高;另一方面,随着金融全球一体化进程的加快,随着资金的跨国流动和跨国金融机构规模的不断扩大,各国之间在金融监管的目标、内容、方式等各主要方面,通过相互交流和合作,正逐渐趋于一致,国际组织在金融监管中的作用越来越受到各国的重视。

从宏观上控制金融风险的最有效办法就是以政府名义,在金融当局主持下建立起全面广泛的金融监督管理制度。因为,金融风险对其直接承担者(金融机构或金融市场参与者)来讲,一些因素如流动性安排、内部管理等是可以通过自身经营管理的改善而消除的,而更多的另一些因素如利率、汇率、通货膨胀、宏观经济政策、信用违约等则来自外部,是风险承担者自身所不能或不能全部清除的,由这些因素引致的风险为系统性风险或整体性风险,它必须由来自宏观的力量进行控制。而且,通常情况下,个别金融机构的风险都不是孤立发生和存在的,风险的相互传递最终会使局部风险演变为系统性风险,甚至酿成严重的金融危机。因此,无论哪种类型的金融风险,都会产生宏观控制和管理的要求。由一个国家(或地区)的中央银行或其他金融监管当局依据国家法律的授权对金融业实施监督和管理,被简称为金融监管,它开始于 20 世纪 30 年代后的经济和金融大危机之后,其核心目的在于保护公众利益,保证金融业的安全、稳定和效率。

金融监管的主要内容包括:

(1)市场准入和退出管理。市场准入管理包括两方面内容,一是对新设金融机构从业资格的规定和审批,如最低注册资本要求、金融服务基础设施、管理者的任职资格等;二是对申请者进入市场程度的规定和审批,即规定业务范围。市场退出管理是通过制定破产标准,让经营失败的金融机构依法得到清理,退出市场竞争,以保证金融业的正常市场秩序和效率。

(2)价格限制。为了防止金融机构之间出现恶性的价格竞争,许多国家都曾规定过最高存款利率、最低贷款利率和最低手续费率。

(3)资产流动性管理。为防止金融机构资金周转失灵而出现支付危机,各国金融当局都对金融机构的流动性资产占总资产的比例或流动性资产与流动性负债的匹配比例作出规定。

(4)资本充足度管理。自有资本是金融机构信誉的基础,是抵御经营中潜在风险的重要保障,因此,金融当局要求金融机构必须保持充足的资本比率。为了统一各国商业银行资本充足度的衡量要求,国际清算银行于 1988 年 7 月在瑞士巴塞尔召开由美、英、法等 12 国中央银行行长参加的会议,通过了《关于统一国际银行的资本计算和资本标准的协议》,即《巴塞尔协议》。《巴塞尔协议》要求签约国银行的资本对经过加权计算的风险资产的比率不小于 8%。

(5)行为方式管理。为约束金融机构在追求利润最大化过程中的信用过度扩张行为,许多国家的金融当局对金融机构的业务活动做出限制性规定,如:规定银行对某一行业或单一客户的贷款规模,限制银行向关联企业、银行董事、经理和职员等提供各种"内部贷款",要求银行对有问题贷款提取准备金,对银行涉足证券投资、外汇交易的种类和数额做出限制性规定等。

(6)保护性管理。金融监管除了对监管对象的市场准入、业务范围、行为方式等做出种种限制,以预防金融风险的发生以外,还包括在监管对象即将或已经发生风险的情况下,采取保护性管理措施。保护性管理主要包括中央银行最后贷款人制度和存款保险制度。前者是指在商业银行面对存款人和其他债权人集中的支付要求,而其自身的短期筹资能力有限,清偿能力发生较大困难时,中央银行负责向商业银行提供紧急资金援助,帮助其渡过危机。后者是指建立存款保险公司或存款保险基金,凡参加存款保险体系的投保商业银行,在资金周转出现严重困难时均可得到保险基金的资金援助,在银行发生倒闭时,可由保险公司安排或直接接管,以保证存款人的利益受到最大限度的保护。由于存款保险制度关系到大中小银行的利益关系调整,各国在实行这一制度时常常都具有各自的特点,有些国家实行局部的强制性存款保险制度,有些国家和地区则始终没有法定的存款保险制度,而由银行业自发组织存款保险基金。

需要指出,世界范围内金融科技的发展也给金融监管带来了新的内容和挑战,包括为防范垄断、维护个人隐私和信息安全等而进行的监管。

小资料 6-3　次贷危机介绍

次贷危机,是指美国房地产市场上的次级按揭贷款的危机。所谓次级贷款,是指那些放贷给信用品质较差和收入较低的借款人的贷款。由于信用和收入不足,这些人往往没有资格获得要求借款人有优良信用记录的优惠贷款。放贷机构之所以愿意为这些人发放贷款,是因为次贷利率通常远高于优惠贷款利率,回报较高。这种贷款通常不需要首付,只是利息会不断提高,一般比优惠级抵押贷款高2~3个百分点。放出这些贷款的机构,为了资金尽早回笼,于是就把这些贷款打包,发行债券,类似地,次贷的债券利率当然也肯定比优贷的债券利率要高。因为回报高,这些债券就得到了很多投资机构,包括投资银行,对冲基金的青睐。

2006年开始,美国楼市开始萎靡,房价下跌,购房者难以将房屋出售或通过抵押获得融资。由于贷款不能按期收回,放贷机构以及购买次贷债券的投行和对冲基金等开始出现大额亏损。随着2007年8月2日,贝尔斯登表示,美国信贷市场呈现20年来最差状态,欧美股市全线暴跌开始,次贷危机全面爆发,并迅速席卷美国、欧洲和日本等世界主要金融市场。经过此次华尔街动荡,整个世界货币市场无疑会变得更加紧张。

次贷危机的爆发表明,以金融机构内部风险控制为主、外部监管为辅的风险管理和监管理念无法克服市场固有的缺陷,一方面是由于机构追逐利润的动机可能使机构做出非理性的行为,由于金融机构只对机构自身负责,而不对市场整体风险负责,因此其自身扩张行为就易埋下产生系统性风险的隐患;另一方面,监管部门对金融衍生产品设计及交易的监管不足,对相关金融机构,如房贷机构、投资银行、银行表外投资实体、评级机构、对冲基金的监管存在漏洞。

为此,监管部门要能够审慎地评估金融产品,洞悉其对整个金融体系的风险。针对这些变化,监管体系有必要从过去强调针对机构进行监管的模式向功能监管模式过渡,即对各类金融机构的同类型的业务进行统一监管和统一标准的监管,以减少监管的盲区,提高监管的效率。

【本章小结】

金融发展主要研究的是金融发展与经济增长的关系,它包括金融抑制和金融深化理论。金融抑制表现在对存贷款利率实行高限;对贷款额及贷款增长率进行限制;政府对金融机构的设立以及经营活动严加管制;限制股票、债券等资本市场工具的发展等方面。金融抑制会带来消极影响。金融深化也称"金融自由化",是"金融抑制"的对称。主要内容包括:价格市场化、扩大各类金融机构的业务范围和经营权利、放宽金融从业登记、改革金融市场、资本流动自由化。

金融创新是指金融业不断超越传统的经营方式和管理模式,在金融工具、金融机构、金融方式、金融服务技术、金融市场组织等各个方面所进行的大量革新与创造活动。金融创新可归为四类:金融工具创新、金融服务创新、金融组织创新、金融制度创新。

　　金融自由化和金融创新活动会给金融领域乃至整个经济体系和整个社会带来金融风险。金融风险分为信用风险、流动性风险、利率风险、汇率风险、购买力风险、经营风险、政策性风险和国家风险。

　　金融监管的主要包括市场准入和退出管理、价格限制、资产流动性管理、资本充足度管理、行为方式管理、保护性管理。

【思考与练习】

　　1.名词解释

　　金融深化　金融抑制　金融创新　汇率风险　流动性风险　信用风险　利率风险购买力风险　金融风险

　　2.为什么要消除发展中国家的金融抑制?

　　3.金融创新的含义、表现形式及推动金融创新的主要原因是什么?

　　4.如何防范和化解金融危机?

第7章 货币需求

学习内容与要求:

掌握货币需求的概念;熟悉费雪方程式和剑桥方程式;了解凯恩斯"流动性偏好学说"的基本思想,掌握货币需求的三大动机和凯恩斯的货币需求函数,了解凯恩斯货币需求理论的发展;掌握弗里德曼的货币需求函数,熟悉其关于影响货币需求因素的观点;了解我国的货币需求特点。

第一节　货币需求的概念

就整体经济来说,在一定的发展水平上,总需要一定数量的货币来推动其运行;而就每一个经济单位或个人来说,总要依据一定的动机和能力才持有一定数量的货币。西方货币理论中的货币需求是指社会各部门在既定的收入或财富范围内能够而且愿意以货币形式持有的数量。在现代高度货币化的经济社会里,社会各部门需要持有一定的货币去进行交换、支付费用、偿还债务、从事投资或保存价值,因此便产生了货币需求。值得注意的是,这是一种客观的货币需求,而人们在生活中主观上对货币的需求指的是一种欲望,货币代表了财富,所以人们主观上对货币具有无限的需求,永远不会有货币供给大于需求的情况出现。这种无约束的货币需求是一种不可能实现的无效需求,没有研究的价值。

一、货币需求定义的理解

货币需求一般是指社会各部门在既定的收入或财富范围内能够而且愿意以货币形式持有的数量。

对于货币需求含义的理解,我们还需把握以下几点:

第一,货币需求是一个存量的概念。它考察的是在某个时点和空间内(如:2022年底,中国),社会各部门在其拥有的全部资产中愿意以货币形式持有的数量或份额。而不是在某一段时间内(如:从2021年底到2022年底),各部门所持有的货币数额的变化量。因此,货币需求是个存量概念,而非流量概念。

第二,货币需求量是有条件限制的,是一种能力与愿望的统一。它以收入或财富的存在为前提,是在具备获得或持有货币的能力范围之内愿意持有的货币量。因此,构成货币需求需要同时具备两个条件:一是必须有能力获得或持有货币;二是必须愿意以货币形式保有其财产。二者缺一不可,有能力而不愿意持有货币不会形成对货币的需求;有愿望却无能力获得货币也只是一种不现实的幻想。

第三,现实中的货币需求不仅包括对现金的需求,而且包括对存款货币的需求。因为货币需求是所有商品、劳务的流通以及有关一切货币支付所提出的需求。这种需求不仅现金可以满足,存款货币也同样可以满足。如果把货币需求仅仅局限于现金,显然是片面的。

第四,人们对货币的需求既包括了对执行流通手段和支付手段职能的货币需求,也包括了对执行价值储藏手段职能的货币需求。二者差别只在于持有货币的动机不同或货币发挥职能作用的不同,但都在货币需求的范畴之内。

二、货币需求的区分

货币需求根据考量的角度不同,可分为名义的货币需求和实际的货币需求;微观的货币需求和宏观的货币需求。

名义货币需求是指社会各个部门在不考虑币值变动所引起的价格变动时的货币需求。即用货币单位来表示的货币数量,如元、马克、英镑等。在实际的经济运行过程中,名义货币需求是由中央银行的货币供给来决定的。而实际货币需求就是扣除价格变动因素的影响后的货币需求,是由商品流通本身所引起的货币需求。实际货币需求等于名义货币需求除以物价水平。在现实经济中,经济的发展有时会超出人们的预料,通货膨胀或通货紧缩并没有销声匿迹,因此,这里不仅要重视名义的货币需求,也要研究实际的货币需求,有时对实际货币需求的研究会更有意义。

微观货币需求是从微观角度考察的货币需求,是指一个社会经济单位(家庭或个人)在既定的经济条件下所持有的货币量。研究微观货币需求,有助于进一步认识货币的职能,对短期货币需求的分析起到重要作用。宏观货币需求是从宏观角度考察的货币需求,它是以宏观经济发展目标为出发点,分析国民经济运行总体对货币的需求,即考虑一个国家在一定时期内所需的货币总量。研究宏观货币需求,有利于货币政策当局制定货币政策,为一国政府在特定时期内经济发展作出贡献,同时能在一定程度上平衡社会的总需求与总供给。

三、货币需求的结构

按人们(包括自然人和法人)参与社会经济活动的意识特征和行为规范,货币需求主体可划分为居民个人、企事业单位和政府部门三大集团,其货币需求结构分别为:

1.居民个人的货币需求结构。由三部分组成:消费需求、储备需求和投资需求。居民在日常生活中,需要在手中保留一部分货币,作为购买日用消费品、支付劳务服务费用等所用,这就构成了居民个人的消费需求,居民对货币的消费需求随收入水平的提高而上升。居民积币为购买高档耐用消费品,为防备未来难以预知的急需开支等,构成了居民个人的货币储备需求。这种需求取决于收入水平和利率的高低。居民货币收入的节余部分,一般都投资银行定期储蓄存款或有价证券,从而构成了居民个人的货币投资需求。这种需求取决于收入水平的高低和投资收益率的高低。

2.企事业单位的货币需求结构。由两部分构成:交易需求和投资需求。生产企业补偿生产资料和劳动消耗,商业及服务行业为支付营业费用,文教、科研、卫生等单位为维持正常业务活动,都必须保留一部分货币,从而形成了企事业单位的货币交易需求。企业获取的利润和事业单位的预算外收入,无论是用于扩大自身经营规模,还是购买其他企业或国家的有价证券,均属于投资行为。为实现其投资所需保留的货币,即为企事业单位的货币投资需求。

3.政府部门的货币需求结构。由三部分构成:交易需求、储备需求和投资需求。政府机关为维持正常的行政管理事务而形成政府部门的货币交易需求。该需求取决于政府收入的高低。政府部门为准备应付如自然灾害等突发性事故,需要储备一部分货币,形成政府部门的货币储备需求。该需求取决于国民收入水平和政府的政策。政府投资是指新建国有企业,扩建国有企业或兴建铁路、公路、桥梁等公共事业的行为,其所需使用的货币,即为政府部门的货币投资需求。该需求取决于政府经济政策。

第二节　西方货币需求理论

人们研究货币需求已经有很长的历史了,形成的货币需求理论主要分析货币持有者保持货币的动机,决定货币需求的因素及各种因素的相对重要性,以及货币需求对物价和产出等实际变量的影响。西方货币需求理论基于货币持有动机和货币需求决定因素这一脉络,经历了传统的货币数量说、凯恩斯学派货币需求理论及发展和货币主义学派货币需求理论几个阶段。

一、传统的货币数量说

传统的货币数量说最初并不是关于货币需求的学说,随着货币数量说的发展,其作为货币需求理论的特征越来越明显。20世纪60年代以来西方出版的有关货币学说的著作,绝大多数都把货币数量说视为货币需求理论的先驱。传统的货币数量学说中"现金交易数量说"和"现金余额数量说"对货币需求理论的影响较为深远。

(一)现金交易数量说

美国经济学家费雪(I.Fisher)在1911年出版了《货币的购买力》一书,完成了他的货币数量理论。由于他的研究视角主要集中在现金量上,所以又被人们称为"现金交易数量说"。在书中费雪提出了著名的费雪方程式:

$$MV = PT \qquad \text{式 7.1}$$

式中，M 表示一定时期内流通中需要的货币数量，V 代表货币的流通速度，P 代表交易中各种商品的平均价格，T 代表各种商品的交易量。

令 $V=5$，$P=1$，$T=500$，则需要的货币数量为 100。如果在以上的条件下将货币的数量增加到 120，其他条件不变，则 P 就上升为 1.2。或可以理解为产生了 20% 的通货膨胀。假定经济发展后，V 上升为 6，T 增长到 1 200，要保持 P 为 1，则需要将 M 相应地增加到 200。

费雪认为，V 和 T 是外生变量，不受 M 变动的影响。V 是由制度因素决定的，例如人们的习惯、社会信用发展程度、运输与通信发展水平等。假如人们使用记账方式和信用卡进行交易，那么在购买时就会使用较少的货币，且货币的流通速度会较高。而 T 取决于资本、劳动力及自然资源的供给情况和生产技术水平等非货币因素。由于在经济体中的制度和生产技术特征只有在较长时间里才会对流通速度产生影响，所以在一定时期内，V 和 T 固定，由此价格水平 P 决定货币需求数量。

当然，当长期经济社会发展导致影响 T 和 V 的各种因素发生变化后，T 和 V 会随之变化（总体上是上升趋势），这样，它们又会反过来影响货币的数量和价格水平。

由费雪方程式我们可以看到，既定水平的名义收入 PT 所支持的交易规模决定了人们的货币需求量，这表明，货币需求仅仅是收入的函数，利率对货币需求没有影响。费雪得出这样的结论，主要是因为他认为人们持有货币仅仅是为了进行交易。

（二）现金余额数量说

现金余额数量说是同属于英国剑桥学派的马歇尔（A. Marshall）、庇古（A. C. Pigou）等人创立的。他们的观点与费雪有所不同，强调人们对货币的主观需求因素。剑桥方程式有很多表达方式，最常用的是：

$$M = K \times P \times R \qquad \text{式 7.2}$$

式中，M 为货币需求数量，也就是所谓的"现金余额"；P 为价格水平；R 为"真实资源"，通常以财富存量、收入流量、实际收入或实际交易额形式出现，而 K 则是 R 中以货币形式持有的比例。在一定时期内，由于社会生产能力为一个既定值，使"真实资源"R 固定不变。而人们在一定资产中持有现金的比例，受他们的习惯等因素的影响，也是稳定不变的。因此，价格上升，货币的需求量（现金余额）就会增加，反之会减少。

如果将 K 理解为 $1/V$，而将 R 理解为 T，那么，剑桥方程式与费雪方程式就没有什么差别。但是剑桥学者认为剑桥方程式与费雪方程式的最大区别即在于他们所说的 K 绝对不是 $1/V$。现金余额数量说从个人资产选择的角度出发来分析决定货币需求的因素，有别于现金交易数量说。剑桥学派属于典型的新古典经济学派，他们最重视的是"边际"概念。他们认为 K 取决于人们持有货币的边际收益和边际成本而不是货币的流通速度。现金交易数量说着重于货币流量，现金余额数量说着重于货币的存量。因此二者有着本质差别。

总的来说,传统的货币数量说认为货币市场的唯一作用是决定物价水平,该理论认为,名义收入仅仅取决于货币数量的变动:如就费雪方程式而言,当货币数量 M 增长时,MV 也会增长,从而 PT 也是增长的。因为古典经济学家(包括费雪)认为工资和价格是具有完全弹性的,所以他们认为,在正常年份,整个经济体生产出来的总产出 T 总是维持在充分就业水平上,故在短期内也可以认为交易方程式中的 T 是相当稳定的。因此,货币数量论表明,由于 V 和 T 都是常量,所以如果 M 增加,P 也一定增加。对于古典经济学家来说,货币数量论提供了一种对物价水平的解释:物价水平的变动仅仅源于货币数量的变动。

所以,传统的货币数量说就宏观而言,实际上就是价格水平说。换句话说,就是他们假定货币量的变化对实际经济没有本质上的影响,也即假定货币是中性的。而事实上所有经济学家都承认:即使在短期内,货币量的变化仍然会影响实际经济。费雪在《货币的购买力》一书中专辟一章,论述自己对"过渡时期"货币量变化的研究:货币量增加的最初影响是引起物价上涨,投资者的利润增加,从而鼓励他们向银行借款以扩大投资,投资增加使产出和就业一起增加。物价上涨也会加快货币流通速度,因为人们预期物价可能上涨,都急于将货币换成价值稳定的实物。"货币和存款的突然变动将会暂时地影响它们的流通速度和交易量……因此,在过渡时期很难说'数量说'是绝对正确的"。当 M 和 P 的上升停止,V 和 T 增加到以实际因素决定的正常水平时,"M 上升引起物价的严格按比例上升是过渡时期结束以后正常和最终的效果"。因此传统的货币数量说是一种长期理论。不过凯恩斯说,在长期内我们都死了。费雪的过渡时期也许会长达十年,这期间发生的变化,才是大多数经济学家感兴趣的,所以费雪的过渡时期,受到了许多学者的赞赏。

小资料 7-1　货币流通速度是一个常数吗?

古典经济学家之所以会得出名义收入取决于货币供给的变动的结论,是因为他们将货币流通速度视为常量。但是将货币流通速度视为常量是否合理?

从实际的情况来看,即使在短期内,货币流通速度的变动也相当剧烈,因而不能将它视为常数。比如就美国 1915—2002 年的统计资料来看,1950 年之前,货币流通速度的波动相当大,或许这反映了这一时期经济状况极其不稳定的事实,在这段时间内发生了两次世界大战和大萧条(在经济出现衰退的年份里,实际的货币流通速度下降,或者至少是增长率下降)。1950 年以后,货币流通速度的波动比较平缓,然而各年间货币流通速度增长率的差异仍然很大。例如,1981—1982 年,M1 流通速度(GDP/M1)变化的百分比为 -2.5%,而 1980—1981 年,M1 的流通速度的增长率为 4.2%。1982 年以后 M1 的流通速度波动非常剧烈,而 M2 的流通速度一直都比 M1 的流通速度更为稳定,结果导致美联储在 1987 年放弃 M1 指标,开始更集中于 M2 指标。但是 20 世纪 90 年代初期 M2 的流通速度的不稳定,又使得美联储在 1993 年 7 月宣布,包括 M2 在内的任何货币总量指标都不能作为可靠的货币政策指标。

图 7-1 是我国 1985—2007 年间货币流通速度统计图,从中我们可以看到我国的货币流通速度波动是很大的,视为常数并不恰当。

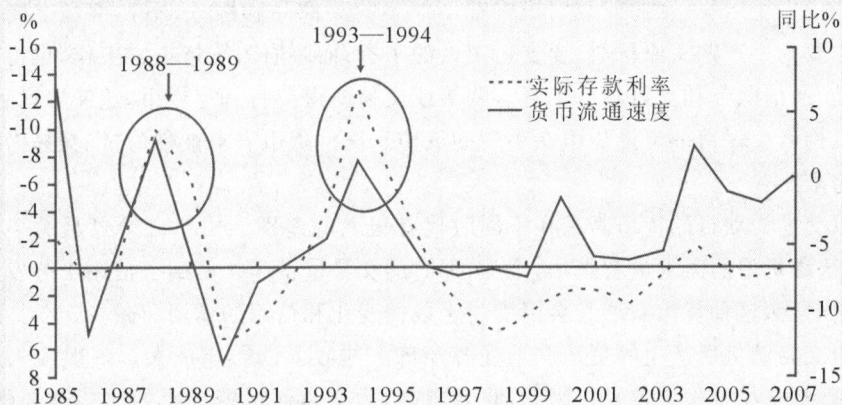

资料来源:CEIC、高盛经济研究

图 7-1　1985—2007 年我国货币流通速度情况

大萧条之前,经济学家并没有意识到,货币流通速度是存在较大的变动的,在严重的经济紧缩时期货币流通速度将会下降。这主要是因为在第二次世界大战前,还没有准确的 GDP 和货币供给的数据,因而经济学家无从知道他们将货币流通速度视为常量这一观点并不完全正确。然而,在大萧条的年份里,货币流通速度的下降幅度非常大,甚至当时经济学家所能得到的粗略的数据资料也能表明货币流通速度并非常量,这解释了为何在大萧条之后,经济学家开始探讨影响货币需求的其他因素,而这些因素也有助于解释货币流通速度的波动。

二、凯恩斯的货币需求理论

约翰·梅纳德·凯恩斯在 1936 年出版的著名的《就业、利息和货币通论》一书中,摒弃了古典学派将货币流通速度视为常量的观点,提出了一种强调利率重要性的货币需求理论,他将他的货币需求理论称为流动性偏好理论(liquidity preference theory),该理论首先提出了这样一个问题:为什么人们会持有货币?

凯恩斯的货币需求理论注重对货币需求的各种动机的分析,比剑桥学派的分析更深入细致,并且特别强调经济中的不确定性和对未来预期的作用,货币需求是易变的,同时对经济产生实质性的影响。首先,我们来了解一下凯恩斯提出的产生货币需求的三个动机。

(一)货币需求的三大动机

凯恩斯认为,人们持有货币的心理动机大致可分为三类:一是交易动机,二是预防动机,三是投机动机。

1.交易动机

交易动机指居民、企业和政府机构保证正常消费和购买行为的货币需求。

任何一个居民、企业或政府机构都不能不购买商品和服务,不在市场上交易。如企业需要为生产购买原材料,要支付工人的工资;而政府为维持正常工作,也得购买办公用品、通信服务和支付雇员工资。购买或交易就得持有一定货币,这使居民、企业和政府机构产生保留一定量货币在手中的欲望。这种货币需求被称为"以交易为动机的货币需求"。

以交易为动机的货币需求在不同时代有很大的差别。如在自给自足的小农经济时代,这种货币的需求量就很小,因为,那时的交易量很小。而到了信用十分发达的后工业化时代,这种货币需求又会因支付手段的变化和信用的作用而减少。

由交易动机所产生的货币需求受各经济主体收入的影响极大。一般收入越多的个体,日常交易金额会越大。因此,收入越高,为交易而保留货币的愿望越强烈,实际保留的货币数量越大。

2.预防动机

预防动机指居民、企业和政府机构为应付非正常情况而保留一定量货币的需求。

人类社会及自然界都存在着很大的不确定性。为了应付这种不确定性,人们不得不准备一些预防的手段。在现代社会,一定量的货币似乎是最好的预防手段之一。

以预防为动机的货币需求主要受收入水平的影响。收入越高,以预防为动机的货币需求也就越多;反之亦然。同时,以预防为动机的货币需求还受意外事件出现的概率影响。因此,社会动荡时,人们因预防动机而需求的货币量会增加;自然条件恶劣、容易出现意外灾害地区的人们预防性货币需求也较多。

3.投机动机

货币还有一个重要作用,就是能够进行投资从而带来投资收入。但是,货币一旦投入,就失去了再次选择投资的机会。这在经济学上称为"机会成本"。考虑到机会成本后,人们将会保留一定量货币在手边,寻找更高收益的投资机会。出于这样的动机而保留的货币称为"以投机为动机的货币需求"。

以投机为动机的货币需求当然也会受收入的影响。收入越高,参与投资的资本越多,保留在手边寻找机会的投机性货币也就会越多。

但是,保留的货币并非没有成本。当你将货币保留在手中时,实际上你已经放弃了一些投资收益。例如存入银行,也许存入银行的收益很低,年息只有2%。但你不存,就有2%的损失。市场利息越高,你放弃存款的代价就越大。这时人们就会考虑:我是存款还是继续持有货币?如果是借款投资,这个影响更明显。市场利率越高,人们借款的成本越高。因此,利率成了影响人们以投机为动机的货币需求的重要因素。利率越高,人们对投机性的货币需求越小,反之越大。

(二)凯恩斯的货币需求模型

凯恩斯认为货币需求受交易动机、预防动机和投机动机的影响。将三个动机一起考虑,我们就能大致估计出人们的货币需求。

令 M_d 为货币需求,L_1 为交易性货币需求,L_2 为预防性货币需求,L_3 为投机性货币需求。则有

$$M_d = L_1 + L_2 + L_3 \qquad\qquad 式7.3$$

交易性货币需求主要受收入水平的影响,令 Y 为收入水平,可将它们的关系写成

$$L_1 = L(Y) = \alpha Y$$

影响预防性货币需求量的主要因素也是收入水平,则

$$L_2 = L(Y) = \beta Y$$

影响投机性需求的主要因素是利率,令利率为 i,有

$$L_3 = L(i) = Li$$

将 L_1、L_2、L_3 代入式 7.3 得

$$M_d = \alpha Y + \beta Y + Li = (\alpha + \beta)Y + Li \qquad\qquad 式7.4$$

令 $\alpha + \beta = K$

即可将式 7.4 改写为

$$M_d = KY + Li \qquad\qquad 式7.5$$

这就是凯恩斯的货币需求模型。

由于出于交易动机和预防动机的货币需求与利率无关,所以在图 7-2 中 KY 表现为一条垂线。

Li 是一条向右下倾斜的曲线,投机性货币需求与利率呈反向关系,因为 M_d 利率越高,机会成本越大,人们将货币放在手中就越不合算,所以货币需求就越小。Li 影响到 M_d 使之也成了一条向右下倾斜的曲线。凯恩斯指出:因为向右下倾斜,即表示当利率较低时,人们手中持有的货币量会更多。当利率从 i^* 下降到 i_1,货币需求从 M^* 上升到 M_1。

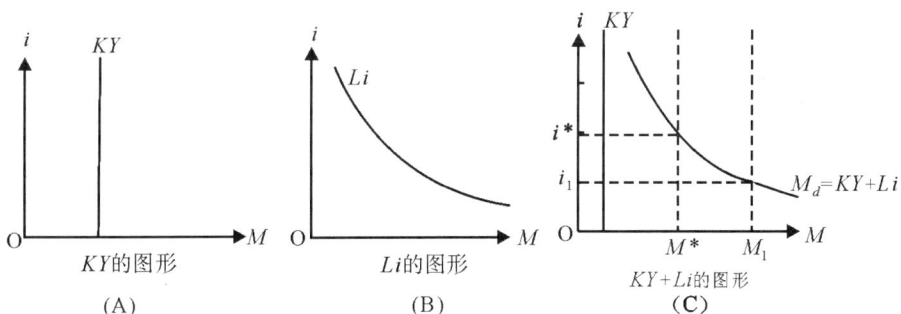

图 7-2　凯恩斯的货币需求模型

如果利率下降到很低很低,接近于零,则可能出现货币需求量趋向于无穷大(这被称为"流动性陷阱")。凯恩斯认为由于人们的流动性偏好(持有流动性较好的货币的欲望),导致投资不足,进而导致产出不足和失业增加。

从图 7-2 中可以看出,凯恩斯货币需求模型的关键是基于投机性的货币需求。它和利率呈反向关系,并在货币需求及其变化中起着特别重要的作用。货币的作用有两个,一是充当交易媒介;二是充当财富储藏的手段。就货币作为商品交易媒介而言,对实体经济影响不大。但是作为储藏手段而言,它将通过利率而影响投资,从而影响产

出、就业和收入。古典学派只看到货币的第一个作用,而忽视了货币的第二个作用,因而得出"货币中性"的结论。凯恩斯看到了货币的第二个作用,认为人们心理变化的无理性,决定投机需求的不稳定,进而导致市场利率的波动,影响企业家的实际投资和产出,从而得出了"货币影响就业"结论,他甚至将货币的流动性偏好看成是持久性失业的根本原因。这与之前的传统货币数量说有着很大的不同。

总的来说,凯恩斯的货币需求理论假设人们持有货币的动机有三种:交易动机、预防动机和投机动机。凯恩斯认为交易性和预防性货币需求与收入成正比,货币需求的投机部分与利率水平负相关。凯恩斯的货币需求模型的重要内涵在于,他认为货币流通速度并非常量,而与波动剧烈的利率正向相关。他的理论反对将货币流通速度视为常量的另一个理由是:人们对正常利率水平预期的变动将导致货币需求的变动,从而也导致货币流通速度发生变动。

小资料 7-2　经济学家约翰·梅纳德·凯恩斯的简介

约翰·梅纳德·凯恩斯(John Maynard Keynes, 1883—1946 年),英国经济学家。

凯恩斯的祖上是英国的贵族,他父母在剑桥大学任教。凯恩斯是他们的第一个孩子,他们在他身上付出了很多,也对小凯恩斯寄予了很高的期望。凯恩斯果然不负所望,1895 年考取伊顿公学(泰晤士河边的著名预备中学),并于 1899 年和 1900 年连续两次获数学大奖。他以数学、历史和英语三项第一的成绩毕业。从伊顿中学毕业后,他取得了剑桥大学的奖学金。1905 年毕业于英国剑桥大学,并获得数学学士学位。1906 年凯恩斯通过公务员考试,到外交部的印度办公室工作。两年后,申请国王学院的数学研究员职位,但没有成功。

不久,剑桥大学向他提供一个教授一般经济学的研究员职位,这个职位一直保留到他去世。凯恩斯主讲的众多课程中有一门是关于印度货币和金融方面的课程。不久,凯恩斯专门研究货币、信用和价值。这段时间,他也写了一些书,主要是在概率论方面,他的经济学方面的第一部著作是《印度的货币和金融》。1914 年,第一次世界大战爆发,当时社会上普遍担心出现金融危机,作为货币问题专家,凯恩斯去财政部任职,他试图说服首相劳合·乔治保持黄金储备。到战争结束时,凯恩斯已在财政部树立了牢固的地位,并被派到国外处理一系列的金融问题。当和平会议在巴黎举行时,凯恩斯代表英国财政部参加了和谈。和谈结束后,凯恩斯从财政部辞职,撰写了《和平的经济后果》一书。华特·利普曼把凯恩斯的著作编成一个系列,凯恩斯自己承担出版费,并由麦克米伦公司出版。著作在爱丁堡印刷,用船把它运到伦敦,途中船不幸失事,2 000 本《和平的经济后果》被海水冲到丹麦海滩。按丹麦法律,书在当地公开拍卖。这本书最后被译成多国文字,大约售出了 14 万册。

凯恩斯是一个最会把理论化为实践的人,在撰书的同时,凯恩斯也从事货币买卖。根据他在财政部工作得到的经验和对战后德国的考察,他开始看好美元,看跌欧洲货币,并按 10% 的保证金进行交易,建立了一系列货币仓位。不久他大赚一笔,并就此认为自己能比普通人更好地看清市场的走势。

1920年4月,凯恩斯预见德国即将出现通货膨胀,以此为由,卖空马克。由于此前马克一直下跌,但4、5月间开始反弹。凯恩斯为此自己损失了13 125英镑,他任顾问的辛迪加也损失了8 498英镑。经纪公司要求他支付7 000英镑的保证金,于是他从一个敬慕者那里借来了5 000英镑,又用他的预支稿酬支付了1 500英镑,才得以付清。

1921年,通过写作,凯恩斯的经济状况好转,又开始了商品和股票投机。1924年,凯恩斯投资57 797英镑,到1937年增值506 450英镑,在证券业中建立了自己的声誉。此间,凯恩斯每年的平均投资收益率为17%。凯恩斯的官方传记作者说,凯恩斯在1937年放弃了投机,原因是他身体欠佳。但近年来出版的传记指出,凯恩斯在1937年美国股市上损失惨重,考虑到第二次破产可能会损害他作为世界上最著名的经济学家的声誉,于是及时退出了投机行列。

凯恩斯可谓经济学界最具影响力的人物之一。1929年经济危机爆发后,他感觉到传统的经济理论不符合现实,必须加以突破。他发表于1936年的主要著作《就业、利息和货币通论》引起了经济学的革命。这部作品使人们对经济学和政府在社会生活中作用的看法产生了深远的影响:

第一,突破了传统的就业均衡理论,建立了一种以存在失业为特点的经济均衡理论。传统的新古典经济学以萨伊法则为核心提出了充分就业的假设,认为可以通过价格调节实现资源的充分利用,从而把研究资源利用的宏观经济问题排除在经济学研究的范围之外。凯恩斯批判萨伊法则,承认资本主义社会中非自愿失业的存在,正式把资源利用的宏观经济问题提到日程上来。

第二,把国民收入作为宏观经济学研究的中心问题,建立了以总需求为核心的宏观经济学体系。凯恩斯的《通论》的中心是研究总就业量的决定,进而研究失业存在的原因。认为总就业量和总产量关系密切,而这些正是现代宏观经济学的特点。

第三,反对放任自流的经济政策,明确提出国家直接干预经济的主张。古典经济学家和新古典经济学家都赞同放任自流的经济政策,而凯恩斯却反对这些,提倡国家直接干预经济。他论证了国家直接干预经济的必要性,提出了比较具体的目标。他的这种以财政政策和货币政策为核心的思想后来成为整个宏观经济学的核心,甚至可以说后来的宏观经济学都是建立在凯恩斯的《通论》的基础之上的。

毫无疑问,凯恩斯是一个伟大的经济学家,他敢于打破旧的思想的束缚,承认有非自愿失业的存在,首次提出国家干预经济的主张,对整个宏观经济学的贡献是极大的。他的这些思想为政府干涉经济以摆脱经济萧条和防止经济过热提供了理论依据,创立了宏观经济学的基本思想。凯恩斯一生对经济学作出了极大的贡献,曾被誉为资本主义的"救星"、"战后繁荣之父"。凯恩斯的经济理论影响了几代人,在目前的经济政策制定中仍然起着举足轻重的作用,并将继续影响未来若干年的经济思想。

三、凯恩斯货币需求理论的发展

凯恩斯的货币需求理论在 20 世纪 50 年代后得到凯恩斯学派经济学家们更进一步的深入研究和扩展。经济学家开始提出更为精确的理论来解释货币持有动机,其内容主要有:鲍莫尔将利率因素引入交易性货币需求分析,得出"平方根定律"或称鲍莫尔模型;惠伦将利率因素引入预防性货币需求分析,得出"立方根定律"或称惠伦模型;托宾将预期的不确定性引入投机性货币需求分析,形成"托宾资产组合理论";新剑桥学派从更现实、更全面的角度进一步扩充了凯恩斯对货币需求动机的分析,尤其是将公共权力动机引入货币需求分析,揭示了政府赤字财政政策和扩张性货币政策对货币需求的影响。这些理论都建立在凯恩斯货币需求的理论基础上,但同时又对凯恩斯理论在分析过程中的某些与实际情况不符的假设作了修正,从而得出新的结论和模型。以下对鲍莫尔、惠伦和托宾的理论作重点介绍。

(一)鲍莫尔模型

在凯恩斯的货币需求分析中,交易性货币需求是收入的函数,而与利率无关。这一结论首先遭到美国经济学家汉森(A.H.Hansen)的批评,他认为,当利率高到一定程度时,交易性的货币持有也有弹性,在此界限上,利率越高,交易者会越节约现金余额。1952 年,美国经济学家鲍莫尔(W.Baumol)运用管理学中有关最优存货控制的理论,对交易性货币需求与利率的关系作了深入分析,提出了与利率相关的交易性货币需求模型,即平方根定律或称鲍莫尔模型。其基本分析思路和方法如下:

鲍莫尔认为:人们为满足交易需求而持有一定的货币余额,就好比企业为满足生产和交易活动需要而保持一定存货一样。存货能方便生产和交易,但都要耗费成本,因此,最佳存货量是在成本最低时能够满足生产和交易活动正常进行需要的存货量。货币余额也有这样一个最佳保有量的问题,在普遍存在生息资产的情况下,持有货币这种无收益资产就要承担一定的机会成本。任何一个以收益最大化为目标的经济主体,在货币收入取得和尚未用于支出的一段时间里,没有必要让所有准备用于交易的货币都以现金形式存在,而可以将暂时不用的现金转换为生息资产,等需要时再将生息资产变现,这样就可减少机会成本。由于资产变现活动要支付一定的手续费或佣金,产生交易成本,因此,经济主体就需要将投资收益和交易成本两者进行比较而作出选择,只要利息收益超过变现的手续费就有利可图。利率越高,生息资产的收益越多,持有现金的机会成本就越大,人们会尽可能将现金余额压到最低限度。相反,利率越低,持有现金的机会成本越小,人们则愿意多持有现金。当利息收入不够抵付变现的手续费时,人们就将准备用于交易的全部货币收入都以现金形式持有。可见,交易性货币需求与利率是相关的。

为了分析得更加具体,我们假设:张三每月名义收入为 1 000 元,每个月有 1 000 元的支出,以均匀的速度用于交易,到月底全部花完,现金为零。在每个月里,他的平均货币持有额为 500 元(月初持有余额 1 000 元加月末持有余额 0 再除以 2)。张三有一天意识到如果不是一直持有现金而是适时地将部分资金投资债券这样的收益证券就可以获得更大的效用。

以后,在每个月月初,张三将 500 元以现金形式持有,其余 500 元购买国债。我们注意到在每个月的月中,他的现金余额为零,因为债券不能直接用来完成交易,所以张三必须把债券出售变现,从而应付下半个月的交易需求。那么在新的策略中,张三增加了多少收益呢? 我们可以计算出在这种情况下,他月平均持有现金余额是 $500 \div 2 = 250$ 元,他获得了持有半个月期限的 500 元国债的利息收入,如果月息为 1%,则他每个月可获得 2.5 元的额外利息收入:

$$500 \times 1\% \times \frac{1}{2} = 2.5(元)$$

听起来好像更合算了,可事实上,如果月初他仅持有 333.33 元的现金,则在该月的头 1/3 个月里,他可持有 666.67 元的债券。然后,在该月的第二个 1/3 个月里,他可以将 333.33 元的债券出售变现,仍然持有 333.34 元的债券。最后,在该月过完了 2/3 时,他不得不将最后持有的 333.34 元的债券也变现为现金用于交易。这一操作的最终结果是张三每月持有的月平均现金余额是 166.67 元($333.33 \div 2 = 166.67$),并获得 3.33 元的利息:

$$666.67 \times 1\% \times \frac{1}{3} + 333.34 \times 1\% \times \frac{1}{3} = 3.33(元)$$

从上面的分析我们可以看出:平均现金余额越少,获得的利息收入越多。但我们也必须注意到,现实中出售债券是有转换成本的,出售债券要支付经纪人手续费。如果平均现金余额不断减少,那么就意味着张三将会更加频繁地买卖证券,这些手续费支出将不断增加。当然还有时间、精力等等投入,这些也应该视为购买债券投资成本的一部分。

张三实际上面临一种权衡。如果他持有很少的现金,他就可以获取更多的债券利息,但将付出更多的交易成本。假设利率很高,相对于交易成本而言持有债券的收益更多,则他将持有较多的债券、较少的现金;相反,如果利率低,持有债券的交易成本多于利息收入,那么对张三来说,持有较少的债券和较多的现金会更为合算。

下面我们通过参数的设定和推导,可计算出最佳的月平均现金持有额。

设某人每月初得到收入 Y,月内可预见的交易支出总额也为 Y,交易活动在月内平均分布,收入在月内平均用完。那么,月初只需保留少量货币 C,而把其余收入($Y-C$)用于购买债券。等所持货币量 C 用完后,再用债券换回又一货币量 C,供交易之需,周而复始。由于每次由债券兑换成的货币量均为 C,则月内共兑换 $\frac{Y}{C}$ 次。设每兑换一次的手续费为 b,则月内的手续费共 $\frac{Y}{C} \times b$。又假定每次换回的货币量 C 也是连续和均匀支出的,因此,平均的货币持有额为 $\frac{C}{2}$。设持有单位货币的机会成本为债券利率 r,由于平均货币余额为 $\frac{C}{2}$,所以机会成本总量为 $\frac{C}{2} \times r$。若以 x 表示持有货币的总成本,则有:

$$x = \frac{Y}{C} \times b + \frac{C}{2} \times r \qquad \text{式 7.6}$$

式 7.6 表明,持有货币的成本(交易成本和机会成本)是货币持有量的函数。其中,交易成本是货币持有量的减函数,机会成本是货币持有量的增函数。将总成本 x 对每次兑换的货币量 C 求一阶导数,并令其为 0,即

$$\frac{\mathrm{d}x}{\mathrm{d}C} = -\frac{bY}{C^2} + \frac{r}{2} = 0$$

则可求得总成本 x 最小时的每次兑换货币量 C。由上式得:

$$C = \sqrt{\frac{2bY}{r}}$$

这就是说,当每次由债券换成的货币量为 $\sqrt{\frac{2bY}{r}}$ 时,持有货币的总成本最小。由于货币的平均持有量为 $\frac{C}{2}$,所以使总成本最小的货币平均持有量为:

$$M_d = \frac{C}{2} = \frac{1}{2}\sqrt{\frac{2bY}{r}} = \sqrt{\frac{bY}{2r}} \qquad \text{式 7.7}$$

这就是著名的"平方根定律"。

【例】假设价格水平 $P = 1$,每次变现的手续费为 0.3,企业的总货币收入 $Y = 250$,利率 $r = 6\%$,问:该企业的货币需求量是多少?

$$M = 0.5 \times \sqrt{2 \times 0.3 \times 250 \div 6\%} = 25$$

该企业的货币需求量为 25 单位。

公式说明,用于交易的货币持有额或交易性货币需求有一个最佳规模,这个规模的确定与收入 Y 和利率 r 都有关,与收入正相关,与利率负相关。但值得指出的是,货币需求对收入和利率的两个弹性值只是一种理论推演的结果,后来的一些经济学家在对其进行实证检验时发现,弹性值与现实情况有较大差距。

总的来说,鲍莫尔模型的结论可以表述如下:利率提高,则用作交易目的的现金持有量将会减少,从而意味着,随着利率上升,货币流通速度也将加快。换句话说,货币需求的交易部分的持有量与利率水平负相关。鲍莫尔模型的基本观点是,一方面,持有货币存在机会成本,即持有其他资产可以获得利息收入;另一方面,持有货币可以避免手续费支出。当利率上升时,持有货币的机会成本增加,所以人们将尽量减少出于交易目的而持有的现金数量。通过简单的模型,鲍莫尔揭示了一些我们无法通过其他途径看到的东西:不仅货币需求的投机部分对利率十分敏感,货币需求的交易部分也是一样。

(二)惠伦模型

在凯恩斯的货币需求分析中,预防性货币需求也是收入的函数,同样与利率无关。对于这一结论,1966 年美国经济学家惠伦(Whalen)予以否定,他论证了预防性货币需求与利率的函数关系,得出惠伦模型即立方根定律。其基本分析思路和方法如下:

预防性货币需求来自人们对未来事物不确定性的考虑。人们无法保证在某一时期内的货币收入和货币支出与原来预料的完全一致。不测情况的发生可能导致已有的收入不能满足临时的货币支付要求,因此,实际保持的货币就要比正常的预期需要

量再多一些,多保持的部分就是预防性货币需求。与交易性货币需求有一个最佳持币量的道理一样,预防性货币需求也有一个能够使持币总成本最小的最佳持币量。惠伦认为,这个最佳的持币量与三个因素有关:

第一,非流动性成本。这是指因低估某一支付期内的现金需要,持有货币过少或流动性过弱而可能造成的损失。非流动性成本可表现为三种情况:一种是在必须支付时,既无现金,又不能得到贷款支持或无法将非现金资产转换为现金,因此而陷入经济困境甚至导致破产,这是成本最高的表现形式;二是在必须支付时能够得到贷款支持,这时的非流动性成本就是支付的贷款利息;三是在必须支付时可将非现金资产转换为现金,这时的非流动性成本就是资产变现的手续费。理论分析以第三种情况为一般情况。

第二,持有预防性货币余额的机会成本。这是指持有这些现金而舍弃的持有生息资产的利息收益。

第三,收入和支出的平均值及变化的情况或变现的概率。这一因素的提出是出自对未来支出和收入差额的不确定性的考虑,它不同于交易性货币需求分析中以收入和支出的确定性和可预料性为前提的情况。由于只有当一定期间内支出和收入的差额(净支出)大于该期间内预防现金的持有额时,才需将非现金资产转换为现金,因此,收入和支出的平均值和变化情况,决定着变现的概率。

上述三个因素中,第一个因素(以资产变现的手续费为代表的非流动性成本)与第三个因素(变现的概率)的积为预防性货币需求的非流动性成本总额(相当于交易性货币需求分析中的交易成本),第二个因素(舍弃的利息收益)与持有预防性现金余额的积为预防性货币需求的机会成本总额。两种成本之间的关系为:当人们为预防不测而多持有现金余额时,就减少了非流动性成本,但却增加了机会成本;相反,当人们为追求利息收益而少持有现金余额时,就减少了机会成本,但却增加了非流动性成本。最佳现金有量是在二者相加的总成本最低时的现金持有量。

假设资产变现的手续费为 b,变现的概率为 P,债券利率为 r,持有预防性现金余额为 M,预防性货币需求总成本为 x,则:

$$x = M \times r + P \times b \qquad \text{式7.8}$$

式 7.8 中,变现的概率 P,取决于净支出(支出与收入之差),净支出用 N 表示,N 大于 M 的概率即为 P。由于从长期平均角度讲,收入等于支出,净支出为 0,因此,N 的概率分布以 0 为均值,若设方差为 S^2,由契比雪夫不等式[①]可知,净支出 N 与均值之间的偏差大于预防性现金余额 M 的概率 P 满足:

$$P[|N-0| \geqslant M] \leqslant \frac{S^2}{M^2}$$

对于一个风险回避者来说,在估计净支出大于预防性现金余额的概率时,要做出

---

① 切比雪夫不等式是指:对于任一随机变量 X,若 $E(X)$ 与 $D(X)$ 均存在,则对任意 $\varepsilon > 0$,恒有 $P\{|X-E(X)| \geqslant \varepsilon\} \leqslant D(X)/\varepsilon$。这意味着 $E(X)$ 和 $D(X)$ 已知时,切比雪夫不等式给出了概率 $P\{|X-E(X)| \geqslant \varepsilon\}$ 的一个最大值,该最大值并不涉及随机变量 X 的具体概率分布,而只与其方差 $D(X)$ 和 ε 有关。

对流动性不足的充分估计,估计值应为 $P[N \geqslant M] \leqslant \dfrac{S^2}{M^2}$。将 P 的最大值代入预防性货币需求总成本公式,得:

$$x = M \times r + \frac{S^2}{M^2} \times b$$

将总成本 x 对预防性现金持有量 M 求一阶导数,并令其为 0,即:

$$\frac{\mathrm{d}x}{\mathrm{d}M} = r - \frac{2bS^2}{M^3} = 0$$

则可求得总成本 x 最小时的预防性现金持有量 M。由上式得:

$$M = \sqrt[3]{\frac{2bS^2}{r}}$$

式 7.9

这就是立方根定律或称惠伦模型。在惠伦模型中,收入对预防性货币需求的影响是通过净支出的方差间接表现出来的,因而,收入和支出的数额及分布是影响净支出方差的主要变量。

惠伦的最大贡献在于强调了非流动性的巨大风险——如果因缺乏现金(流动性不足)而无法支付,就有可能破产。而银行借款由于手续繁杂和时间的滞后,有可能于事无补。惠伦的另一个贡献是在模型中引入了概率,并用方差的方法解决。

(三)托宾模型

在凯恩斯的投机性货币需求分析中,人们对于货币和债券这两种资产的选择是相斥的,或者选择货币、或者选择债券,两者不能兼得,原因是人们对未来利率变化的预期是可确定的。但这种分析受到了严厉的批评。根据凯恩斯的分析,当债券的预期回报率低于货币的预期回报率时,人们将只持有货币来储藏财富。当债券的预期回报率高于货币时,人们仅持有债券。只有当人们认为货币和债券的预期回报率相同时(这种情况几乎不会出现),才同时持有两种资产。因此,凯恩斯的分析实际上是认为没有人同时持有债券和货币的多样化组合来储藏财富。而现实中的情况与凯恩斯的假定并不吻合,很明显,通常存在的情况是投资者对自己做出的对未来利率的估计并不完全自信,因而在资产选择上一般采取既持有货币,也持有债券的组合形式。基于对这种情况的考虑,美国经济学家托宾(James Tobin)对凯恩斯货币需求理论作了重要修正和拓展,他以人们对未来预期的不确定性为前提,研究如何选择持有资产的问题,形成了对投资活动和金融管理产生深远影响的资产组合理论。

托宾发展了一个投机性货币需求模型,他的基本观点是,在确定持有资产组合时,人们不仅关注一种资产相对于另一种资产的预期回报率,而且还会关注每种资产回报的风险。托宾假定人们都是风险回避者,即在相同的预期收益率条件下,人们更愿意持有风险较小的资产组合。货币的一个重要特点是在于它的回报率为零,但也是无风险的。与货币相比,债券价格波动剧烈且回报的风险很大,有时回报甚至为负。因此人们即使知道债券的预期回报率高于货币的预期回报率,人们仍愿意持有一部分货币作为储藏财富的手段。

具体地说,托宾认为资产的保存形式有货币和债券两种。持有债券可以得到利息,但也要承担由于债券价格下跌而受损失的风险,因此债券称为风险性资产;持有货币虽没有收益,但也不必承担风险(排除物价变动情况),故货币被称作安全性资产。一般来说,如果某人将其资产全部投入风险性资产,那么他的预期收益达到最大,与此同时他冒的风险也最大;如果某人的所有资产都以货币形式保存在手里,他的预期收益和所要承担的风险都等于零;如果他将资产分作货币和债券各一半,那么他的预期收益和风险就处于中点。由此可见,风险和收益是同方向变化,同步消长的。而对同样的选择对象,由于人们对待风险的态度不同,就可能做出不同的选择决定。据此,托宾将人们分为三种类型:(1)风险回避者。他们注重资产安全,尽可能避免冒险。(2)风险爱好者。他们喜欢冒险,热衷于追逐意外收益。(3)风险中立者。他们追求预期收益也注意安全,当预期收益比较确定时,他们可以不计风险。

现实生活中绝大多数人都属于风险回避者,资产选择理论就以他们为主要对象进行分析。托宾认为,收益的正效用随着收益的增加而递减,风险的负效用随着风险的增加而增加,若某人的资产构成中只有货币而没有债券,为了获得收益,他会把一部分货币换成债券,因为减少了货币在资产中的比例,增加收益的正效用超过增加风险的负效用,总的效用是增加的。但随着债券比例的增加,收益的边际正效用递减而风险的负效用递增,当新增加债券带来的收益正效用与风险负效用之和等于零时,他就会停止将货币换成债券的行为。同理,若某人的全部资产都是债券,为了安全,他就会抛出债券而增加货币持有量,一直到抛出的最后一张债券带来的风险负效用与收益正效用之和等于零为止。只有这样,人们得到的总效用才能达到最大,这也就是所谓的资产分散化原则。

这一理论说明了在未来不确定的状态下人们同时持有货币和债券的原因,以及货币需求的变动是通过人们调整资产组合实现的。这是由于利率的变动引起预期收益率的变动,破坏了原有资产组合中风险负效用与收益正效用的均衡,人们重新调整自己的资产组合,导致了投机性货币需求的变动。所以利率和未来的不确定性对投机性货币需求具有同等的重要性。

托宾对凯恩斯货币理论的重大发展,是引入了资产偏好或资产组合概念。托宾提出,现金的持有比率和资产预期收益率有关。图 7-3 表明预期收益率 i 与现金比率 b 之间有反向关系,当预期收益率从 i_1 上升至 i_3,现金持有比率从 b_1 下降到 b_3。人们将这条曲线称为"托宾曲线"。

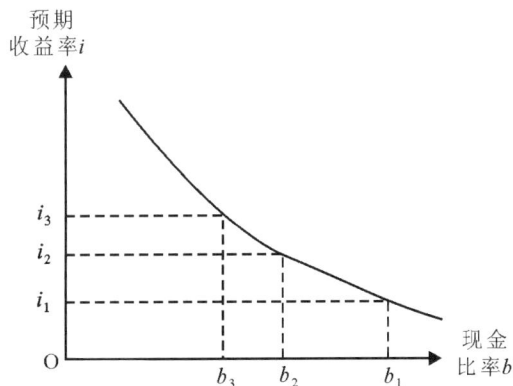

图 7-3 托宾曲线

托宾改进凯恩斯的投机性货币需求理论的尝试只取得了部分成功。他仍未明确指出投机性需求究竟是否存在。假如存在回报率较高，同时像货币那样没有风险的资产，将会发生什么情况呢？还会引发货币的投机性需求吗？答案是否定的，因为持有这种资产比持有货币合算，由此形成的资产组合预期回报率增加，但风险却没有增加。比如现实中存在类似国库券这样的没有违约风险的资产，且回报率是确定的，高于货币。那么，为什么人人都愿意持有一部分货币余额来储藏财富呢？（这里不考虑交易和预防性原因。）

虽然托宾的分析没有解释将货币作为储藏财富手段的原因，但是对我们理解人们如何在资产之间进行选择这一问题却是一个重要的发展。由于他的分析考察了资产定价和资产选择，实现了金融科学领域的重大进步。

总的来说，凯恩斯理论的进一步发展试图对货币的交易、预防及投机需求作出更精确的诠释。但是，改进凯恩斯理论中投机性货币需求推理的尝试仅取得了部分进步，这种需求是否存在仍不清楚。不过，货币的交易需求和预防需求模型表明，货币需求的这两部分与利率负相关。所以，凯恩斯的货币需求对利率敏感这个命题仍然成立，这意味着，货币流通速度并非常数以及名义收入可能受货币数量之外的其他因素影响。

四、货币主义学派的货币需求理论

在凯恩斯革命之后，很多经济学家都遵循凯恩斯的思路分析社会经济现象，20世纪30年代之后，传统货币数量论开始被冷落。从50年代后期开始，现代货币主义学派的代表人物美国经济学家弗里德曼试图对传统的货币数量论进行重新阐述，1956年，在著名的《货币数量论：一种新的阐释》中，弗里德曼提出了货币需求理论，使之尽可能地符合现实，从而形成了"新货币数量论"。弗里德曼对货币数量论一直保持接受、宣扬的态度，并试图通过改造而将其发扬光大，他曾毫不避讳地说，经济学家大都接受货币数量说，而反对货币数量说的都是经济学的"外行"，"那些信奉凯恩斯经济学的人大都是不懂经济学"。他认为即使是早期的简单的货币数量说，也比凯恩斯主义理论更加接近于人们已有的经验。

同前人一样，弗里德曼继续探索人们持有货币的原因。与凯恩斯不同的是，弗里德曼不再具体分析某种持币动机，而是笼统地认为影响其他资产需求的因素也必定影响货币需求，将资产需求理论应用到货币上来。总的来说，作为现代货币主义学派的代表人物，弗里德曼基本承袭了传统货币数量说的长期结论，即非常看重货币数量与物价水平之间的因果关系，同时他认为人们对货币的需求就像对别的商品和劳务的需求一样，因而可以借助消费者的选择理论来进行分析。就这点而言，他接受了剑桥学派和凯恩斯以微观主体行为作为分析起点和把货币看成是一种资产的分析方法。

弗里德曼从消费者选择理论出发，认为人们需要货币和需要其他商品一样，主要考虑三个因素：第一个因素是效用。第二个因素是收入水平。在既定的收入水平下，人们只能在众多的商品中选择有限的数量。由于支付能力有限，就使有限的客观需求与无限的需求欲望区别开来。第三个因素是机会成本。由于收入的限制，人们选择购买效用最大而机会成本最小的商品。

依据以上分析,弗里德曼将自己的货币需求函数表述为:

$$M = f(p, r_b, r_e, \frac{1}{p}\frac{\mathrm{d}p}{\mathrm{d}t}; W, Y, u) \tag{式7.10}$$

式中,p 代表一般物价水平;r_b、r_e 分别表示债券和股票的预期名义收益率;$\frac{1}{p}\frac{\mathrm{d}p}{\mathrm{d}t}$ 代表通货膨胀率,也可以认为是商品的预期收益率的变动;W 为非人力财富对人力财富的比例;Y 为恒久收入;u 代表影响货币需求偏好的其他因素。

弗里德曼将资产归为三类:债券、股票和商品,持有这些资产而非货币,取决于这些资产相对于货币的预期回报率。弗里德曼提出的货币需求函数中的 r_b、r_e、$\frac{1}{p}\frac{\mathrm{d}p}{\mathrm{d}t}$ 分别代表债券、股票、商品的收益率,这三者可以看成是持有货币的机会成本。我们从这几个变量的相互关系中衡量出持有货币的潜在收益或损失。其他条件不变时,其他资产的收益率越高,货币需求量越小。

Y 指恒久收入,与货币需求正相关,恒久收入用来体现总财富,总财富指的是包含货币在内的各种资产的集合体,它相当于通常消费者决策理论中的预算限制。在现实生活中,总财富很难估计,因而只能用收入作替代变量。弗里德曼提出的恒久收入这个概念,可以理解为预期的平均长期收入,具有稳定性,也由此使货币需求函数变得更具有稳定性。

具体来说,恒久收入与我们通常意义上所说的收入概念不同,恒久收入(预期的平均长期收入)在短期内波动非常小,这是因为收入的许多变动是过渡性的(短期变动)。例如,在经济周期的扩张阶段,收入迅速增长,但因为这种增长中的某些部分是暂时性的,所以长期收入的平均值变动不大。所以在经济繁荣时期,恒久收入的增长比收入的增长小得多。而在经济衰退时期,收入减少中的许多部分也是暂时性的,恒久收入的减少也比收入的减少要小得多。弗里德曼将恒久收入概念作为货币需求的一个决定性因素的意义在于,它表明了随着经济周期的波动,货币需求的变化不大。

W 为非人力财富对人力财富的比例,弗里德曼把财富分为人力财富和非人力财富两类。他认为,对大多数财富持有者来说,他的主要资产是个人获得收入的能力,即人力财富,但人力财富转化货币收入是需要条件的,比如失业时人们拥有人力财富但无法获得货币收入。所以在总财富中人力财富占的比重越大,出于预防性动机的货币需求也就越大,因而 W 与货币需求为负相关关系。

弗里德曼认为该货币需求函数最大的特点是该函数具有稳定性,货币需求函数的最主要影响因素是收入与利率,用恒久收入的概念来考察,收入趋于平稳,而弗里德曼通过实证得出了货币需求对利率变化的敏感性差的结论,因此他认为利率对货币需求的影响较弱。货币需求函数的倒数可以看作是关于货币流通速度的函数。从实证来看,货币流通速度基本上是一个稳定的函数,但传统货币数量说把这种稳定性和规则性过分地夸张为一个常数,凯恩斯把其看成是极不稳定的,都不符合事实。弗里德曼认为货币流通速度是一个稳定的函数,有规律可循,即货币流通速度与恒久收入保持正向关系。弗里德曼在 1963 年出版的《1867—1960 年美国货币史》中估算出两个经验数据。其一是货币需求的利率弹性为 -0.15，即利率增加 1%，人们对货币的需求量就减少 0.15%，认为利率的变化对货币流通速度的影响是微不足道的。另一个数据是货币需求的收入弹性为 1.8，即人们的收入增加 1%，对货币的需求量增加 1.8%，这就意味着从长期趋势来看，货币的流通速度将随着国民收入的增长而有递减的趋势。

弗里德曼最重要的贡献是：用自己的货币需求函数证明了货币需求是稳定的。因此，随意增加或减少货币供给，都会在不可预知的未来，冲击货币市场，带来经济的不稳定。既然货币需求函数是一个稳定的函数，意指人们自愿在身边贮存的平均货币数量，与决定它的为数不多的几个自变量之间，存在着一种稳定的、并且可以借助统计方法加以估算的函数关系，那么，最好的政策方针就是使货币供给量始终按照一种事先规定的固定不变的比率增长，比如每年 4% 的增长。政府应该放弃对经济进行微调而代之以"坚持单一的规则"，避免干预自由的市场。

弗里德曼突出强调货币需求函数是稳定的函数，目的在于尽可能降低货币流通速度发生变化的可能性及其对产量和物价可能产生的影响，以便在货币供给量与名义国民收入之间建立起一种确定的可以进行理论预测的因果关系。在短期内，货币供给量的变化主要影响产量，部分影响物价，但在长期内，产量完全是由非货币因素（如劳动力和资本的数量、资源和技术状况等）决定的，货币供给只决定物价水平。

弗里德曼强烈反对国家干预经济，主张实行一种单一规则的货币政策。也就是把货币存量作为唯一的政策工具，由政府公开宣布一个在长期内固定不变的货币增长率，这个增长率应该是在保证物价水平稳定不变的条件下，与国民收入平均长期增长率相一致。

弗里德曼的理论在英国得到了成功的运用，即所谓的"货币主义试验"。20 世纪 70 年代，英国物价高涨、生产停滞、失业率居高不下。1979 年，54 岁的玛格丽特·撒切尔出任英国首相，她高举自由经济的旗帜，大刀阔斧地改革政府管制，并亲自主持了英国的"货币主义试验"。撒切尔首相借用货币主义的政策，抑制通货膨胀。上任当年，为控制货币流通量，一举削减了 10 亿英镑的国债，将银行的准备金率提高到 10%，把最低贷款利率提高到 17%。紧缩的货币政策，一时间使经济更加低迷、失业更为严重，这种"置之死地而后生"的做法，当时使人们难以接受，1981 年 3 月 30 日，英国 364 名经济学家，在《泰晤士报》联名发表公开信，对此政策加以抨击。但是，撒切尔首相并没有妥协，因为这一结果早在她预料之中。当年底英国经济增长几近谷底，失业人数达 250 万，然而当经济走过这个"拐点"便柳暗花明，生产渐渐复苏，物价开始回落。撒切尔首相的做法，看似一着险棋，但最终是有惊无险，闯过了难关。

1984 年，英国按照最狭义的货币 M0 来控制货币发行，紧缩性的货币政策使金融形势趋于好转。1985 年 11 月起，为促使经济繁荣，政策调控的重心，从原来的货币供给转向了汇率。一方面，将英镑和坚挺的德国马克挂钩；另一方面，大量买进外汇，通过降低利率、阻止外资涌入，以降低汇率。而低汇率与低利率，又推动了投资；到 80 年代末，通货膨胀率降到 4.9%，经济增长显著，撒切尔的货币主义试验最终获得成功。

弗里德曼作为货币主义学派的代表人物，他的货币需求理论对货币需求理论的发展以及货币政策的运用产生了深远的影响。

小资料7-3 经济学家米尔顿·弗里德曼的简介

米尔顿·弗里德曼(Milton Friedman,1912—2006年)是美国经济学家,货币主义大师,以研究宏观经济学、微观经济学、经济史、统计学及主张自由放任经济而闻名。1976年获得诺贝尔经济学奖。他的理论成了自由主义的主要经济根据之一,并且对20世纪80年代美国的里根政府以及许多其他国家的经济政策都有极大影响。

弗里德曼生于纽约市一个工人阶级的犹太人家庭,弗里德曼是家中第四个孩子,也是唯一的男孩。他16岁前完成高中,凭奖学金入读罗格斯大学。原打算成为精算师的弗里德曼最初修读数学,但成绩平平,1932年取得文学士,翌年他到芝加哥大学修读硕士,1933年芝加哥大学硕士毕业。上第一堂经济课时,座位是以姓氏字母编排,他紧随一名叫罗斯的女生之后,两人6年后结婚,后来罗斯也成为著名的经济学家。弗里德曼曾说他的作品无一不给罗斯审阅,更笑言自己成为学术权威后,罗斯是唯一敢跟他辩论的人。当弗里德曼病逝时,罗斯说:"我除了时间,什么都没有了。"毕业后,弗里德曼曾为罗斯福新政工作以求糊口,辗转间他到哥伦比亚继续修读经济学,研究计量、制度及实践经济学。弗里德曼在威斯康星大学任教了一小段时间,但由于在经济学系里碰上了反犹主义者的阻挠而只得返回政府部门工作。1941至1943年,他出任美国财政部顾问,研究战时税负政策,曾支持凯恩斯主义的税负政策,并且也确实协助推广了预扣所得税制度。在他的自传中,弗里德曼曾描述为罗斯福新政工作时的思想,"当时我是一个彻底的凯恩斯主义者"。但后来弗里德曼对于经济政策的看法逐渐有了转变,他在芝加哥大学成立"货币及银行研究小组",发表《美国货币史》鸿文。当时他挑战主张凯恩斯主义的著名经济学家的观点,抨击他们忽略货币供应、金融政策对经济周期及通胀的重要性。

弗里德曼的理论具有两个重要特点:坚持经济自由,强调货币作用。他旗帜鲜明地反对凯恩斯的政府干预思想。弗里德曼认为,在社会经济的发展过程中,市场机制的作用是最重要的。市场经济具有达到充分就业的自然趋势,只是因为价格和工资的调整相对缓慢,要达到充分就业的状况可能需要经过一定时间。如果政府过多干预经济,将破坏市场机制的作用,阻碍经济发展,甚至造成或加剧经济的动荡。他还强烈地抨击凯恩斯所倡导的财政政策。弗里德曼认为,在货币供给量不变的情况下,政府增加开支将导致利率上升,利率上升将引起私人投资和消费的缩减,从而产生"挤出效应",抵消增加的政府支出,因此货币政策才是一切经济政策的重心。

20世纪70年代的经济滞胀为货币主义学派带来了大展宏图的历史机遇。长期实施凯恩斯主义的扩张性经济政策终于给西方经济带来了恶果。70年代之后,各国的经济发展缓慢下来,赤字越来越大,失业越来越多,通货膨胀率越来越高。在这种经济形势下,经过10多年发展起来的货币主义学派选择了通货膨胀为主要靶子,提出了以稳定货币、反对通货膨胀为中心内容的一系列政策主张。与其他经济学家不同,弗里德曼把通货膨胀的责任完全归到了政府的身上。弗里德曼认为,根治通货膨胀的唯一出路是减少政府对经济的干预,控制货币增长。控制货币增长的方法是实行"单一规则",即中央银行在制定和执行货币政策的时候要"公开宣布并长期采用一个固定不变的货币供应增长率"。

由于这些政策主张顺应了西方经济在新形势下发展的需要,因此赢得了许多的赞同者和追随者,并且得到官方的特别赏识。1979年,以撒切尔夫人为首相的英国保守党政府将货币主义学派理论付诸实施,奉行了一整套完整的货币主义政策;美国里根总统上台后提出的"经济复兴计划"中,也把货币主义学派提出的制定一种稳定的货币增长政策作为主要项目。货币主义学派一时声名鹊起,被普遍看作凯恩斯学派的替代者,弗里德曼更是被称为"反通货膨胀的旗手"。他在芝加哥大学担任经济学教授直到1976年,在这30年里他将芝加哥大学的经济系塑造成一个紧密而完整的经济学派,被称为芝加哥经济学派。在弗里德曼的领导下,多名芝加哥学派的成员获得诺贝尔经济学奖。他在1953—1954年间以访问学者的身份前往英国剑桥大学任教。从1977年开始,弗里德曼加入了斯坦福大学的胡佛研究所。弗里德曼在1988年取得了美国的国家科学奖章(National Medal of Science)。弗里德曼于2006年11月16日在旧金山家中因心脏病发作引致衰竭逝世。

第三节 马克思的货币需求理论

一、马克思货币必要量理论

马克思的货币需求理论也称为马克思的货币必要量理论。在马克思的论著中,虽然没有开设专题专门研究货币需求的问题,但在论及劳动价值理论、商品流通与货币流通的关系以及对传统货币数量论的批判等有关的章节中,却对货币需求理论有精辟的论述。其主要论点如下:第一,马克思的货币需求理论集中反映在客观的货币必要量理论上。第二,马克思认为金币流通条件下执行流通手段的货币必要量取决于商品价格总额和货币流通速度。第三,金币流通规律及调节理论揭示了商品流通决定货币流通的基本原理,但有条件的限制。第四,纸币流通规律揭示了纸币流通中的货币必要量及其决定因素,是剖析信用货币条件下货币供求问题的锐利武器。

马克思从货币的功能及对经济的作用入手论述货币理论。概括起来,主要有以下几点:

(1)商品流通决定货币流通,货币流通的基础和前提是商品流通,货币流通从属于或依附于商品流通。货币流通对商品流通也有一定的反作用。它科学地揭示了流通中为什么需要货币,货币流通应遵循什么样的基本规律。

(2)一定时期内,社会对执行流通手段职能的货币需求量取决于三个基本的因素,即商品可供量、商品的价格水平和货币流通速度。

马克思的货币必要量理论集中表现在其货币流通规律公式中,即:

$$执行流通手段职能的货币需要量 = \frac{商品可供量 \times 商品价格水平}{货币流通速度}$$

这一规律也可以表述为："货币的流通手段需要量取决于流通商品的价格总额和货币流通的平均速度。"

很明显,公式所反映的基本关系是商品的价格决定流通所需的货币量,而不是相反。因为,价格是货币流通的前提,没有价格就谈不上货币的流通。马克思说:"商品只有事先观念地转化为货币,即获得价格规定,表现为价格,才能实际地同货币相交换,转化成货币。因此,价格是货币流通的前提,虽然价格的实现表现为货币流通的结果。"

(3)在考察了货币的支付手段职能之后,马克思认为,由于支付手段的实现会引起对货币需求量的增加,在货币周转速度不变的条件下,一定时期到期支付的总额越多,对货币的需求也就越多。也就是说,一定时期的货币需求量是由货币的流通手段需要量和货币的支付手段需要量共同构成的,"现在我们来考察一定时期内的流通货币总额。假定流通手段和支付手段的货币流通速度是已知的,这个总额就等于待实现的商品价格总额加上到期支付总额,减去彼此抵消的支付,最后减去同一货币交替地时而充当流通手段,时而充当支付手段的流通次数。"即:

$$\text{流通中所需货币量} = \frac{\text{待实现的商品价格总额} - \text{延期支付总额} + \text{到期支付总额} - \text{彼此抵消支付}}{\text{货币的流通速度}}$$

马克思货币需要量公式有重要的理论指导意义,它揭示了决定货币需求量的本质,反映了货币需求的基本原理。但应该看到,马克思不是专门研究货币需求量问题的,他是在分析货币本质时揭示出货币需求量这一著名公式的,而且这一公式又是以研究金属货币为对象。因此,在研究现代经济,具体运用这一公式时必须考虑一些新的因素:

第一,在信用经济非常发达的今天,信用货币成为流通中的主体。在这种情况下,货币供应量不会自发地去适应客观经济对货币的需求,实际流通的货币量经常与货币需要量发生差异,大量地表现为货币供应量大于货币的需求量,这样必然引起商品价格上涨,反过来过多的货币供应量,也会因为商品价格上升,而使多出部分的货币被吸收,又成为增加货币需求的因素,这种货币供应对货币需求的反作用,在金属货币流通条件下不会出现,而在信用货币流通条件下却不容忽视。

第二,马克思的货币需要量计算公式,只是理论的概括,表明事物的本质特征,它不是一个算术公式,也不应用这个公式计算的数字简单地去确定实际的货币需要量,那样就把复杂问题简单化了,这会影响到对事物本质的把握。

第三,马克思所揭示的货币需要量公式是科学的,但随着经济的发展、经济环境的变化,以及经济管理工作越来越细致的要求,对马克思货币需要量公式的研究应不断地深化,不断地丰富和发展。

二、马克思货币需求理论与西方货币需求理论的比较

(一)马克思货币需求理论与古典货币数量论的比较

从理论基础来看,马克思的货币需求理论与古典货币数量论有着本质区别。马克

思的货币需求理论以劳动价值论为理论基础,认为货币是充当一般等价物的特殊商品,具有价值和使用价值,其价值是在进入流通之前就已经决定了的,货币的数量取决于交换中商品的数量和价格水平,在这里,商品流通是第一性的,货币流通是第二性的。古典货币数量论是以货币名目为理论基础,认为在进入流通之前,货币没有价值,商品没有价格,商品的价格由进入流通的货币数量与商品数量的对比来决定。在其他因素不变的情况下,货币数量的变化,将引起价格水平的同比例变化,在这里,作为商品流通因素的价格无论发生了什么变化,无论是流通原因还是生产原因,都被归结为一点,即货币数量的变动,这显然与马克思的货币需求理论有本质区别。具体来说,货币必要量理论的前提及与费雪交易方程式的区别主要有:

第一,货币必要量理论以劳动价值论为基础,商品价格总额是一个既定的值,并由此决定货币的必要量。交易方程式中的物价完全取决于流通环节,表现为一个完全由货币量决定的因变量。

第二,马克思的研究总是以黄金作为货币来进行的,金属货币具有蓄水池功能,能自发调节货币流通。

第三,马克思对于货币必要量的研究是基于简单商品流通这一前提的。

在承认上述本质区别的同时,还应该看到二者的共同点,那就是马克思的货币流通规律公式与古典货币数量论,特别是现金交易方程式,在揭示货币需求的决定因素方面是基本一致的。这可以从费雪的现金交易方程式和马克思的货币流通规律公式的形式上反映出来。他们都指出了货币需求的大小受交易金额的制约,交易规模越大,则货币需求量越大。

(二)马克思的货币需求理论与凯恩斯学派和货币主义学派的比较

第一,从研究的角度来看,马克思把货币作为商品交易的手段,从商品流通对货币的需求即货币需求客体的角度研究货币需求问题,因而马克思的货币需求是货币的交易需求;而凯恩斯学派和货币主义学派把货币视为资产或财富的持有形式,从货币需求主体即社会公众持币动机、行为的角度研究货币需求问题,因而货币需求不仅包括交易需求,同时还包括资产需求。

第二,从决定因素看,马克思认为货币需求数量取决于商品数量、价格水平和货币流通速度三个因素及其变动;在凯恩斯学派的货币需求理论中,由于货币需求范围扩大,并加进了人们的资产选择因素,这样就使决定货币需求的因素不仅包括决定交易规模的收入水平,还包括影响人们资产选择行为的利率;在货币主义学派的货币需求理论中,由于把货币视为持有财富的一种形式,因而在货币需求函数中,不仅包括收入、货币的效用,还包括各种财富的收益率或报酬率。

第三,在马克思的货币流通规律公式中,货币流通速度与商品数量及价格水平是三个决定货币需求量的因素;凯恩斯虽然没有把货币流通速度直接引入货币需求函数中,但他认为利率作用的结果,最后还是反映在货币流通速度上;同凯恩斯一样,弗里德曼也没有把货币流通速度直接引入他的货币需求函数,但他在证明其货币需求函数具有稳定性时,曾将货币需求函数变形为货币数量说的形式,并指出货币流通速度是一个多变量的函数,它对货币需求的影响是稳定的。从对货币流通速度的研究这一点来看,马克思的货币需求理论与凯恩斯学派和货币主义学派的货币需求理论还是有相同之处的。

马克思对货币需求的分析是以简单商品流通为前提的,所以,货币与社会再生产的关系、银行、信用制度等没有被纳入考察的视野。作为一种高度的理论抽象,舍掉银行、信用、利率等因素对货币需求的影响,在简单商品流通条件下,货币需求数量取决于商品数量、价格水平和货币流通速度。它揭示了货币流通的客观规律,在今天仍具有重要的指导意义。

第四节 我国的货币需求分析

我国经历了漫长的封建社会,市场经济一直很不发达。封建统治者的为所欲为,严重扭曲了人们对金钱和财富的认识。新中国成立以后,我国又有相当长一段时间实行了计划经济体制,再一次将国内已经起步的资本自我积累过程打断。我国从 1978 年开始了经济体制改革,到 1992 年开始建立社会主义市场经济体制。我国在这期间一直都处于体制变动与转轨时期,制度变迁是货币需求潜在而又重要的解释变量,这导致人们所能发现并得到普遍认同的与货币需求保持长期均衡而又稳定关系的解释变量少之又少,货币需求函数以及货币需求本身可能都是不稳定的。所以,重要的不仅是分析某一特定阶段的货币需求函数,还包括如何发现在体制转轨、制度变迁中影响货币需求的解释变量本身的变动,分析货币需求函数变化的一般趋势。

一、我国体制转轨背景下的货币需求变动

体制转轨中最引人注目的变革是社会产权重组或所有制改革和相应的分配制度变革。这一社会巨变彻底改变了社会财富、社会资本的结构,也改变了人们的利益关系和社会产品的流转过程。原有计划体制中的产品调拨、统购统销的物流机制被普遍的商品市场的交换机制所取代。伴随市场机制不断深化、发展,原先被阻断的市场价值形成与实现机制得以恢复,产生于商品生产、商品交换的货币职能也重新复归:货币在计划体制下的职能退化为一种记账单位、一种几乎丧失价值、价格内涵的纸制符号,在向市场体制转轨过程中货币逐渐凸现出其价值尺度、交易媒介和价值储藏功能。

在我国传统的计划体制中货币需求基本上是货币供给的一个被动的结果,或者,货币需求外生于货币供给。因为一方面,由内在机制决定货币需求的基础——货币职能——被窒息,另一方面,货币需求主体的经济关系、经济变量被扭曲,例如收入分配、价格、利率等。更为严格地讲,在计划体制下,家庭、企业很少(或没有)形成经济剩余,也不是进行独立决策的经济单位,从而只能依附于政府或者国家,银行则成为国家的出纳机构,金融交易活动基本上被禁止。从而,计划体制下不存在典型地进行资产组合选择的货币需求主体。这一切在市场运行过程中必然被重新安排:

第一,随着财富积累向居民、企业部门转移,居民与企业在交易动机不断强化基础上依次产生预防、投机性货币需求动机,因而也就具备了影响货币需求变动的微观基础,货币需求由外生于货币供给逐渐转化为一种内生机制。在体制转轨过程中,金融部门的重组、改革也不断得到强化,商业银行等金融组织从大一统金融体制中蜕变与分离出来。20世纪80年代以后,中央银行独立于商业金融机构,商业银行一方面联结中央银行(货币供给源头)与生产、消费体系(货币需求方),另一方面与证券、保险等金融机构构成除企业、家庭之外的重要的货币需求主体。

第二,国家满足货币需求的渠道发生变化。政府支出规模及其占国民经济总量的比例在经济发展中趋于上升,但在分配格局变动中政府赤字也相应增加。除政府支出规模直接影响交易性货币需求以外,在新的中央银行制度约束下,财政赤字不能通过向中央银行透支弥补,而主要通过发行国债筹资,这必然影响市场资金利率,从而影响货币需求的机会成本变量。从另一角度观察,国家债务成为影响微观经济单位选择资产组合的一个主要因素,由国家信用担保的政府债券的利率近似于无风险利率,被作为资产组合收益率的一种基本标度。以国债作为主要交易工具的公开市场也成为货币供给与货币需求、财政与金融、中央银行与金融机构、企业及家庭之间的重要结合平台,构成货币均衡动态中的重要枢纽。

第三,我国在体制转轨过程中对国际市场、国际交换的参与不断加强,国际借贷、跨国直接投资与证券投资等不同形式的资本流动必然影响货币需求,人民币境外流通以及不同国家、地区间利率、通货膨胀率和汇率的差异与变动也诱使货币替代的规模与频率增加,从而导致影响货币需求的变量增加,货币需求趋于不稳定。

第四,金融市场对内、对外开放的拓展和新金融工具的涌现,使资产选择空间扩大,货币的替代资产增加,传统的在货币资产和消费之间的组合选择转向在具有不同流动性、风险和收益率的系列资产和消费之间的选择。体制转轨使价格水平以致市场利率波动性增强,货币需求的机会成本变量也趋于复杂多变。此外,交易性货币需求已不限于商品和实物资产市场,由金融交易产生的货币需求也呈迅速增长态势。

二、我国货币需求的决定因素

决定和影响我国货币需求的主要因素可以从宏观和微观两个角度进行分析。

(一)宏观角度

(1)全社会商品和劳务的总量。商品和劳务的供给量越大,对货币的需要量就越多;反之,则越少。

(2)市场商品供求结构变化。商品供给一方面取决于产出的效率和水平,另一方面又受制于人们对它的需求,只有真正满足人们需要的商品供给,才会产生真实的货币需求。商品供求结构在经常发生变化,因而货币需求也随之发生变化。

(3)价格水平。对商品和劳务的货币支付总是在一定的价格水平下进行的,价格水平越高,需要的货币就越多;反之,则越少。

(4)收入的分配结构。在现实经济生活中,货币需求实际上是各部门因对其所分配到的社会产品或收入进行支配的需要而发生的。收入在各部门分配的结构,必然决定货币总需求中各部分需求的比重或结构。

(5)货币流通速度。货币流通速度越快,单位货币所实现或完成的交易量就越多,完成一定的交易量所需要的货币就越少;反之,货币流通速度越慢,需要的货币量就越多。

(6)信用制度的发达程度。信用制度和信用工具越发达,对货币的需要量将越少。

(7)人口数量、人口密集程度、产业结构、城乡关系及经济结构、社会分工、交通运输状况等客观因素。如:人口密集地区,货币需求量就大;人口的就业水平提高,货币需求就会增加;生产周期长的部门占整个产业部门的比重大,资金周转慢,对货币的需求量就大;社会分工越细,进入市场的中间产品越多,经营单位也越多,货币需求就越大;交通、通信等技术条件越好、货币支付所需的时间越短,货币周转速度越快,对货币的需要量就越少,等等。

(二)微观角度

(1)收入水平。家庭和个人一定时期内的收入水平,机关、团体的收入水平,企业的收入水平是决定他们为各种交易和财富储藏,为各种营业活动开销而持有货币的首要因素。一般来说,收入水平越高,以货币形式保有资产总量也就越多。

(2)收入的分配结构。在收入既定条件下,收入的分配结构不同,将影响持币者的消费与储蓄行为,由此对交易和储藏的货币需求发生一定影响。如:一个家庭或个人,原来以工薪为主要收入来源,后又加进了额外劳动报酬等其他收入,使其收入结构发生变化,这种变化就可能使他原来的货币需求数量和结构发生变化,如减少用于购置商品的货币需求,增加用于预防或投资谋利的货币需求等;又如:一个企业的收入分配中,当改变了原有的上交税金、支付职员报酬、支付股息、提取公积金等各部分比例后,其货币需求也受到相应的影响。

(3)价格水平及其变动。这一般是市场供求状态的反映,即商品供不应求时,价格趋于上升;供过于求时,价格趋于下降。这种市场供求状态对货币需求的影响,主要是通过改变人们的预期而产生的。如:商品供应短缺,会使人们产生物价上涨预期,要求以实物代替货币,用于储藏的货币需求减少。

(4)利率和金融资产收益率。银行存款利率、债券利率、股票收益率等金融资产收益率的存在,使持有货币产生了机会成本,利率和各种资产的收益率越高,持有货币就越不划算,因而会减少货币需求;反之,货币需求会增加。

(5)心理和习惯等因素。如人们的消费倾向上升时,对应于交易活动的货币需求就会上升;越来越多的单位和个人习惯于运用支票账户来完成其收付活动时,货币周转速度就会提高,货币需求量就会减少。

影响货币需求变动的各因素对货币需求的模型化研究,以及货币供给调控可以提供理论指向和大致的分析框架。一些学者对中国货币需求问题做了计量与实证分析,迄今为止,关于规模变量以及价格水平对货币需求的影响容易取得一致,对其他解释变量如何影响货币需求的结论并未取得统一,甚至存在明显分歧。这种情况与西方学者的研究现状颇为相似。

大量研究表明,改革开放以后到20世纪90年代末,我国交易性货币需求与物价指数有较稳定的正向变化关系,伴随着预期通货膨胀率上升,人均货币需求降低。对利率最为敏感的投机性动机在我国还远远不够强烈,人们的收入水平还不足以使交易、预防需求对利率作出较敏感反应。有关分析表明交易性货币需求在居民收入水平越过温饱线后对实际利率作出反应;预防性货币需求在收入水平越过温饱线的差额达到一定高度时才与利息率存在反向变动关系。我国90年代以来股票市场成长较快,股票价格对长期实际货币需求具有显著的、正的财富效应,货币化进程已不再是影响货币需求的主要因素。相关研究还表明,中国货币需求波动的主要原因是利率结构变化和通货膨胀冲击的结构变化。国内对货币需求的研究目前还没有将居民对收入、支出预期的不确定性和金融创新、金融交易规模等影响因素引入解释变量。对我国来说,这些变量的内容和表现形式尤为重要,科学地探索并设定这些变量无疑将大大推进中国货币需求的研究。

三、货币需求不稳定的冲击性因素

我国在体制转轨过程中,货币需求具有不稳定性,对变量关系稳定性造成冲击的各种因素主要有货币化趋势、非国有经济比重、价格自由化程度和金融创新。

(一)货币化趋势

针对中国经济改革过程中货币供应的增长率持续高于经济增长率和通货膨胀率之和的现象,在20世纪90年代初期,旨在突出经济货币化因素的货币需求理论得到广泛的认同。我国作为一个经济转型国家,在相当长的转型过程中,经济可以分解为两部分:货币化部分和非货币化部分。货币化部分即以货币为媒介实现交易的部分,非货币化部分则是指不以货币为媒介实现交易的部分。在传统农业社会中,大部分的生活和生产活动是自给自足的,使用货币的交易行为相对较少;在计划经济中,投资品大量通过政府调拨方式进行,消费品也更多表现为实物补贴,使用货币的交易行为也较少。随着经济体制改革的逐步推进,计划经济的成分在持续减少,经济交换和支付的方式发生转变,货币交易的范围越来越大。农业在经济中的比重迅速下降,农村中的市场交易行为不断增多,货币交易在经济交易系统中的占比越来越大。我国在20世纪80年代初至90年代中期,由于计划经济的实物分配逐步取消和农村非农产业的发展以及城市化水平的提高,货币化假说对我国改革初期货币需求的超常增长有着较强的解释力。

(二)非国有经济比重

在计划经济体制下,国有企业一统天下,全社会的国有企业实行物资和原材料的调拨分配,企业并不需要市场交易,从而对货币需求较低。国有企业完全实行统收统支、统购包销的计划生产体系,企业毫无生产经营主动性可言。在这种条件下,企业没有独立的货币需求动机。但是,随着经济体制向市场经济转变,非国有经济部门迅速发展,非国有经济部门的生产经营独立性增强,市场的不确定性加大,非国有经济部门内部及其与国有经济部门之间的交易愈发频繁,从而导致货币需求增加,并改变货币需求原有的变量关系。当然,随着国有经济的改革,原来的国有国营已普遍得到调整,国家对经济活动直接组织的比重很小,国有企业普遍建立起归属清晰、权责明确的现代产权制度,国有企业与非国有企业在货币需求方面的差异已趋于缩小,该因素对货币需求的冲击效应也就相应下降。

（三）价格自由化程度

实物资产按其价格决定方式通常可以分为市场定价的实物资产和国家定价的实物资产两类。其中,国家定价的实物资产预期收益率（即通货膨胀率）是确定的,而市场定价的实物资产预期收益率则受到市场因素的影响而不确定,因而具有一定的风险。那么,实物资产的价格自由化程度越高,即市场化定价比例越高,则实物资产总预期收益率的风险程度越高,这样会促使公众在资产组合中增加对风险因素的考虑,从而更倾向于持有货币,这就意味着货币需求的原有变量关系发生改变。有学者针对我国改革开放以来价格自由化程度不断提高的情况,将价格自由化程度（以非国家定价零售商品价值占总商品价值比重衡量）引入到货币需求函数中,发现该变量对货币需求具有较强的解释力。

（四）金融创新

相对而言,在转型经济体中,随着经济体制由计划经济向市场经济转变,货币化趋势、非国有经济比重、实物资产的价格自由化程度作为制度变量呈不断上升趋势,有可能构成了货币需求变量关系的冲击因素。在市场经济体中,由于制度变革趋于稳定,货币化趋势、价格自由化、非国有经济比重等变量对货币需求的影响减小,但是,金融创新所导致的新型替代资产的出现,将改变替代资产结构进而对货币需求的变量关系造成较大影响。西方市场经济国家在 20 世纪 80 年代之后,受金融自由化的影响,金融部门的技术创新和产品创新非常迅速,计算机也在企业和家庭中普遍使用,使得更有效的资金管理成为可能。电子银行、网络银行得到迅速发展,改变了现有资产的流动性,支票存款和一般存款之间的流动性差异变得很模糊。同时,金融创新也使新的金融资产不断涌现。新型替代资产可能会改变原有替代资产结构,从而改变货币需求中原有的变量关系。国外有学者研究指出,美国在 1981 年引入 NOW 账户（即一种附息可开立支票存款账户）并纳入 M1 统计口径,导致了 M1 需求函数中的收入弹性和利率弹性变大。加拿大自 1979 年起引入 M1 的新替代资产——附息支票通知存款,也使得 M1 需求函数发生改变。

每一种金融创新,都存在一个公众学习认知的阶段,并引起货币需求函数在一定时间内发生变动。中国在改革开放的初期,由金融创新而导致的新型替代资产较少,金融资产结构较为单一,金融创新这个因素的冲击效应往往不很显著。但是,随着改革的推进,制度因素虽然仍会起作用,但其效应有可能减弱,一般趋势性因素的冲击效应有可能增强。加之我国加入世界贸易组织后,金融业对外开放的进程大大加快。随着外资银行的进入,金融业竞争的加剧,以及利率市场化的实质性推进,我国金融创新的步伐加快,水平明显提高,金融创新作为一种趋势性因素将成为货币需求研究的重要内容。

【本章小结】

货币需求是指社会各部门在既定的收入或财富范围内能够而且愿意以货币形式持有的数量。

传统货币数量说是指以货币的数量来解释货币的价值或一般物价水平的一种理论。

包括费雪的现金交易说和剑桥学派的现金余额说。费雪方程式——$MV=PT$，认为流通中的货币数量对物价具有决定性作用，而全社会一定时期一定物价水平下的总交易量与所需要的名义货币量之间也存在着一个比例关系 $1/V$。剑桥方程式——$M=KPY$，认为货币需求是一种资产选择行为，它与人们的财富或名义收入之间保持一定的比率。

凯恩斯提出的货币需求的三大动机指交易动机、预防动机、投机动机。凯恩斯货币需求理论认为货币需求与收入成正比、与利率成反比。

鲍莫尔和惠伦等人对凯恩斯货币需求理论进行了修正，认为交易性货币需求和预防性货币需求同样对利率的反应很敏感。

托宾把凯恩斯的投机动机具体化，以风险因素为中心分析了利率和风险对货币投机需求的影响。

弗里德曼认为货币需求是一个由多种变量决定的函数。货币是一种资产，是保持财富的一种方式，因此货币需求函数由总财富和各种不同形式财富的报酬率决定。货币需求函数是稳定的。

马克思认为，一定时期内，社会对执行流通手段职能的货币需求量取决于三个基本的因素，即商品可供量、商品的价格水平和货币流通速度。

我国在体制转轨过程中，货币需求不断变化，同时我国的货币需求解释变量也具有一定的特征。我国的货币需求函数具有不稳定性，对货币需求稳定性造成冲击的各种因素主要有货币化趋势、非国有经济比重、价格自由化程度和金融创新。

【思考与练习】

1.名词解释

交易动机　谨慎动机　投机动机　恒久收入　流动性陷阱　人力财富

2.怎样理解货币需求的含义？

3.现金交易说和现金余额说的区别有哪些？

4.如何理解凯恩斯的货币需求理论？

5.阐述凯恩斯学派货币需求理论的发展。

6.如何理解货币主义学派的货币需求函数？

7.影响我国货币需求的主要因素有哪些？

第8章 货币供给

学习内容与要求：

掌握货币供给和货币供应量的定义；掌握基础货币和货币乘数的概念和相关计算；掌握信用创造货币机制和信用扩张、存款派生机制；了解货币供给理论，包括凯恩斯及凯恩斯学派、新古典综合派、货币主义学派、新经济自由主义学派对货币供给理论的分析及比较；了解我国的货币供给。

第一节　货币供给概述

一、货币供给的定义

货币供给，亦称货币供应。它是一个存量概念，而不是一个流量概念。即它是一个时点的变量，而不是一个一定时期的变量。通常情况下，各个国家按货币的流动性程度将货币划分为不同的货币层次，作为其对货币供给的度量和管理的依据，不同层次的货币对一国经济产生影响的程度是不同的。一个国家的货币供给总量影响着商品价格、就业和经济活动水平，以及货币本身的价值。货币供给的变化是由中央银行、商业银行等金融机构以及公众的行为引起的。一般来说，一国的中央银行垄断货币发行权，它发行的货币具有无限清偿能力，在一切交易中可以无限制地使用。商业银行的活期存款占货币供给的绝大部分，它包括原始存款和派生存款。原始存款是居民个人和企业在商业银行的现金存款，派生存款是商业银行系统由原始存款通过吸收存款、发放贷款而创造的存款，派生存款增加了货币供给总量。中央银行通过对存款准备金率的规定来影响存款货币的创造。货币供给不仅是一个重要的货币理论问题，也是一个涉及货币控制和管理政策的重大实践问题，世界各国对货币供给都给予了高度的重视。

一般来说，货币供给指银行系统通过信用活动向生产和流通过程注入货币的经济行为。理解这个定义需要掌握以下几个要点：

（一）货币供给是向生产和流通过程注入货币

生产和流通过程需要货币作为润滑剂和血液才能正常进行。在古代，甚至出现过因货币无法满足生产和流通的需要而导致社会经济出现梗阻的现象。北宋初期,在五代十国长达半个多世纪的封建政权割据局面结束后,社会生产得到恢复和发展,商品贸易活动日见繁荣,市场对钱币的需求量骤增。另外货币供不应求的状况,自唐末以来就已存在,至宋代进一步恶化,以致宋王朝从建国时便面临着货币供给不足的局面。宋太祖在即位之初,为维持其统治地区内的货币流通,曾颁布法令,禁止铜钱入两川,给蜀地的商品贸易活动,造成诸多不便,商品货币矛盾更趋尖锐。可见,向生产和流通过程注入货币有多重要。

在古代,由于信用的局限,人们能普遍接受的货币只能是贵金属。而贵金属的供给量受贵金属产量的限制。所以,能注入生产和流通过程的货币数量极其有限。货币供给不足是经常困扰古代社会统治者的一个难题。这个问题,直到现代信用体系建立后,才得到解决。

(二)注入货币是通过信用活动实现的

前面已经提到,货币供给是在普遍的信用体系建立后才发生变化的。这种变化主要表现在货币的供给摆脱了贵金属生产的制约,可以自由增长。

信用体系引起货币形态的变化——纸币的出现便是代表。北宋时期,我国就已经出现了一种名叫"交子"的纸币。但是真正的纸币却是在西方现代银行出现以后才大范围流通。纸币的出现,以及银行体系的信用功能创造,使货币不再局限于贵金属。

现代经济中货币的注入,如央行发行纸币本身就是信用的一种体现;而银行系统也可以通过借贷活动创造货币,这也是通过信用活动实现的。

(三)货币是广义的

有了信用后,货币供给的对象不再是现金,不必是真金白银。只要能充当支付手段、流通手段的信用凭证,都可以充当货币使用。例如,人们签出的支票、汇票、本票、期票、银行的大额存单等,商业银行的定期存款、储蓄和贷款协会及互助储蓄银行的存款,甚至还包括储蓄债券、短期政府债券等现金流动资产。从广义上说,这些都属于货币供给的范畴。一般从狭义上说,货币供给由流通中的纸币、铸币和活期存款构成。

二、货币供给的主体

在远古时代,货币供给是自然的事情。人们将羊、贝壳甚至石头充当货币用于交换。后来逐渐专用贵金属充当货币。直到这时,货币的供给仍然是市场的职责。贵金属生产多一些,就会出现钱轻货重的现象,而当贵金属生产不足时,就会出现货轻钱重的现象。这种状况一直延续到封建社会早期。当政府开始统一货币时,货币供给的权力便从市场自发力量那里转到了政府的手中。

政府充当货币供给者后,显著的一个事实就是,政府常常用自己手中的货币发行权为自己的利益而无限制地发行货币。一旦政府的财政出现困难,甚至不需要任何理由,政府就会增加货币供给。增加货币供给对于政府有什么利益呢?最显著的一个利益就是"铸币税"。那么什么是"铸币税"?

如果政府主持铸造不足值货币,这种货币由于是政府发行的,所以通常都能被公众所接受,所以仍然能够像足值货币一样流通。而货币的不足值部分显然能够给货币发行者带来可观的利益。例如,1 英镑原值是 1 磅黄金。为了流通方便,政府用 1 磅黄金铸造硬币。但是人们很快就发现,当 1 英镑铸币磨损后,仍然可以充当 1 英镑使用。如果这时又遇上流通中货币不足,或政府收入不足,政府就会有意识地铸造一些不足值的英镑。假定少了 0.1 磅。这些不足值的英镑会和足值英镑一样流通。政府当然不会将货币无偿地投入市场,它发行货币必须从市场上换回等值的商品。这时政府实际上是用 0.9 磅黄金换回价值 1 磅黄金的商品。民众却在这种交换中损失了 0.1 磅价值。这部分损失被经济学界称为"铸币税"。

货币发行权及其可能带来的利益,曾经引发民众与当局激烈对抗。政府大量发行货币会导致通货膨胀,从而引发其他的经济问题,所以,现在拥有货币发行权的中央银行一般具有一定的独立性,禁止为弥补财政赤字发行货币。

三、货币供给的实现过程

现代货币供给是怎样实现的呢？现代银行体系和信用体系产生后,货币供给发生了很大的变化。前面章节中我们已经了解了银行信用扩张的过程,在现代银行和信用体系已经形成的条件下,货币供给实际上包括银行的信用扩张过程。也就是说,在中央银行与商业银行的二级银行体制下形成的货币供应是:中央银行通过负债形成基础货币,通过整个商业银行系统的运作,扩大为几倍于基础货币的货币供应量。货币供应量的理论模型如下:

$$M = K_m \times B \hspace{4cm} 式 8.1$$

其中:M 代表货币供应量;K_m 代表货币乘数,即中央银行形成的一单位基础货币能使货币供应量扩张的倍数;B 代表基础货币。

那么,什么是基础货币呢？或者说,基础货币是由什么构成的呢？

(一)基础货币

一般地说,基础货币是由商业银行的存款准备金和流通中的现金构成的。基础货币有四个特点:(1)它是中央银行的负债;(2)它的流动性很强,持有者可以自主运用,是所有货币中最活跃的部分;(3)它运动的结果能够产生数倍于其自身的货币量;(4)中央银行能够控制它,并通过对它的控制来实现对货币供给的控制。

仔细了解一下中央银行的资产负债业务,或许有助于我们对这个问题的理解。央行的资产负债业务可由央行的资产负债表给出。中央银行的资产负债表基本内容见表 8-1。

表 8-1 中央银行的资产负债表

资　　产	负　　债
贷款	流通中的现金
政府债券	商业银行的存款准备金
黄金及外汇储备	政府存款
其他资产	其他负债

表 8-1 告诉我们,基础货币即商业银行的存款准备金和流通中的现金是属于中央银行的负债,由于资产负债表的平衡性,基础货币的大小受到资产负债表其他组成部分的影响,因此,中央银行资产负债表中任何一个项目的变化都会引起基础货币量的变化。

受制于中央银行的资产数量,也可以认为基础货币是经由中央银行的资产业务渠道形成的,即包括三个部分:对商业银行的再贴现和再贷款、对财政部门的借款、黄金及外汇储备。

(二)基础货币投放的渠道

基础货币是中央银行直接控制的,中央银行增加基础货币的途径有七个:(1)中央银行向商业银行提供贷款;(2)中央银行收兑黄金;(3)中央银行收兑外汇;(4)中央银行对财政透支;(5)中央银行买进有价证券;(6)中央银行对票据再贴现;(7)中央银行支付利息。下面我们分析几种中央银行改变基础货币的情况:

1.证券持有

假定中央银行从 A 银行购买 100 万元的证券,当 A 银行把出售证券而收到的 100 万元支票存入自己在中央银行的账户上时,A 银行的储备增加 100 万元,中央银行和 A 银行账户列示如下:

中央银行		A 银行	
资　产	负　债	资　产	负　债
证券　+100	存款准备金　+100	证券　　　－100	
		存款准备金　+100	

假定中央银行从个人张三那里购买 100 万元证券,付给张三现金,那么中央银行与张三的账户列示如下:

中央银行		张三	
资　产	负　债	资　产	负　债
证券　+100	流通中现金　+100	证券　　－100	
		现金　　+100	

第一种情况,即中央银行从 A 银行那里购买证券,结果是存款准备金增加 100 万元;第二种情况,即中央银行从张三那里购买证券,结果是现金增加 100 万元,存款准备金和现金都是基础货币,结果都是基础货币增加 100 万元。

2.再贷款

假定中央银行向 A 银行发放 100 万元的再贷款,并将贷款金额划入 A 银行的存款账户,中央银行和 A 银行账户列示如下:

中央银行		A 银行	
资　产	负　债	资　产	负　债
贷款　+100	存款准备金　+100	存款准备金　+100	再贷款　+100

结果是:再贷款使基础货币增加 100 万元。

3.收购黄金及外汇

在我国，黄金及外汇的收购是由中央银行代理的，因此收购资金直接来源于中央银行。如果中央银行向 A 银行收购 100 万美元的外汇，支付 700 万元人民币，那么中央银行和 A 银行账户列示如下：

中央银行		A 银行	
资　产	负　债	资　产	负　债
外汇　＋700	存款准备金　＋700	外汇　　　　－700	
		存款准备金　＋700	

结果也是基础货币的增加。

减少基础货币的因素与增加基础货币的因素是一样的，只不过作用方向相反罢了。

第二节　货币乘数

货币乘数是货币供给量相对于基础货币的倍数。货币供给之所以数倍于基础货币，是由于商业银行信用扩张或派生存款的缘故。下面，我们首先对商业银行的信用扩张进行分析，然后再具体研究货币乘数。

一、商业银行的信用扩张及存款乘数

现代银行的利润来自银行所能争取到的存贷款利息差。一般说来，银行吸收了存款后，会尽可能多地借贷出去。如果吸收 100 元存款，借出 100 贷款，存贷利率差为 1%，则银行可以获得 1 元利息。但是，没有任何一家商业银行敢这样干。因为，它得留下一部分现金，准备应付客户随时会出现的现金取款要求。留下的部分称"准备金"。准备金占吸收存款的比率称准备率。如果准备率为 10%，则吸收 100 元存款后，只能贷出 90 元。银行能够获得存贷利息差就减少为 0.9 元。这对银行来说，是一笔不小的损失。所以，在贷款需求充足时，所有商业银行都会尽可能降低准备率。

中央银行出现后，各国开始注意到准备率对于调节商业银行行为的作用，于是开始用调节准备率的方法来控制商业银行的行为。由央行制定准备率标准，并要求商业银行必须将规定的准备金存入各商业银行在央行的账户。这种由央行制定并控制的准备金称为"法定准备金"，央行规定的准备率称为"法定准备率"。

为了更加清楚简单地描述商业银行体系的信用扩张情况，我们假定在一个拥有无数家银行的银行体系中，银行将所有可贷资金（也就是存款扣除法定存款准备金的部分）都用于发放贷款，同时，假定公众不持有现金，只持有活期存款账户，所有的支付都通过转账完成。

如果活期存款法定准备率为 10%，第一家银行吸收到 100 万元存款，它会立即贷出 90 万元,而将剩下的 10 万元存入央行账户。如果贷款者将贷到的 90 万元存入一家银行或者购买商品将这笔钱转帐到卖家的账户行,则这家银行就获得了 90 万元存款。它也会扣下 10% 的准备金,然后将剩下款项贷出去。如果银行体系拥有无数家银行,存贷行为就会循环下去,直到可贷额趋向于零(见表 8-2),最后我们会发现,因为吸收了一笔 100 万元的原始存款,整个银行体系新增了 1 000 万元的存款。总存款与原始存款之间的倍数关系,我们把它称为存款乘数。

表 8-2　商业银行信用扩张情况

	存　款	法定准备金	贷　款
第一家银行	100	10	90
第二家银行	90	9	82
第三家银行	82	8.2	73.8
⋮	⋮	⋮	⋮
合　　计	1 000	100	900

我们将存款总数设为 D,原始存款设为 D_0,我们可以得到一个等比数列,并且可以为其求和。有

$$D = \sum_{t=1}^{\infty} D_0(1-r_d)^{t-1} = D_0 \frac{1-(1-r_d)^{t-1}}{1-(1-r_d)}$$ 式 8.2

式中,r_d 代表活期存款法定准备金率。

当 t 趋向于无穷大时,很显然 $(1-r_d)^{t-1}$ 趋向于 0。因而,上式可改写为:

$$D = D_0 \frac{1}{r_d}$$ 式 8.3

其中,$\frac{1}{r_d}$ 即为存款乘数,它反映的是原始存款和信用扩张后整个银行体系新增存款总额之间的倍数关系。同时,值得注意的是,因为原始存款和整个银行体系新增准备金总额是等值的,所以,这里的存款乘数也可以看成是准备金和银行体系存款总额之间的倍数关系。

如果我们考虑更一般的情况,即在实际经济运行过程中,人们除了活期存款外会持有现金或定期存款,银行会保留超额准备金等,那么存款乘数会略有不同。

人们持有现金也叫现金漏出或流动偏好,是指由于公众对流动性最好的现金的偏爱所导致的手持现金。现金漏出,对货币供应量的影响相当于准备金增加或准备率提高。假定整个社会的现金漏出率(现金与活期存款的比率)是 k,那么存款乘数为 $\frac{1}{r_d+k}$。

超额准备金是指商业银行及存款性金融机构在中央银行存款账户上的实际准备金超过法定准备金的部分。超额准备金的出现,意味着准备金的增加。如果银行超额准备金比率平均值为 e,并同时考虑现金漏出的话,存款乘数为 $\frac{1}{r_d+k+e}$。显然,在现代银行制度下,人们存款的形式不仅限于活期存款,还包括定期存款等,而定期存款

与活期存款的法定准备金的要求是不同的,定期存款与活期存款的比率也会影响存款乘数,如果定期存款的法定存款准备金率为 r_t,定期存款与活期存款的比率为 t,则存款乘数应为:$\dfrac{1}{r_d+k+e+t\cdot r_t}$。

二、货币乘数的表达

与存款乘数略有不同,货币乘数反映的是货币供给量相对于基础货币的倍数。由于货币供应量有不同的层次,其中 M1 和 M2 是比较常用到的口径,所以我们下面就分析一下在这两个层次上的货币乘数。

我们先考虑 M1 货币层次上的货币供给情况:

货币供给量(M1)＝现金(C)＋活期存款(D)

基础货币(B)＝现金(C)＋总准备金(R)

总准备金(R)＝活期存款法定准备金(R_d)＋超额准备金(E)

$$m_1=\frac{M1}{B}=\frac{C+D}{C+R}=\frac{C+D}{C+R_d+E}=\frac{\frac{C}{D}+\frac{D}{D}}{\frac{C}{D}+\frac{R_d}{D}+\frac{E}{D}}=\frac{k+1}{k+r_d+e} \qquad 式8.4$$

其中,k、r_d 和 e 分别代表 $\dfrac{C}{D}$、$\dfrac{R_d}{D}$ 和 $\dfrac{E}{D}$,分别为现金漏出率、活期存款法定准备金率和超额准备金率。

货币供应量 M1 为:

$$M1=\frac{k+1}{k+r_d+e}B \qquad 式8.5$$

例如,一国的法定准备金率为 12％,现金漏出率为 8％,超额准备金率为 11％。该国的流通中现金为 3 000 亿元。那么,该国的 M1 是多大呢? 货币乘数又是多少呢?

由于流通中现金为 3 000 亿元,而现金漏出率为 8％,则活期存款总额为 3 000÷8％＝37 500 亿元,因此,M1＝3 000＋3 7500＝40 500(亿元)。

货币乘数 $m_1=\dfrac{1+8\%}{8\%+12\%+11\%}=3.48$

下面我们考虑的情况:

货币供给量(M2)＝现金(C)＋活期存款(D)＋定期存款(T)

基础货币(B)＝现金(C)＋总准备金(R)

总准备金(R)＝活期存款法定准备金(R_d)＋定期存款法定准备金(R_t)＋超额准备金(E)

所以可以做如下处理:

$$m_2=\frac{M2}{B}=\frac{C+D+T}{C+R_d+R_t+E}=\frac{\frac{C}{D}+\frac{D}{D}+\frac{T}{D}}{\frac{C}{D}+\frac{R_d}{D}+\frac{R_t}{T}\times\frac{T}{D}+\frac{E}{D}}=\frac{k+1+t}{k+r_d+r_t\times t+e} \qquad 式8.6$$

其中,T 代表定期存款;以 k、r_d、r_t、t 和 e 分别代表 $\dfrac{C}{D}$、$\dfrac{R_d}{D}$、$\dfrac{R_t}{T}$、$\dfrac{T}{D}$ 和 $\dfrac{E}{D}$,分别为现

金漏出率、活期存款法定准备金率、定期存款法定准备金率、定期存款与活期存款的比率、超额准备金率。即有：

$$M2 = \frac{k+1+t}{k+r_d+r_t \times t+e}B \qquad \text{式 8.7}$$

由式 8.6 和式 8.7 可知货币乘数的主要决定因素有：

(1)法定准备金率，包括活期存款的法定准备金率和定期存款的法定准备金率。法定准备金率的提高，降低了商业银行可贷款额，制约了商业银行的信贷能力。法定准备金率越高，货币乘数越小。

(2)现金漏出率、定期存款与活期存款的比率。这两个比率都不是中央银行所能直接控制的变量。现金漏出率主要取决于公众对现金这种资产的偏好程度和持有现金的机会成本的大小。定期存款与活期存款比率的大小主要取决于定期存款的利率、收入和财富水平。现金漏出率越高，货币乘数越小。就式 8.7 而言，由于一般来说，定期存款的法定存款准备金率低于活期存款，定期存款与活期存款的比率越高，货币乘数越大。

(3)超额准备金率。超额准备金率取决于商业银行的资产负债经营，是由商业银行直接决定的外生变量。具体地说，商业银行所希望维持的超额准备金率取决于：第一，持有超额准备金的机会成本，一般来说，市场利率是持有超额准备金的机会成本。第二，借入准备金代价的高低及难易程度。第三，贷款的投资机会。超额准备金率越高，货币乘数就越低。

以上几个因素是决定货币乘数的主要因素，一般来说，中央银行能控制的是法定准备金率；商业银行能控制的是超额准备金率；社会公众能控制的是现金漏出率、定期存款与活期存款的比率。

三、几个有代表性的货币乘数理论

(一)弗里德曼—施瓦兹货币乘数

见弗里德曼和施瓦兹合著的《美国货币史：1867—1960 年》一书。他们的货币乘数是这样得出的：

$$M = C+D = \frac{C+D}{B}B = \frac{C+D}{C+R}B = \frac{\frac{C+D}{CR}}{\frac{C+R}{CR}}B = \frac{\frac{1}{R}+\frac{D}{R}\frac{1}{C}}{\frac{1}{R}+\frac{1}{C}}B = \frac{\frac{D}{R}+\frac{D}{R}\frac{D}{C}}{\frac{D}{R}+\frac{D}{C}}B = \frac{\frac{D}{R}(1+\frac{D}{C})}{\frac{D}{R}+\frac{D}{C}}B$$

这样就得到了货币乘数 K_m

$$K_m = \frac{\frac{D}{R}(1+\frac{D}{C})}{\frac{D}{R}+\frac{D}{C}} \qquad \text{式 8.8}$$

弗里德曼和施瓦兹没有考虑其他因素的影响，基本上得出了与传统理论相一致的乘数。不过仍然可以从上式中看出他们的思路与传统的乘数理论有一些差别。这就是，他们更强调对信用货币 D 的观察。影响货币乘数的因素在弗里德曼和施瓦兹那里,集中在了两个要点上。一是存款与准备金的比率(D/R),另一个是存款和现金的比率(D/C)。如果要确定货币供给量,还要考虑基础货币 B。这三个因素分别受货币当局、银行和公众的行为的影响。

从基础货币来看,它是非银行公众所持有的通货与银行的存款准备金之和。弗里德曼和施瓦兹认为基础货币的一个典型特征就是能随时转化为存款准备金。

存款与准备金的比率(D/R)和存款和现金的比率(D/C)的变化会引起货币存量的同方向的变化。这是因为,D/R 比率越高,一定量的存款准备金所支持的存款越多。同样,D/C 的值越大,基础货币中充当银行准备金的部分也越大,从而货币乘数就越大,货币存量也就越大。

弗里德曼和施瓦兹还认为上述三个决定货币存量的因素涉及货币当局、银行和公众三个经济主体,是分别由这三个经济主体的行为决定的。

首先,在信用货币制度下,基础货币量取决于政府的行为。即取决于政府发行多少信用货币来满足公众持币需要和银行保留准备金的需要。

其次,银行存款与其准备金的比率取决于银行体系。银行体系并不能决定其存款和准备金的绝对量,因为它们受到基础货币的限制,并同 D/C 比率有关。但一般说来,银行体系能通过改变其超额准备金数量,决定银行存款与其准备金两者之比。当然这一比率还受制于政府对法定存款准备金率的规定并与经济形势直接相关。

最后,存款与通货的比率首先取决于公众的行为。同样,公众也只能决定其存款与通货的比率,而无法决定各自的绝对量。而且这一比率还受到银行存款服务水平和利率的影响。

弗里德曼和施瓦兹利用上述分析框架检验了美国 1867 年到 1960 年的货币史,并得出结论:基础货币 B 是广义货币量长期变化和主要周期性变化的决定因素;存款与准备金的比率(D/R)的变化对金融危机条件下的货币运动有着决定性影响,而存款与现金的比率(D/C)则对货币的温和的周期性变化有重要作用。

(二)卡甘货币乘数

几乎在弗里德曼和施瓦兹的《美国货币史:1867—1960 年》问世的同时,美国著名经济学家卡甘(P.Cagan)也系统地分析了美国 85 年货币的变化规律和影响因素。他也出版了自己的著作《1875—1960 年美国货币存量变化的决定及其影响》。他的乘数公式以如下方法推导:

$$M = \frac{B}{\dfrac{B}{M}} = \frac{B}{\dfrac{BD}{MD}} = \frac{B}{\dfrac{(C+R)D}{MD}} = \frac{B}{\dfrac{CD+RD}{MD}} = \frac{B}{\dfrac{CD+R(M-C)}{MD}}$$

$$= \frac{B}{\dfrac{CD+MR-RC}{MD}} = \frac{B}{\dfrac{C}{M}+\dfrac{R}{D}-\dfrac{C}{M}\dfrac{R}{D}}$$

因此,卡甘的货币乘数就是

$$K_m = \frac{1}{\dfrac{C}{M}+\dfrac{R}{D}-\dfrac{C}{M}\dfrac{R}{D}} \qquad \text{式 8.9}$$

在卡甘的分析中,决定货币乘数的变量有两个,即现金与货币存量之比(C/M)和准备金与存款之比(R/D)。决定货币存量的因素是以上两个因素加上基础货币B。

卡甘运用统计手段从理论上检验与分析了美国1875—1960年间各决定因素在货币存量的长期性增长和货币存量变化率周期性变化中的作用。研究表明,美国货币增长有90%是由基础货币的增长引起的。而现金与货币存量的比率(C/M)和准备金与存款的比率(R/D)所起的作用很小,大约只有10%。因为在大部分时间里,这两个比率的作用都相互抵消了。但在货币周期性变化中现金与货币存量的比率是最重要的,它差不多是货币存量周期性变化50%的来源,剩下的一半则受另外两个因素的影响。

卡甘的观点和弗里德曼、施瓦兹非常接近,卡甘也认为,政府控制基础货币,而公众和商业银行则决定持有基础货币的比例。公众通过通货与银行存款的相互转化改变其基础货币的持有额。显然,公众的行为改变着现金与货币存量比率,而商业银行的行为改变着准备金与存款比率。此外,当公众减少现金持有而相对增加银行存款时,银行准备金就增加了。如果此时准备金比率不变,则货币存量将增加。同样,当银行增加贷款时,如果存款不变,准备金就减少了,货币存量则增加了。所以,也有人将他们的乘数理论合称为"弗里德曼—施瓦兹—卡甘模型"。

除了分析货币存量的各个决定因素外,卡甘还阐述了这些因素间的相互联系。卡甘认为这种相互联系表现在两方面:一是这些决定因素都受到某些经济现象的影响,比如在金融危机时C/M和R/D均会提高。二是一个因素的变化会影响到另一因素,比如,当公众将一部分手持通货转化为银行存款时,如银行不及时增加贷款或投资,则通货比率的降低会提高准备金比率。

(三)乔顿货币乘数

20世纪60年代末,美国经济学家乔顿(J.L.Jordan)在上述三人研究的基础上提出了自己的乘数模型。他的乘数公式推导过程是:

$$M = C + D = \frac{C+D}{B}B = \frac{C+D}{C+R}B = \frac{kD+D}{kD+r(D+T+G)}B = \frac{kD+D}{kD+r(D+tD+gD)}B$$
$$= \frac{1+k}{k+r(1+t+g)}B$$

乔顿的货币乘数即为:

$$K_m = \frac{1+k}{k+r(1+t+g)} \qquad\qquad \text{式 8.10}$$

式中,r代表各种存款的加权平均准备金率。存款包括商业银行活期存款(D)、私人定期存款(T)和政府存款(G);$k = \frac{C}{D}$、$t = \frac{T}{D}$、$g = \frac{G}{D}$、$r = \frac{R}{D(1+t+g)}$。

这一模型与前述模型的显著区别是:第一,弗里德曼、卡甘等人采用的是广义货币的定义,即货币不仅包括公众所持有的通货和活期存款,还包括定期存款和储蓄存款。在乔顿的模型中,货币只包括公众手持通货和私人活期存款。第二,乔顿模型还区分了有不同法定存款准备金率要求的不同存款,乔顿认为这种区分是准确分析1元准备金能创造多少货币的关键。

乔顿乘数的特点是考虑了其他因素的影响。同时也证明了:货币乘数$\frac{M}{B}$和现金与活期存款的比率呈同向变动。

具体来说,根据乔顿的分析,在美国,决定货币存量的要素有下列各项:

(1)货币基数(monetary base)。乔顿将货币基数定义为公众(包括商业银行)所持有的政府的净货币负债。这与弗里德曼—施瓦兹所定义的基础货币的实质内容是相同的,即由公众手持通货和商业银行存款准备金构成,用 B 表示。

(2)联储成员银行的准备金与存款的比率。商业银行的全部存款准备金划分为不同类型银行的准备金和不同类型存款的准备金。如果用 D、T、G 分别代表商业银行的私人活期存款、私人定期存款和政府存款,则商业银行的全部准备金可表示为全部存款的一定百分比 r,即 $R=(D+T+G)r$,从理论上说,r 代表各种存款的加权平均准备金率。

(3)通货与活期存款的比率。乔顿认为影响银行体系货币供给的一个重要因素是公众所希望持有的通货(C)与活期存款(D)的比例 k,k 越小,所增加的货币基数中,进入银行作为准备金的部分越大,从而银行体系所创造的存款货币就越多。

由于在这里货币被定义为狭义货币,不包括定期存款。所以,公众手持通货与活期存款的比例越小,即通货转变成活期存款的数额越大,货币乘数就越大。相反,如果公众手持通货转变成银行定期存款,则不仅不会使货币供应量增加,还会使货币存量减少。可见,乔顿将弗里德曼—施瓦兹模型和卡甘模型中的商业银行全部存款与公众手持通货之比修正为通货与活期存款之比,是货币乘数研究的一大进步。

(4)定期存款与活期存款的比率。这一比率对货币存量产生影响主要是因为,一方面,在存款总额中,定期存款比率越大,活期存款的比率就越小,当存款总额和公众手持通货不变时,狭义货币供给 M1 也就越小。另一方面,因只有活期存款能创造存款货币,所以,定期存款在存款总额中所占比重越大,货币乘数就越小。

(5)政府存款与私人活期存款的比率。政府存款并不包括在乔顿的货币定义之内,然而,在美国,商业银行可以吸收政府活期存款,为此也必须保持准备金,而且其准备金率与私人活期存款的准备金率是相同的。所以政府存款的变化会影响货币乘数。

总的来说,货币乘数是各种存款的加权平均准备金率 r、定期存款与活期存款的比率 t、政府存款与私人活期存款的比率 g 的递减函数,即货币乘数与这些因素是呈反向变化的。通货与活期存款的比率 k 对货币乘数的影响不能直接从式中得出,但一般来说,两者之间的关系也是反向的。

乔顿的结论是:货币存量的增加更多取决于现金与活期存款的比率 k,或说更多地受现金偏好(流动性偏好)的影响。而有可能等于 1 甚至大于 1。如果等于 1,货币乘数即为 1;如果大于 1,货币乘数则小于 1。这种可能性至少在数学意义上存在。也就是说,现金与活期存款的比率,是货币大幅度波动的根本原因。

四、货币供给模型的应用

为了将货币供给模型分析得更加具体化,我们有必要考察前面推导的货币供给基本模型是否有助于理解近年来货币供给的变动。以 1980—2002 年间的美国货币供给为研究对象,我们发现在这 20 多年间,货币供给增长率的波动非同寻常地大。具体来说,1980 年 1 月—1984 年 10 月间,货币供给的年增长率为 7.2％;1980—2002 年间货币增长的波动性十分显著,从 7.2％飙升到 13.1％,继而下降到 3.3％,之后又上升为11.1％,最后又下跌到 2.3％的水平。那么,造成货币供给增长率剧烈变动的原因是什么?

由货币供给模型可知,货币供给的变动可以由基础货币或者货币乘数的变化来解释。一些学者对 1980—2002 年间的美国货币供给进行研究后发现,在整个期间,基础货币的平均增长率(7.4％)可以很好地解释货币供给的平均增长率(5.3％)。在长期内,货币供给变动的主要决定因素是美联储的公开市场操作。而在短期内,基础货币和货币增长率的联系并不密切,货币乘数在短期内会出现剧烈波动,从而对货币供给增长率造成主要的影响,其中,现金漏出率解释了大部分货币乘数的变化。

1980 年 1 月—1984 年 10 月间,现金漏出率相对比较稳定,因此,货币乘数几乎没有什么变化,因此货币供给和基础货币的增长率十分接近。1984 年 10 月—1987 年 1月货币乘数增大,研究发现主要是由于现金漏出率下降所致。现金漏出率的下降意味着货币供给中扩张能力较小的现金转移为扩张能力较强的存款,因此货币乘数上升。在 1987 年 1 月—1991 年 4 月间,现金漏出率大幅上升。按照货币供给模型的估计,现金漏出率的上升会引起货币乘数的减小,因为这时货币供给中扩张能力较强的支票存款部分又转移为扩张能力较弱的现金部分。1993 年 12 月—2002 年 12 月,现金漏出率又有了大幅上升,同货币供给模型的估计完全相同,这段时间货币增长的确大大减速。对 1980—2002 年间美国的货币供给的考察说明现金漏出率在短期内对货币供给产生重要的影响,但有意思的是,在整个期间内,货币供给增长率与基础货币增长率密切相关。事实上,有实证研究的结果表明,3 个月以上的货币供给波动都可以归因于央行的公开市场操作。

货币供给模型不仅能帮助我们理解货币供给变化的原因,还有助于我们理解有关银行行为和货币供给的关系。在这里,我们将利用货币供给模型解释美国历史上最严重的经济下滑时期——大萧条期间——的货币收缩。我们知道银行恐慌会加剧信用市场上的信息不对称问题,从而对经济造成危害,银行恐慌的另一个后果是会引起货币供给的大幅减少。在下面的分析中,我们就会发现,货币供给的剧烈下滑同样会给经济带来严重的危害。

在弗里德曼和施瓦兹的经典名著《美国货币史·1867—1960 年》中,描述了 1930年末第一次银行业危机爆发的场景:

大批的银行倒闭,特别是在密苏里州、印第安纳州、伊利诺伊州、爱荷华州、阿肯色州和北卡罗来纳州,引起了广泛的将支票存款和定期存款转换为现金的浪潮。恐惧情绪在储户之间迅速传播,1930 年 11 月拥有 1.8 亿美元存款的 256 家银行倒闭,12 月倒闭了 532 家银行,涉及的存款金额达到了 3.7 亿美元,最严重的事件当数 11 月 11日拥有 2 亿美元存款的美利坚银行的倒闭。这次事件相当重要,因为按照存款规模衡量,美利坚银行是到那时为止美国历史上倒闭的最大的商业银行。并且,虽然这只是一家普通的商业银行,但美利坚的名称让很多国内外人士认为这是一家带有官方性质的银行,因此它的倒闭对人们信心的打击比起名称比较平常的银行要大得多。

由于当时还没有存款保险制度(联邦存款保险公司直到 1934 年才成立),如果一家银行倒闭,储户只能回收部分存款,因此,在银行业恐慌时期,如果一家银行面临倒闭,储户清楚地意识到自己的存款很可能要遭受惨重的损失,因此,存款的预期回报率此时为负。根据资产选择理论,在银行业危机期间,储户会很自然地从银行账户提出现金货币,而存款外流剧增会导致银行大幅增加超额准备金比率以保护自己。这两个估计都可以从实证数据中得到验证。在 1930 年 10 月—1931 年 1 月,现金漏出率一直攀升,而超额存款准备金率增长了两倍多。

根据货币供给模型,现金漏出率和超额存款准备金率的增加会导致货币供给的减少。因为现金漏出率和超额存款准备金率的上升都会引起多倍存款扩张总体水平的降低,导致货币乘数和货币供给的减少。就实证数据来看,事实上在 1930 年 10 月—1931 年 1 月期间,货币供给的确迅速下滑,到了 1933 年银行危机的尾声,货币供给 M1 减少了 25% 以上,同时美国出现了最为严重的经济衰退。值得注意的是,虽然这一时期基础货币增长了 20%,但货币供给仍然在减少,这说明了银行恐慌期间,现金漏出率和超额存款准备金率的变动对货币供给的决定产生了重要的影响,它还进一步说明了储户和银行的行为使得中央银行实施货币政策的工作更为复杂。

总的来说,货币供给模型尽管是理论上抽象的经济模型,但确实能够帮助我们更深入细致地了解有关货币供给的事实,对我们掌握货币供给的规律以及更好地控制货币供给起了非常重要的作用,也是我们制定货币政策的依据之一。

小资料 8-1　1930—1933 年大萧条时代:危机与改革

大萧条是美国历史上最漫长、最严重的经济衰退。1930 年、1931 年和 1933 年的银行危机也是美国历史上最严重的银行崩溃,有超过 1/4 的银行关门。首次银行危机爆发于 1930 年 10 月,这场危机起始于密苏里、印第安纳、伊利诺伊、爱荷华、阿肯色和北卡罗来纳等州,然后迅速向其他地区蔓延。第二次银行危机起始于 1931 年 3 月,一直持续到夏天。第三次也就是最后一次危机起始于 1932 年底,持续到 1933 年 3 月。1933 年初的几个月里,许多州宣告银行放假,允许银行关门,因而可以暂时躲避给付存款的责任。到 1933 年 3 月 4 日富兰克林·罗斯福总统就任之时,这种现象已十分普遍。次日,总统宣布全国银行休假 4 天。3 月 13 日,财政部长开始颁发许可证,让银行重新开业。这场危机引发了银行业多项重大改革措施的出台实施。最重要的一项就是依据 1933 年银行法案(即《格拉斯—斯蒂格尔法案》)推行的联邦存款保险制度。联邦存款保险公司就此成立,起初只是一个临时方案,后来根据 1935 年银行法案永久化了。这项保险于 1934 年 1 月 1 日起生效,联储的成员行必须参加。6 个月内,15 348 家商业银行中的 14 000 家,占有全部银行存款的 97%,购买了联邦存款保险(弗里德曼和施瓦茨,1963)。最初的保险额度为每个储户最多为 2 500 美元。

新一轮改革的一个重要目的就是提高银行系统的稳定性。由于当时认为商业银行参与证券承销会造成银行业的紊乱,1933 年《格拉斯—斯蒂格尔法案》强制实行了商业银行与投资银行的分离。此外,还推出了 Q 条例,禁止银行对支票账户给付利息,对定期存款利息也施加限制(1933 年针对成员银行,1935 年包括了其他参加保险的银行)。在当时看来,对支票账户支付利息会引发有害竞争。

由于银行业的放松管制,加上存款保险引发的道德风险,导致了 20 世纪 80 年代储蓄与贷款危机的发生,其后果之一就是大萧条时代建立起来的联邦储蓄与贷款保险公司的解体,储蓄与贷款保险业务划归到联邦存款保险公司。

第三节 货币供给理论

货币供给理论是研究货币供给量由哪些因素所决定以及如何决定的理论。在过去较长的时期内,西方经济学家和金融学家偏重于对货币需求理论的研究,而忽视了货币供给理论的研究。货币供给这一重要的经济变量和政策指标也被视为可由金融当局绝对加以控制的外生变量。20 世纪 60 年代以后,随着货币主义的兴起和货币政策日益被人们所重视,经济学家和金融学家们普遍重视货币供给理论的研究,使之迅速发展。

一、凯恩斯及凯恩斯学派的货币供给分析

凯恩斯对货币供给的分析相对于对货币需求的分析来说比较简单。他认为货币需求是不稳定的,这种不稳定导致有效需求不足,因此应对需求进行管理。在货币供给方面,凯恩斯认为,货币供给是由中央银行控制的外生变量,它的变化影响经济运行,但自身并不受经济因素的制约。凯恩斯的这一观点与货币供给弹性为零密切相关。货币的生产对私人企业来说是可望而不可即的:(1)对于商品货币(金属币)来说,它的生产受自然力量(主要是资源稀缺性)限制,在绝大多数非产金国里,私人企业即使投入大量的劳动力和设备,货币生产能力的扩大也是微小的,货币供应量的增加也是微不足道的。考虑到成本和收益,谁愿意做这种赔本生意呢?(2)对于法令货币或信用货币来说,它更不是私人企业所能生产的,唯有依靠国家的权力才能发行,强制流通。任何私人企业都无力与之抗衡。无论货币需求多大,或经济中其他变量的刺激多么强烈,由于货币特征的存在,货币供应不会受它们的影响而自行变化。货币供应的控制权由政府通过中央银行牢牢地掌握在手,中央银行根据政府和金融政策,考虑到经济形势变化的需要,可以人为地进行调控,增减货币供应量。

在货币供给理论上,作为当代凯恩斯主义一个重要分支的新剑桥学派不完全赞成凯恩斯的外生货币供应论。他们认为,虽然从形式上看,现有的货币供应量都是从中

央银行渠道出去的,但实质上这个量的多少并不完全由中央银行自主决定,在很大程度上,公众的货币需求经常并大量地表现为贷款需求,而银行贷款和货币供应量是紧密地联系在一起的。当经济前景光明时,企业将增加贷款需求,银行只要找到理想的贷款人,在无信用风险、有还款保证和能够获利的情况下,总会贷出款项。银行的贷款即可转成贷款人的存款,贷款人可以随意支付或提取现金。可见,银行贷款的增加实际地扩大了货币供给量,中央银行只能被动地适应。同样,随着物价上涨和工资的提高,银行贷款也会相应增多。只要经济活动增加,货币供应就会扩大。反之,当经济不景气时,贷款需求下降,银行也会主动收缩贷款,货币供应就会减少。因此,对现有货币供应量发生决定性影响的主要是货币需求,而货币需求的大小取决于经济的盛衰及人们的预期。

在货币供应的控制问题上,新剑桥学派一方面赞同凯恩斯的观点,即中央银行能够控制货币供应,另一方面又认为中央银行对货币供应的控制能力和效果不像凯恩斯认为的那样绝对。他们主张,中央银行对货币供应量的控制能力是有限度的。究其原因,一是当货币需求旺盛时,银行体系会想方设法逃避中央银行的控制,主动地增加贷款,扩大货币供应。二是中央银行在货币供应的控制方面存在着盲区,使中央银行不可能严密地控制住货币供应总量。例如,在经济高涨时,中央银行企图限制货币供应的增长,但是金融界可以采取一些信用形式,变相地增加货币供应。比如,银行参与的以商业信用为基础的票据流通,就是合法货币的替代品。扩大票据流通,等于增加了货币供应。另外,在中央银行直接控制的银行体系以外,还存在着许多非银行金融机构,它们不受中央银行的严格控制。当中央银行企图收缩货币供应量时,他们可以用较高的利率从银行那里夺取存款,而按更高的利率贷放出去,使货币供应量紧而不缩。中央银行在控制上存在的类似上述这样的盲区,使货币控制能力大大削弱了。

同时,新剑桥学派认为,中央银行对货币供应的控制能力,在货币供应的增加和减少方面分布是不均匀的。中央银行增加货币供应的能力远远大于其减少货币供应的能力。也就是说,如果中央银行要增加货币供给,则它更有能力达到目标,但要减少货币供应量,它能实现目标的能力就小很多。这种控制力的差异不完全是中央银行本身的问题。因此,必须对中央银行的货币供应控制力有一个清醒的认识,不能把期望值定得过高。在这里,新剑桥学派虽然没有明确地提出内生货币供应理论,但在论述中包含了这层思想,其理论分析也已经脱离了凯恩斯的外生货币供应论。相比之下,新古典综合派的论述较为圆满,亦成体系。

二、新古典综合派对货币供给理论的发展

新古典综合派对凯恩斯货币供给理论的发展,是在 20 世纪 60 年代以来的西方国家金融创新的大量涌现,传统的金融理论、金融体系受到冲击,中央银行的货币政策效果被扰乱这一背景下产生的。新古典综合派对货币是否外生、货币供给量的决定因素和各经济主体的行为对货币供应量的影响等问题进行了研究,提出了有别于凯恩斯货币供给理论的"内生货币供应论"。他们认为,货币供应量主要是由银行和企业的行为

决定的,而银行和企业的行为又取决于经济体系内的许多变量,中央银行不可能有效地限制银行和企业的支出,更不可能支配他们的行为,因此,货币供应量主要是内生的。其主要理由可归纳如下:(1)在存贷关系上,认为银行的负债是由银行的资产决定的,他们认为在金融体系高度发达的当代,只要有贷款的需求,银行就能提供信贷并由此创造出存款货币,致使货币供应量增加,形成从银行体系到实业部门的信贷货币流。(2)金融媒介方面的创新,能够起到动用闲置资金、节约头寸、改变货币流通速度的作用。因此,如果中央银行只是部分地提供所需货币,通过金融创新也可相对地扩大货币供应量。(3)企业可以创造非银行形式的支付,扩大信用规模。当企业决定增加投资时,融资问题很少会成为限制因素。因为银行信贷不是满足新增投资支出的唯一途径,企业可以通过发行或交换期票,甚至通过不履行还款义务等创造出"非自愿"商业信贷的方式来"支付"投资项目。当原材料价格或工资上涨造成现期生产成本上升时,需要相应增加的流动资金也可以用同样的方式解决。

三、货币主义学派的货币供给理论

货币主义学派的货币供给理论主要体现在对通货膨胀的分析和政策主张上。弗里德曼对货币需求的研究的结果认为,货币需求是相对稳定的,要保证货币需求与供给的平衡就必须保证货币供给的稳定性。因此,他反对凯恩斯提出的需求管理,认为应当把重点放在货币供给上。货币政策应该是一切经济政策中唯一重要的法宝,其他经济政策如果不通过货币政策或没有货币政策的配合,不可能取得预期的效果。

弗里德曼认为控制货币供应量的最佳选择是实行"单一规则"——公开宣布并长期采用一个固定不变的货币供应增长率。实行"单一规则"需要解决三个问题:(1)如何界定货币数量的范围;(2)如何确定货币数量的增长率;(3)货币数量增长率在年内或季节内是否允许有所波动。第一,关于货币数量的范围。弗里德曼认为,货币数量的范围应该确定为流通中的通货加上所有商业银行的存款,即 M2。第二,关于货币增长率的确定。弗里德曼认为,应与经济增长率大体相适应。他根据对美国近百年历史资料的实证研究提出,美国的年平均经济增长率为 3%,就业平均增长率为 1%～2%,若货币供应量不增加,工资水平按就业的增长率计算会下降 1%～2%,再加上3%的经济增长率作用,物价将下跌 4%～5%,造成投资萎缩,消费减少;但若货币过多就会带来物价上涨,导致通货膨胀和经济混乱。因此,如果美国的货币供应量每年以 4%～5%的速度稳定增长,就可望保持一个比较稳定的物价水平,避免经济波动。第三,关于货币增长率在年内或季节内是否允许波动。弗里德曼认为,货币供应量增长率一经确定是不能任意变动的。若遇特殊情况必须更改时,应该事先宣布并尽量缩小变动的幅度。

在弗里德曼和施瓦兹所著的《美国货币史:1867—1960 年》一书中对货币供给进行了大量的实证研究,他们发现,美国大萧条时期的货币政策并不宽松,大萧条的出现可以归结为 1930—1933 年间银行大量倒闭而引起的货币供应量的急剧下降。此书还列举了大量事实来说明货币供应量增长率的变动超前于经济周期,因为每次衰退来临之前总会发生货币供应量增长率的降低。在 1936—1937 年,美联储提高了法定准备金率,是因为它想加强对货币政策的控制力,而不是针对当时的经济状况采取的行动。因此我们可以排除出现由产出导致货币供应量的变动这一因果颠倒的可能,之后,发生了 1937—1938 年的严重衰退。我们可以比较有把握地得出结论,在这个时期美联储提高法定准备金率引起的货币供应量的变化,成为之后发生的经济衰退的原因。《美国货币史:1867—1960 年》记载了其他时期内发生的情况(例如 1907 年发生的银行恐慌,以及在其他年份中出现的货币供应量的下降),这些情况似乎都满足外生性条件。事实是衰退总是在货币供给增长率下降后发生的现象,这能够证明货币供给增长率的变化的确会影响总产出。

四、新经济自由主义学派的货币供给理论

由于德国中央银行在欧洲的核心地位及成功的货币政策实践,德国新经济自由主义学派的货币供给理论受到重视。德国新经济自由主义者认为,要保证社会市场经济模式的协调和稳定,必须首先稳定货币。货币供应的总原则应该是保证币值稳定。要保证币值稳定,货币供应必须与商品相联系。据此,他们提出了两条货币供应的原则:第一,货币供应与社会生产能力相适应。一个国家的社会生产能力决定了该国能够生产出多少商品,由此决定了需要多少货币来进行交易,因此,以现价计算的社会生产能力除上货币流通速度,就是货币供应的最佳量。第二,保持商品追逐货币的局面。他们认为,在商品和货币的对应关系上,如果货币量多,商品少,就会出现货币追逐商品的局面,表现为物价上涨,商品短缺,市场紧张。但若使货币量相对略少于商品,则形成商品追逐货币的局面,吸引商品源源不断地流入市场,通过公众所投的货币判断商品的优劣,以此提高商品的数量和质量。他们认为在当代信用货币制度下,由于货币供应没有商品或其他物质(金或银)作准备,币值缺少内在保证,发行缺乏客观的制约,货币供应过少的情况很少。历史和现实表明,危险的和常见的是货币供应过多。历史上通货膨胀的压力和趋势随时都存在,稍一疏忽就一发不可收拾。因此,为了有效地防止通货膨胀,增强公众对货币的信任和信心,矫枉过正一点是有好处的。在货币供应中,略少比略多好,尽管做到这一点极为不容易。货币略少于商品,就能保持商品追逐货币的局面,为开展自由竞争和提高社会市场经济效率提供必要的环境。自从 1974 年原西德实行货币目标公布制以后,即预先公布下一年度的货币供应增长率以后,他们又发现把货币供应增长率固定在一个具体的数值上,在理论上是不严密的,在实际操作中也是被动的,于是提出货币供应增长率的区间论。所谓"区间论",是指把货币增长率从一个具体数值变成一个特定范围。在实行货币目标公布制后,货币供应如没有一个弹性区间,就没有了任何余地,一旦与实际情况不符,中央银行就陷入了被动的尴尬境地,也会影响中央银行的信誉。因此,西德中央银行为了维护自己的声誉,取得公众的信任,把货币供应增长率划为一个区间,就有了回旋的余地,这样,中央银行调控货币供应就有了一定的机动权。

小资料 8-2　德国历史上的超速通货膨胀

德意志银行一直坚持保持币值稳定的货币政策,这与德国曾经发生过最严重的通货膨胀有关。第一次世界大战之后,德国经历了一次历史上最引人注目的超速通货膨胀。在战争结束时,同盟国要求德国支付巨额赔款。这种支付引起德国财政赤字,最终政府通过大量发行货币来为赔款筹资。1923年德国的纸币马克流通量达到496×10^{18}元这样的一个天文数字,价格指数由1922年1月的100上升到1923年11月的10^{13}(10万亿)。例如,每份报纸的价格从1921年1月的0.3马克上升到1922年5月的1马克、1922年10月的8马克、1923年2月的100马克直到1923年9月的1 000马克。在1923年秋季,价格更加惊人:一份报纸价格在10月1日是2 000马克、10月15日是12万马克、10月29日则是100万马克、11月9日高达500万马克直到11月17日的7 000万马克。在1923年底,200 000 000(两亿)马克只够买一个面包。

在1923年底,新的中央银行德意志银行取代了旧的中央银行德国国家银行。政府要求德意志银行不要通过发行货币为其筹资。联邦德国由于吸取爆发恶性通货膨胀的惨痛教训,在实际执行中宁愿牺牲经济增长来换取币值的稳定。实际上,其他一些欧洲国家也逐渐意识到物价稳定的重要性,这一点突出反映在1991年12月的欧洲联盟条约,即著名的《马斯特里赫特条约》中。该条约建议创建欧洲中央银行体系,同时将物价稳定作为欧洲中央银行的主要目标。并指出,欧洲联盟的总体经济政策只有在不与物价稳定冲突的前提下,才能获得支持。

五、货币供给新论

货币供给新论的主帅是美国耶鲁大学经济学教授托宾(J.Tobin)。他在1963年发表的《作为货币创造者的商业银行》一文中将以前的货币供给理论统称为"旧论",而将自己的理论称为"新论"。他认为:旧论的主要问题是将商业银行与其他金融中介机构严格区分。旧论指出商业银行是唯一能够吸收活期存款的金融机构,故成为唯一能创造货币的金融中介机构,而其他金融机构不具备创造信用货币的能力,并且认为银行创造货币的能力仅仅受法定准备金的约束。

托宾认为银行的行为、非银行金融机构的行为以及公众的行为都会对货币乘数产生巨大影响。这就是"新论"所要研究的内容。

首先,讨论银行行为。

银行如果追求利润最大化,就会很看重市场利率。存贷利率差是银行利润的主要来源。如果贷款利率下降,那就说明市场的货币供给已经大于货币需求,那么银行就会停止派生存款的供给(停止贷款)。也就是说,货币供应量是市场利率的函数。

银行追求利润率最大化,就会动员客户将活期存款转为定期存款。因为定期存款的法定准备金率低于活期存款。问题是,这样做是否能得到客户的响应。如果客户响应,则意味着法定准备金率下降,货币乘数也会改变。

其次,要提到的是非银行金融机构的影响。

二战后,西方各种非银行金融机构蓬勃兴起,它们的各项负债业务,无论是在形式还是规模上都有迅速的发展,打破了银行垄断信用市场的格局。货币供给新论的支持者们认为,非银行金融机构这时已经和银行一样,具备了信用货币创造能力。

"新论"派的经济学家通常采用一般均衡分析法,分析非银行金融机构的行为和货币供给与利率等经济变量之间的复杂关系,这里不再做更多的介绍。

六、货币供给理论的比较

综上所述,凯恩斯认为货币供给是由中央银行控制的外生变量,其变化影响经济运行,而自身不受经济因素的制约。新剑桥学派认为,从实质上看货币供给并不完全由中央银行决定,在很大程度上是被动地适应货币需求的结果。因此,中央银行虽然能够控制货币供给,但它的控制能力和效果不是绝对的。新古典综合派提出了和凯恩斯论点相反的内生货币供应论,认为货币供给量主要是一个受经济体系内诸多因素影响而自行变化的内生变量,它主要由经济而不是中央银行所决定。据此,新古典综合派提出中央银行的政策目标不能放在货币供应量上,反而应放在利率上,放在对商业银行及各类金融机构的资产结构和信用规模的管理上。

货币主义学派也十分重视货币供给问题,他们认为,既然货币需求是稳定的,那么只有保证货币供给的稳定性才能保证货币需求和供给的稳定,弗里德曼主张,应把货币供应增长率固定在一个合理的水平上,减少波动,稳定增长。新经济自由主义学派的理论和货币主义学派的观点接近,认为货币供应的增长应该与社会生产能力的增长相一致。货币供应应该由潜在的生产能力增长即社会应该实现的经济增长决定。他们还认为,货币供给增长率应该是一个区间,在时间上应分为短期目标和中期目标,并建议通过实施"货币目标公布制"实现既定目标。货币供给新论认为银行的行为、非银行金融机构的行为以及公众的行为都会对货币供给产生巨大影响。

第四节 我国的货币供给分析

一、1998 年之前中国的货币供给

自 1984 年中国人民银行专门行使中央银行的职能以来,中国货币供给所处环境及政策自身不断变化。1998 年以前,中央银行尚未取消贷款规模控制,我国金融市场刚刚起步,规模很小,以中国工商银行、中国建设银行、中国农业银行、中国银行为代表的四大银行占据了整个金融体系的绝对地位,企业的资金需求基本上由四大银行满足。此时,这四大银行还不具备真正商业银行的性质,依然遵守中央银行的贷款规模

控制。而中央银行为了便于对贷款规模的控制,规定了很高的准备金率,从而将四大银行的资金集中起来,当四大银行需要资金时再通过再贷款的形式将资金贷给银行。这样,中国人民银行通过贷款规模控制实现对货币供应量的控制。但是,国有银行在既没有外部环境竞争压力,又没有内部市场治理机制约束的情况下,在发放贷款时很少会考虑风险成本问题,面对来自企业"倒逼"的现象,由此部分学者认为中国货币供应是内生变量。

二、1998 年之后中国的货币供给

在 1998 年取消贷款规模限制之后,中国已经建立了基本与西方结构相同的"中央银行——商业银行"二级银行体制,货币供应量可以用货币乘数公式推导计算。

(一)基础货币

1998 年以后,中央银行国外净资产的变化和发行债券的变化成为影响基础货币变化的主要因素。这是因为 1998 年以后,中央银行对商业银行再贷款的性质发生了变化,由之前的满足商业银行资金需要转变为了防范和化解金融风险。基础货币的调节方式以公开市场操作为主。目前我国中央银行公开市场业务主要发生在货币市场和外汇市场上。前者表现为央行发行中央银行票据和中央银行票据到期,后者表现为中央银行买卖外汇。

(二)货币乘数

中央银行对货币乘数的管理主要是通过影响商业银行的存款准备金率来实现。而存款准备金率由法定存款准备金率和超额存款准备金率共同组成。其中,法定存款准备金率是中央银行可以直接制定的。表 8-2 列出了自 1998 年以来中国货币乘数的变化。

表 8-2　1998—2004 年货币乘数变化表

	基础货币 (亿元)	法定存款 准备金率	M1(亿元)	M2(亿元)	m_1	m_2
1998 年	31 335.30	0.08	38 953.70	104 498.60	1.24	3.33
1999 年	33 620.00	0.08	45 837.30	119 897.10	1.36	3.57
2000 年	36 491.48	0.06	53 147.20	134 610.40	1.46	3.69
2001 年	39 851.73	0.06	59 872.59	158 302.50	1.50	3.97
2002 年	45 138.18	0.06	70 882.19	185 007.94	1.57	4.10
2003 年	52 841.36	0.07	84 118.81	219 226.81	1.59	4.15
2004 年	58 856.11	0.08	95 970.82	253 207.70	1.63	4.30

资料来源:中国人民银行报表。

注:m_1 是 M1 乘数,等于 M1 与基础货币的比值;m_2 是 M2 乘数,等于 M2 与基础货币的比值。

从表 8-2 中可以看出,我国的货币乘数一直呈上升趋势。下调法定存款准备金率会加大货币乘数,但为什么在上调法定存款准备金率之后,我国的货币乘数依然增大呢?2003 年 9 月 21 日,中央银行提高法定存款准备金率 1 个百分点。2003 年我国金

融机构的超额准备金率由 2002 年的 6.47％下降到 5.38％。2004 年 4 月 25 日,中央银行提高法定存款准备金率 0.5 个百分点,2004 年 6 月的超额存款准备金率为 3.75％。可以看到,法定存款准备金率的提高降低了我国商业银行的超额准备金率,却并没有使商业银行收缩贷款,这是因为商业银行存在较多的超额准备金,商业银行可以通过降低超额准备金,增加法定准备金来达到中央银行的新准备金率要求,不需要缩小贷款规模。从这个意义上说,商业银行可以通过控制超额准备金率,导致中央银行对货币供应量的控制失效。

尽管如此,我国货币供给的外生性还是很强的,由于我国特殊的体制情况,中央银行找到了直接控制商业银行贷款行为的方法,即信贷政策。中国目前的信贷政策大致包含四个方面内容:一是与货币信贷总量扩张有关,政策措施影响货币乘数和货币流动性。比如,规定汽车和住房消费信贷的首付款比例、证券质押贷款比例等。二是配合国家产业政策,通过贷款贴息等多种手段,引导信贷资金向国家政策需要鼓励和扶持的地区及行业流动,以扶持这些地区和行业的经济发展。三是限制性的信贷政策。通过"窗口指导"或引导商业银行通过调整授信额度、调整信贷风险评级和风险溢价等方式,限制信贷资金向某些产业、行业及地区过度投放,体现扶优限劣原则。四是制定信贷法律法规,引导、规范和促进金融创新,防范信贷风险。

中央银行对商业银行的影响能力非常大。中央银行对商业银行的贷款主要关注两个方面:第一,贷款质量;第二,贷款数量。对贷款质量的严格要求必然会导致贷款数量的下降。当中央银行需要紧缩货币供应量时,这两个目标是一致的。而当中央银行需要扩张货币供应量时,这两个目标就有可能产生矛盾。因此,中央银行往往会根据实际情况在这两个目标中进行取舍。

由于中国商业银行不良资产比率很高,中央银行在 1996 年提出了重视金融安全问题,要求商业银行提高贷款质量。中央银行对贷款质量的关注引起商业银行收缩贷款的行为,从而产生了"惜贷"现象。在 1998 年到 2002 年之间,中国面临通货紧缩,中央银行权衡之后要求商业银行扩大贷款规模。

从 2003 年年初开始,货币供应量、信贷规模、部分行业的投资需求超高速增长,从而导致物价上涨。这种情况下,中央银行除了实施提高存款准备金率等间接调控手段之外,还采取了极其严厉的"窗口指导",迫使商业银行收缩信贷。中国人民银行自 2003 年 6 月开始,连发数次通知,直接控制商业银行的贷款规模。可以看到,中央银行的这一政策对商业银行的贷款规模产生了重要影响。虽然我国中央银行于 1998 年放弃了贷款规模控制,货币政策由直接控制转为间接控制,但是只要国有商业银行为主的银行制度没有发生改变,中央银行就能够在很大程度上直接控制商业银行贷款规模。

由上分析可知,我国货币供给具有较强的外生性。

三、我国货币供给的内生性和外生性问题的争论

货币供给的内生性或外生性问题,是货币理论研究中具有较强政策含义的一个问

题。如果认定货币供给是内生变量,那就等于说,货币供给总是要被动地取决于客观经济过程,而货币当局并不能有效地控制其变动,自然,货币政策的调节作用,特别是以货币供给变动为操作指标的调节作用,就有很大的局限性。如果肯定地认为货币供给是外生变量,则无异于说,货币当局能够有效地通过对货币供给的调节影响经济进程。

对于我国货币供给的内生性和外生性哪一个更强是存在争议的。主要有两种观点。一种观点认为,中国货币供应量是非完全外生性的,但外生性程度是很强的。货币供应量的周期性变动主要受公众需求变化的影响,而不是来自货币当局或银行系统,但同时中央银行对货币供应量控制能力较强。另一种观点认为,中国经济生活中存在着货币供给的"倒逼机制",所以中国货币供应量具有很强的内生性。

具体来说,认为货币供给可由中央银行有效控制的观点,其论据有:一方面,经济体系中的全部货币都是从银行流出的,从本源上说,都是由中央银行资产负债业务决定的,只要控制住每年新增贷款的数量,货币供应的总闸门就可以把牢。另一方面,中国的中央银行不是没有控制货币供给增长的有效手段,而是没有利用好这个手段,如果不论来自各方的压力多么强大,中央银行始终不渝地按照稳定通货、稳定物价的政策严格掌握信贷计划,那么,货币供给就不会增长过快,等等。无疑,这是较为明确的货币供给外生论观点。

认为中国货币供应量具有很强的内生性,主要论据是信贷供应的"倒逼机制"。这种观点认为,在中国现行体制下,货币供给往往是被动地适应货币需求,中央银行很难实施各项既定的货币调节方案。企业的贷款需求总是迫使商业银行被动地增加贷款供应。中央银行在企业和商业银行贷款需求的压力下又不得不实行松动的、迁就性的货币政策,结果就会出现货币供给被动地适应货币需求的现象。具体地来说:

首先是企业部门的利益。企业特别是大中型国有企业的利益主要表现为:从国有银行取得贷款,维持和扩大生产运营,以实现预期任务和盈利目标。按照市场经济的一般原则,银行在发放贷款时首先要考虑企业的信誉和经济效益,但由于国有银行和国有大中型企业的千丝万缕的关系,银行通常会予以国有大中型企业更多的贷款。

其次是地方政府的压力。对于各个地方政府来说,尽快地发展本地区经济,扩大生产规模,增加就业,已成为普遍的行为特征,甚至包括使一些落后的、效益差的企业维持生存。这些不仅关系到本地区的财政收支,而且关系到本地区的社会稳定和政治安定。而实现这些要求,银行贷款的支持是极其重要的方面。因而银行也必然要受到来自地方政府的强大压力。虽然银行在资金、行政乃至人事上自成系统,但经营、生活于一个地区之内,也不能不考虑维护地方的利益。

企业和地方政府对经济增长和收入增长的偏好直接影响了货币供给的增长速度,而对于这种偏好,中央银行本身是难以左右的。这种机制说明,货币供给的变动实际上是内生的。

近些年,随着计量技术的引入,目前国内有很多学者对我国货币供给的内生性和外生性问题进行了实证研究,主要是从经验研究的角度,对中国货币供给进行外生性检验。一般研究认为,中国货币供应具有较强的内生性。而且相对于 M0 和 M1,M2 供给的内生性更明显。他们对此的解释是银行和居民对经济做出的反应改变了货币乘数和中央银行对货币总量进行控制的能力,从而影响了货币供给,使之具有很强的内生性。中国各层次货币供给总量都在不同程度上表现出一定的内生性,其原因在于企业投资软预算约束和中央银行作为金融体系的最后担保者,被迫向银行系统追加贷款的货币供给"倒逼机制"以及在结售汇条件下人民银行外汇占款增加而引起对基础货币扩张缺乏有效的自主控制能力。

总的来说,目前我国货币供给的内生性和外生性问题仍然存在一定的争议,尚无定论。

【本章小结】

货币供给指银行系统通过信用活动向生产和流通过程注入货币的经济行为。货币供给的主体是政府。

基础货币是由商业银行的法定存款准备金和流通中的现金构成的。

货币层次 M1 下的货币乘数 $m_1 = \dfrac{k+1}{k+r_d+e}$

货币层次 M2 下的货币乘数 $m_2 = \dfrac{k+1+t}{k+r_d+r_t \times t+e}$

其中,k、r_d、r_t、t 和 e 分别代表现金漏出率、活期存款法定准备金率、定期存款法定准备金率、定期存款与活期存款的比率、超额准备金率。

具有代表性的货币乘数有弗里德曼—施瓦兹的货币乘数、卡甘货币乘数和乔顿货币乘数。

货币供给理论是研究货币供给量由哪些因素所决定以及如何决定的理论。在货币供给方面,凯恩斯认为,货币供给是由中央银行控制的外生变量,新剑桥学派则认为中央银行对货币供应的控制能力和效果不像凯恩斯认为的那样绝对。新古典综合派提出有别于凯恩斯的"内生货币供应论",认为货币供应量主要是由银行和企业的行为决定的。弗里德曼认为控制货币供应量的最佳选择是实行"单一规则"。德国新经济自由主义学派的主要观点是货币供应的总原则应该是保证币值稳定。货币供给新论认为非银行金融机构的行为以及公众的行为也会对货币供给产生巨大影响。

对于我国货币供给主要有两种观点。一种观点认为,中国货币供应量是非完全外生性的,但同时中央银行对货币供应量控制能力较强。另一种观点认为,中国经济生活中存在着货币供给的"倒逼机制",所以中国货币供应量具有很强的内生性。

【思考与练习】

1.名词解释

存款乘数　基础货币　货币乘数　货币供给的内生性　单一规则

2.简要分析货币乘数的决定因素及其影响。

3.论述货币供给理论的主要观点。

4.假设某一中央银行的资产负债表如下：

某中央银行的资产负债表

单位:亿元

负　债		资　产	
准备金	10 000	贷款	52 000
现金	40 000		
政府债券	2 000		

(假定考虑 M1 货币层次)

(1)如果准备金仅指活期存款法定准备金,且活期存款法定准备金率为5%,不考虑其他因素,此时货币乘数是多少? 货币总量又是多少?

(2)如果准备金包括活期存款法定准备金和超额准备金,在法定存款准备金率为5%,超额准备金率为2%的情况下,货币乘数和货币总量分别是多少?

(3)在活期存款法定准备金率为5%的情况下,商业银行不保留超额准备金,中央银行向商业银行出售2 000亿元政府债券,请问基础货币会怎样变化?

5.假设考虑货币层次为M2,公众持有现金为500亿元。中央银行法定活期存款准备金率为10%,法定定期存款准备金率为5%,现金漏出率为20%,定期存款与活期存款的比率为40%,商业银行的超额准备金率为18%。问:货币乘数是多少? 货币供应量M2是多少?

第9章　货币均衡

学习内容与要求：

　　了解货币均衡的含义及意义，理解货币失衡的概念及表现，掌握货币失衡的原因及其治理。

　　货币不仅仅是现代经济中商品交换的媒介物，而且它也影响着国民经济的发展及运行。研究货币需求的决定规律和货币供给的创造及控制机理，其目的就在于追求货币供给和货币需求的均衡。货币供求的相互作用折射出了国民经济运行的状态及过程，在国民经济运行的某个时期，其运行状况必然要通过货币均衡或失衡反映出来。

第一节　货币均衡的含义及意义

　　货币均衡是中央银行追求的目标，物价稳定是中央银行货币政策目标之一。

　　货币均衡指一国的货币供应量基本符合一定时期社会所必要的货币量。其基本标志是：

　　货币供应量＝货币需求量

　　或 $M_s = M_d$

　　在货币市场上，以下几种情况都可视为货币供求均衡：

　　第一，货币均衡是货币供求作用的一种状态，是指货币供给与货币需求相等，即单纯的货币市场均衡。

　　第二，货币均衡是一个动态过程，它并不要求在某一具体时间上货币供给与货币需求完全相等，它允许短期内货币供求之间有一个可以接受的不一致状况，但在长期来看二者大体一致。

　　在 $MV = PY$ 中，由于货币供给的变动必然引起 V、P、Y 的相应变动，使货币供求关系在新的变动中平衡。但如果货币供给变动后对 Y 的影响不大，主要通过 V 及 P 的变化形成新的货币需求与货币供应相等，那么，在这个过程中，货币需求量由于货币供给量的变动而发生了变化，由此形成新的均衡就是货币的均衡。因此，货币均衡是一种动态的均衡，是一个由均衡到不均衡，再由不均衡恢复到均衡的不断变动的过程。

　　第三，货币均衡是货币供求在一定范围内相互偏离的广义均衡，而不是严格意义上的货币供给相等。这是由于货币需求是一个内生于国民经济的变量,作为一种内生变量,它受到多种因素的影响,因此只是一个模糊的区间,而不可能是一个确定的数值。同时,由于经济体本身就是一个错综复杂的体系,各种供求因素在运动过程中相互制约、相互影响,货币供给量相对于其需求量来说,多一点或少一点,只要在一定限度内,不致引起价格大的涨跌和大的经济波动,在一段时间范围内,经济体自动会趋于均衡。

总之,货币均衡是货币供给量与需求量之间的一种复杂的、动态的、广义的均衡。在货币均衡的状态下,市场繁荣、物价稳定,社会再生产过程中的实物替换和价值补偿都能正常、顺利地进行。

下面我们以单纯的货币市场均衡为例来说明货币均衡问题。

一、单纯的货币市场均衡

(一)单纯的货币市场均衡的概念

如果不考虑其他问题的话,货币市场的均衡就是指货币的供给等于货币的需求。或者更确切地说是货币供给与实际货币需求量的均衡。即

$$M_S = L = L_1(y) + L_2(r) = ky - hr$$

其中,M_S 为货币的供给;L_1 是货币的交易需求(由交易动机和预防动机引起的),它随收入的增加而增加;L_2 是货币的投机需求,它随利率的上升而减少。因此,国民收入增加使货币交易需求增加时,利率必须相应地提高,从而使货币投机需求减少,才能维持货币市场的均衡。反之,收入减少时,利率必须相应地下降,否则,货币市场就不能保持均衡。

如图 9-1 所示,左图是货币需求曲线,它与利率呈反方向变动的关系。而货币供给与利率无关(中图),它是由货币当局主观意志决定的。不管市场的利率如何变动,货币当局都会按自己的意愿确定一个货币供给量,因此,货币供给曲线是一条垂线。在货币供给曲线与货币需求曲线相交的那一点,即为货币均衡点,如右图,两曲线交点 E 即为货币均衡点。在这一点上,货币的供给量等于货币需求量,市场利率为 r^*。

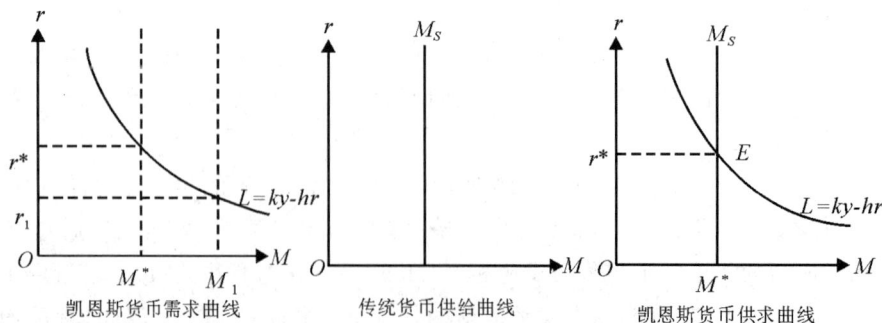

图 9-1 单纯货币市场的货币均衡

二、货币市场和产品市场的同时均衡

　　然而,货币市场的纯货币均衡是没有意义的。因为,货币始终只是商品流通的润滑剂而已。我们之所以需要货币,不是为货币而货币,而是为了实现商品的价值,从而出清市场,使社会再生产能够进行下去,让社会财富不断增长。

　　所以,经济学所讲的均衡,通常是指货币市场与产品市场同时均衡,又称总供求均衡。在西方经济学中总供求均衡是通过 IS 线与 LM 线来描述的。

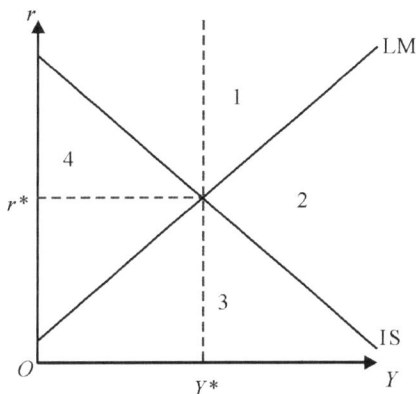

图 9-2　实际利率论示意图

　　怎样才能实现产品市场与货币市场同时均衡呢? 如图 9-2,按凯恩斯学派的理论描述就是,当 IS 线和 LM 线相交时,商品市场和货币市场就同时实现了均衡,即:

$$\begin{cases} I(r) = S(Y) \\ L_1(Y) + L_2(r) = M \end{cases}$$

　　这就是 IS—LM 模型,又称为"希克斯—汉森模型"。它是由英国经济学家 J.R.希克斯在 1937 年首先提出,后经美国经济学家 A.汉森等人补充发展而成的。

小资料9-1　希克斯和汉森

　　约翰·理查德·希克斯(1904—1989)英国人,他曾就学于牛津大学(1922—1926年),执教于伦敦经济学院(1926—1935 年)。他曾任曼彻斯特大学教授(1935—1946年),从那里转到牛津大学,先为纳菲尔德学院的研究员,自 1952 年起直至退休(从教学岗位上退下,但未停止写作),任德拉蒙德政治经济学讲座教授和万灵学院研究员。1935 年,他与厄休拉·韦布(Ursula Webb)结婚,后者是一位知名的财政学专家,在许多关于财政学的理论及其对各类国家应用的著作的写作过程中,他曾与她合作。约翰·希克斯在 1951 年曾任皇家利润与所得税委员会委员。他于 1942 年成为英国科学院院士,1964 年被封为爵士,1972 年与肯尼思·阿罗(Kenneth J. Arrow)共同获诺贝尔经济学奖。

希克斯是这样一个时代的产儿,这个时代是孕育了大量的全面的经济理论家——对几乎任何理论问题都能给予注意的经济学家——的最后一个时代。他们当中的佼佼者(其中希克斯肯定算一个),在经济学的大多数主要新分支和争论问题逐一引起他们本身及其同时代人的兴趣时,都在这些问题的探讨中留下了他们的印记。正是一位对货币经济学感兴趣的价值理论家(指希克斯——编者注),在《凯恩斯先生与古典学派》一文[《经济计量学》(*Economitrica*),1937年]中提供了一个对凯恩斯《通论》的解释,这一解释比起原书来也许产生了更为直接的影响([英]约翰·伊特韦尔,默里·米尔盖特,彼得·纽曼编.新帕尔格雷夫经济学大辞典,第二卷,北京:经济科学出版社,1996,691)。就是在该文中,希克斯吸收了《通论》的基本思想,第一次阐述了IS—LM模型和"流动性陷阱"的概念。该文发表后产生了深远的影响。

阿尔文·哈维·汉森(1887—1975),美国经济学家,凯恩斯主义在美国的主要代表人物和传播者之一。1918年获威斯康星大学博士学位,先后执教于威斯康星大学、布朗大学和明尼苏达大学和哈佛大学,退休后曾任耶鲁大学客座教授,曾任1937年度美国统计协会副会长,1938年度美国经济协会会长,多次被聘为政府顾问,发表的论著很多,在经济学方面有许多贡献,对凯恩斯主义的传播和发展起了多方面的促进作用,包括对《通论》的积极宣传和全面的通俗化解释,提出乘数—加速数模型(即汉森—萨缪尔森模型),最初的IS—LM模型是由约翰·希克斯爵士采用,作为一个框架,来澄清凯恩斯的理论与他的先行者们的理论之间的关系的(可是,在希克斯的著名论文《凯恩斯先生和古典学派》中,现在人们所熟悉的那个图用的却是SI—LL符号)。进一步严格地在基本的IS—LM结构中去阐释凯恩斯的理论贡献的尝试,是由阿尔文·哈维·汉森等人作出的。(高鸿业主编.西方经济学学习与教学手册,北京:中国人民大学出版社,2005,331;[英]约翰·伊特韦尔,默里·米尔盖特,彼得·纽曼编.新帕尔格雷夫经济学大辞典,第二卷,北京:经济科学出版社,1996,1075.)

这一模型常被用来分析财政政策和货币政策对经济的影响。当实施扩张性财政政策时,财政支出增加从而拉动投资和消费,IS曲线会向右移动,从而使得国民收入增加,利率上升。反之,当实施紧缩性财政政策时,政府通过减少财政支出或提高税收,使社会投资和消费下降,导致IS曲线向左移动,使国民收入减少,利率降低;而扩张性货币政策对LM曲线也会产生影响,随着货币供给量的增加,LM曲线也会右移,引起国民收入增加,利率下降,反之,实施紧缩性货币政策时,货币供给量减少,LM曲线向左移动,国民收入减少,利率上升。

三、研究货币均衡的意义

在现代社会中,人们研究货币均衡问题,并不是为货币均衡而研究货币均衡,而是要通过货币均衡去寻求社会总供求的均衡,因为保持社会总供求的均衡在很大程度上关系着整个经济是否能够协调、稳定、健康地发展。货币的供求与社会总供求有十分密切的联系,一般地说,经济社会的均衡,既包括商品和劳务等实物经济中的社会总供给与社会总需求的均衡,也包括货币总供给与货币总需求的均衡。对于前者来说,社会总需求更多地表现为制约着社会总供给的变化,对于后者来说,货币供应从根本上说受制于货币需求。

事实上,人们对社会总供求均衡的关注就是在货币产生以后才开始的。正是由于货币的产生,使得买与卖在时空上脱离,从而可能形成供求失衡的状态,因此,对于如何调节这种失衡的状态经济学家说法不一,但大家都会不约而同地想到货币,通过间接控制货币供求均衡,来达到社会总供求平衡的目的。

同时,在现实生活中,人们在观察总供求均衡下的货币均衡时,常常通过社会总需求和总供给的对比,从而通过价格水平和国民收入的一定组合作出判断。若以 AS 代表总供给,AD 代表总需求,以 M_s 和 M_d 分别代表货币供给和货币需求,那么,总供求均衡与货币供求均衡的联系可简单表示为:

$$AS = AD$$
$$\downarrow \qquad \uparrow$$
$$M_d = M_s$$

这说明,只要货币供给是按照由总供给决定的货币需求来决策和操作的,而且货币供给在形成总需求(现实的投资需求和消费需求)的过程中不发生异常情况(如货币流通速度加快或减慢),那么,总需求与总供给就必然会达到均衡。因此,货币均衡同社会总供求均衡具有内在的统一性和一致性。

如同产品市场和货币市场在一定的利率和国民收入水平下达到共同均衡,能够从根本上反映货币均衡一样,社会总供求在一定的价格和国民收入水平下达到均衡,也反映了货币均衡的根本实现。

综上,我们可以看到,经济的稳定和协调发展,关键在于社会总供求是否均衡,社会总供给是决定货币需求的主要因素,社会总需求又是由货币供给形成,研究货币均衡的目的是为了社会总供求的均衡。

四、货币均衡的经济意义

如上所述,货币均衡意味着中央银行实现了货币政策目标,同时,它对实现社会总供求的均衡也具有十分重要的意义。在货币均衡状态下,市场物价基本稳定,商品市场供求状况良好,生产正常增长。因此,实现货币均衡对一国国民经济的发展具有重要的经济意义。

(1)货币均衡是国民经济按比例协调发展的综合反映。通过以上分析,我们知道,货币均衡体现了一定时期的社会总供给与社会总需求的均衡。而社会总供求平衡是商品经济社会按比例发展国民经济的集中体现。

(2)货币均衡是一国货币币值稳定的基本条件。当市场上货币供给偏多,势必会引起物价上涨,这就意味着货币供求失衡,在这种条件下,中央银行难以实现其稳定币值、调控经济良性运行等的货币政策目标。

(3)货币均衡是保证和促进国民经济健康发展的重要条件。马克思指出,货币是生产的第一推动力和持续推动力,但却不是现实的再生产要素。货币供应量应与国民经济对货币的实际需求量相适应。货币均衡是保证和促进国民经济健康发展的重要条件,当一国货币供求失衡持续、严重地发展下去时,对整个国民经济稳定及人民福利的伤害是非常巨大的。关于这一点第二节及第十章通货膨胀与通货紧缩会详细阐述。

第二节 货币失衡

一、货币失衡的概念

货币失衡,是相对于货币均衡而言,指货币供给量与货币需求量之间的偏离已达到了影响经济正常运行的程度,即货币供求之间出现了严重的失衡。米尔达尔将"货币利率从正的方向或是从负的方向离开了自然利率"视为货币失衡的标志。货币失衡有两种状态:一是货币供给量不足,即通货紧缩;二是货币供给量过大,极易导致通货膨胀。

$M_s > M_d$ 和 $M_s < M_d$ 是货币失衡的两种表现。前者意味着对货币购买力的需求小于货币的供给,在价格自由变动的情况下,会出现物价上涨,通货膨胀;在物价受到严格管制的情况下,表现为商品供应紧张,强制储蓄。而后者的出现则表示存在着过多的货币需求,但货币供给不足,从而出现生产停滞,通货紧缩,经济衰退。从历史和现实来看,货币失衡的表现形式主要是通货膨胀,但有时也表现为通货紧缩。这一部分我们在下一章详细叙述。

总之,当货币供求出现失衡时,宏观上会表现为物价上涨或经济衰退,即我们下一章要介绍的通货膨胀与通货紧缩。

二、货币失衡的原因

货币失衡后,如何使之重新走向均衡,自然成为人们关注的热点,因此,分析货币失衡的原因十分重要。

货币供给量小于货币需求量的原因可能是:一是经济发展了,商品生产和流通的规模扩大了,但货币供给量没有及时增加,人们的交易需求得不到满足,从而导致流通中货币短缺。但在现代经济体中,这种情形出现的概率很小,因为增加货币的供给量对于货币当局来说,在技术上没有任何障碍。二是在货币供给量约等于货币需求量的基础上,货币当局紧缩银根,减少货币供给量,从而使得本来的供求均衡走向失衡状态。三是在经济危机时期,由于正常的社会信用关系被破坏,资金链断裂,社会经济主体对货币需求增加,而货币供给却相对滞后,这也会引起货币供求的失衡。

货币供给量大于货币需求量的原因主要有两个:一是财政赤字,并且这种赤字是在银行没有准备的前提下形成自动透支,从而导致货币供给过量;二是因为银行贷款规模过度扩大,超越了经济发展的客观需要,从而造成存款货币和现金货币过多。货币供给量过多导致的货币失衡一般会使社会总需求膨胀,形成太多的货币追求太少的商品局面,出现商品价格普遍上涨,诱发通货膨胀。

总之,货币供求失衡可能导致经济的萎缩和通货膨胀,不利于经济健康、持续、稳定的发展。因此,政府就有了干预货币供求的职能。关于政府对货币失衡的干预措施将在第十章"通货膨胀和通货紧缩"中详细说明。

第三节 我国对货币均衡理论的探索

有些经济学家指出:与发达国家相比,中国的货币均衡有着自己的特征。这是由于:一是利率官定决定了利率无弹性,导致货币需求与利率之间的关系变得更加捉摸不定。二是国有企业的预算软约束极易引发投资饥渴症。虽然这两点在新世纪的第一个五年中已经得到相当大的改善,但其造成的影响至今还没有完全消除。特别是近年来,由企业投资饥渴向地方政府的投资饥渴转化,更是带动货币市场的非理性运作。

而对于中国产品市场与货币市场的同时均衡问题,专家们持较为悲观的观点。

中国的 IS 线和 LM 线均比西方国家的更陡峭。这使我国的市场均衡利率远远高于正常的市场经济国家。投资的机会成本相当高。但是居民对利率的反应又相对迟钝,即使市场利率大幅度下降,居民的货币需求也不会迅速增长。而居民储蓄却会始终以一个相当高的速度增长。

这样,我国商品市场和货币市场均衡便显示出与其他国家极不相同的特征:

(1)均衡利率相对较高;

(2)即使在商品市场基本均衡的条件下,我国的货币需求仍然会大于货币的供给;

(3)我国经济将长时间处于货币市场非均衡状态下运行。

然而,在本世纪最初几年中,这种观点开始过时。由于投资环境的改善,外资大量涌入,国家的外汇储备迅速增加和国内经济的迅猛发展,资本积累和积聚速度提高,国内的货币市场出现了新的动向。货币供给与货币需求在 2002 年至 2003 年之间开始出现基本平衡的趋向。至 2005 年底,我国的货币已经出现流动性过剩的局面。这着实出乎大多数经济学家的意料。

因此新一轮的货币均衡理论的探索又开始了。

有些学者[1]将货币的需求定义为:

$$\Delta M_d = \frac{1}{K_M} \Delta Y + \frac{p-1}{K_M} Y_{-1} - \frac{\beta}{i_n - i_k} \Delta i$$

而将货币的供给定义为:

$$\Delta M_s = \frac{1}{K_M} \Delta Y + \frac{p-1}{K_M} Y_{-1} + \Phi \Delta i$$

---

[1] 左建华.总量经济学.北京:人民出版社,2002

如果希望货币需求增量等于货币供给增量,即 $\Delta M_d = \Delta M_s$

实际上就是要求 $-\dfrac{\beta}{i_n - i_k}\Delta i = \Phi \Delta i$

约去等式两边的 Δi 可得 $\Phi = -\dfrac{\beta}{i_n - i_k}$

式中,Φ 和 β 是两个常系数。Φ 代表货币供给的利率敏感系数,$\dfrac{\beta}{i_n - i_k}$ 则是货币需求的利率敏感系数,负号表示其变动的方向性。如果 Φ 趋向于 0,则经济运行对于货币政策的反应极弱,或说货币政策无效。这个结论与弗里德曼的结论极其相似。而用来解释很多中国的经济现象,效果也很好。

这个模型的特点还在于,将问题细化到增量。货币供给与需求的均衡不取决于存量,而取决于增量。

这个模型的另一个特点在于:证明了在利率恒定的条件下,即 $\Delta i = 0$,货币需求与货币供给的性质相同。增加和减少货币供给,只会影响货币流通速度和价格水平,不会给经济带来任何实质性进步。

小资料 9-2 2022 年第二季度中国货币信贷概况

2022 年以来,人民银行以习近平新时代中国特色社会主义思想为指导,贯彻落实党的十九大、十九届历次全会、中央经济工作会议精神和《政府工作报告》要求,把稳增长放在更加突出的位置,加大稳健的货币政策实施力度,更好发挥货币政策工具的总量和结构双重功能,货币信贷和社会融资规模合理增长,信贷结构不断优化,社会综合融资成本稳中有降,有力支持稳定宏观经济大盘。

一、银行体系流动性合理充裕

2022 年以来,货币政策稳字当头、稳中求进,根据宏观形势变化靠前发力,综合运用降准、上缴利润、中期借贷便利(MLF)、再贷款、再贴现、公开市场操作等多种方式投放流动性,灵活把握公开市场操作力度和节奏,保持流动性合理充裕,货币市场利率中枢下行,为稳定宏观经济大盘、保持经济运行在合理区间提供了适宜的流动性环境。6 月末,金融机构超额准备金率为 1.5%,比上年同期高 0.1 个百分点。

二、金融机构贷款较快增长,贷款利率处于低位

信贷支持实体经济力度加大。今年二季度以来,受新冠肺炎疫情及经济下行压力的影响,企业尤其是中小微企业经营困难增多,信贷需求转弱,贷款增长一度有所放缓。人民银行连续召开主要金融机构、人民银行全系统、政策性银行"一把手"货币信贷形势分析座谈会,支持金融机构在审慎经营前提下,按市场化原则加大贷款投放。5 月下旬以来,随着稳经济一揽子政策措施加快落地,疫情防控取得积极成效,市场预期改善,信贷需求边际好转。5 月、6 月人民币贷款同比均明显多增。6 月末,金融机构本外币贷款余额为 212.3 万亿元,同比增长 10.8%,比年初增加 13.8 万亿元,同比多增6 292 亿元。人民币贷款余额为 206.4 万亿元,同比增长 11.2%,比年初增加 13.7 万亿元,同比多增 9 192 亿元。

三、货币供应量合理增长

货币信贷总量合理增长,有力支持实体经济。6月末,广义货币供应量(M2)余额为258.1万亿元,同比增长11.4%。狭义货币供应量(M1)余额为67.4万亿元,同比增长5.8%。流通中货币(M0)余额为9.6万亿元,同比增长13.8%。2022年上半年现金净投放5 186亿元,同比多投放5 154亿元。

资料来源:中国人民银行官网,2022年8月10日。

【本章小结】

1. 货币均衡指一国的货币供应量基本符合一定时期社会所需要的货币量。

在货币市场上,以下几种情况都可视为货币供求均衡:

(1)货币均衡是货币供求作用的一种状态,指货币供给与货币需求相等,即单纯的货币市场均衡;

(2)货币均衡是一个动态过程;

(3)货币均衡是货币供求在一定范围内相互偏离的广义均衡,而不是严格意义上的供求相等。

2. 单纯的货币市场均衡就是指货币供给与实际货币需求量的均衡。即:

$$M_S = L = L_1(y) + L_2(r) = ky - hr$$

3. 讲述产品市场和货币市场均衡的模型是IS—LM模型,又称为"希克斯—汉森模型"。它是由英国经济学家J.R.希克斯在1937年首先提出,后经美国经济学家A.汉森等人补充发展而成的。

4. 研究货币均衡的意义是要通过货币均衡去寻求社会总供求的均衡,同时根据社会总供求的均衡来判断货币均衡。

5. 货币失衡有两种状态,一是通货紧缩,二是通货膨胀。

【思考与练习】

1. 什么是货币均衡? 如何观察和判断货币均衡?

2. 简述IS—LM模型。

3. 请说明货币均衡与社会总供求均衡的关系。

4. 货币失衡的原因是什么? 如何治理?

第*10*章 通货膨胀和通货紧缩

学习内容与要求：

　　了解通货膨胀和通货紧缩的类型、成因及治理；理解通货膨胀与通货紧缩的含义；掌握通货膨胀的类型、成因；熟练掌握通货膨胀的衡量。

　　宏观经济运行的理想状态是保持社会总供求的均衡，然而，实际经济中的总供求对比状况并非尽如人意，理想的均衡状态常常难以实现。本章的主要内容是对宏观经济的两种失衡状态——通货膨胀和通货紧缩——进行阐述，包括通货膨胀的各种定义、类型、产生的原因和治理对策及对通货紧缩的一般理解、原因和治理对策等。

第一节　通货膨胀概述

　　在纸币流通的当今世界，通货膨胀是当今世界各国经济发展中普遍存在的问题，它同股票、货币和利率等词汇一样，成为人们司空见惯的经济学术语。世界各国，无论是发达国家，还是发展中国家，都遭遇过或正在遭遇不同程度的通货膨胀。自20世纪70年代以来，通货膨胀更成为世界性经济现象，备受关注。因此，对通货膨胀问题的探讨也是经济学家研究的一个重要内容，尤其是对通货膨胀产生的原因及其治理的研究更成为世界各国经济研究的重点课题，通货膨胀理论也成为金融理论的重要组成部分。

一、通货膨胀的含义

　　如何科学地定义通货膨胀，各国的经济学家众说纷纭。颇具权威的《大英百科全书》认为："不存在一个唯一的普遍接受的关于通货膨胀的定义。"但是所有相关表述都不约而同地把通货膨胀与物价总水平的持续上涨直接联系在一起。

　　西方经济学界对通货膨胀的定义大致有两种倾向：一种是用物价总水平的持续上升来定义，代表人物是美国经济学家保罗·萨缪尔森，他认为，"通货膨胀的意思是物品和生产要素的价格的普遍上升——面包、汽车、理发价格上升,工资、租金等等也都上升。"①杜森贝里在他和托马斯·梅耶所著的《货币、银行与经济》(第三版)中也将通货膨胀定义为价格水平的明显和持续上涨。他们认为这种价格水平的明显上涨表现为每年上涨超过 1%,而且这种明显上涨具有持续性,至于这种价格要上涨多长时间才能称为通货膨胀呢?有些经济学家说至少要 2 年,而有些经济学家可能把这一界线限为 1 年。另一种观点则认为只有由货币数量的过度增长引起的物价上涨才是真正的通货膨胀。如当代货币主义学派米尔顿·弗里德曼就认为,"通货膨胀是一种货币现象,起因于货币量的急剧增加超过生产的增长……如果货币数量增加的速度超过能够买到的商品和劳务增加的速度,就会发生通货膨胀。"新自由主义经济学代表人物哈耶克指出:"通货膨胀一词的原意和真意是指货币数量的过度增长,这种增长会合乎规律地导致物价上涨。"

在我国的经济理论著作和货币银行学教科书中,一般将通货膨胀的含义表述为:通货膨胀是指由于货币供应过多而引起货币贬值、物价上涨的货币现象。

在把握通货膨胀的含义时,应注意:第一,物价的上涨不是指一种或几种商品的物价上涨,而是指物价水平的普遍上涨,即物价总水平的上涨。第二,不是指物价水平一时的上涨,而是指持续一定时期的物价上涨。

通货膨胀作为一种货币供应过多引起的经济现象,存在于一切信用货币制度的国家中。只要有信用货币的流通,就会有通货膨胀的可能。我国历史上也发生过多次或大或小的通货膨胀,在国民党政府统治时期,通货膨胀让动荡的社会雪上加霜,如 1949 年 5 月,国民党政府金圆券的发行量折合法币高达 2 万亿亿元,上海的物价指数由 1937 年 6 月的 100,上升为 3 637 万亿,这与一战后 1923 年的德国通货膨胀一起,被并称为世界货币史上的两大噩梦。新中国成立后,由于受极"左"思潮的影响,我国理论界忌言通货膨胀,认为通货膨胀是资本主义特有的经济范畴和经济规律,是资本主义生产方式内在矛盾的必然结果,而在社会主义制度的国家里,就无所谓通货膨胀了。事实上,在新中国成立后的 50 多年来,曾经几次不同程度、不同形式地出现过通货膨胀。改革开放后,理论界才开始大胆承认通货膨胀在我国也存在,才开始议论、研究通货膨胀。尤其是近些年,在中央银行提出的货币政策中,无论是积极的货币政策还是稳健的货币政策,其目的无一不是为了确保物价稳定。

二、通货膨胀的衡量

描述通货膨胀的主要工具是通货膨胀率,而通货膨胀的严重程度也是通过通货膨胀率这一指标来衡量的。

通货膨胀率通常被定义为从一个时期到另一个时期价格水平变动的百分比。t

---

① 萨缪尔森.经济学(上册).北京:商务印书馆,1979,380.

期相对于 $t-1$ 期的通货膨胀率 π_t 就是：

$$\pi_t = \frac{P_t - P_{t-1}}{P_{t-1}}$$

其中，P_t 和 P_{t-1} 分别表示 t 期和 $t-1$ 期的价格水平。

价格水平的高低则是通过各种价格指数来反映。价格指数是以基期或报告期产量为权数计算的报告期价格与基期价格之比。常用的价格指数有消费物价指数（CPI）、生产者价格指数（PPI）和 GNP 平减指数或 GDP 平减指数。

1.消费物价指数（Consumer Price Index，CPI）

该指数通常根据家庭消费中比较有代表性的零售物价指数和服务项目价格变动情况而编制。它反映了不同时期居民生活消费水平变动情况及不同时期生活消费的商品和劳务项目价格变动的趋势和程度。这一指数的优点是资料容易搜集，公布次数较频繁，我国统计局每月公布一次，因而能及时地反映影响社会公众生活费用的物价趋势。而且由于它与社会公众的生活密切相关，所以被许多国家使用且备受关注。但它的缺点是范围较窄，消费品只是社会最终产品的一部分，不能说明全面情况，具有一定的局限性。

图 10-1 是我国 1987 年 1 月—2023 年 3 月的 CPI 月度数据，从图中可以看出，从 1987 年 1 月开始我国的居民消费物价指数总体呈不断上升的态势，该指数分别在 1989 年 2 月和 1994 年 11 月达到最高值，这两个月的 CPI 分别为 128.4 和 127.5，之后该指数不断回落，该图中最低值出现在 1999 年 4 月和 5 月，这两个月的 CPI 均为 97.8。

图 10-1 1987 年 1 月—2023 年 3 月的居民消费物价指数

资料来源：新华网（https://www.cnfin.com/data/macro-data/index.html）

2.生产者价格指数（producer price index，PPI）

该指数反映了全国生产资料和消费资料批发价格的变动程度和趋势。以生产者价格指数衡量通货膨胀基本能准确反映商品流通中的物价变化情况。这一指数的优点是比较灵敏地体现生产者生产成本的变化善，缺点是未将劳务价格包括在内，不能用以反映整个物价的变动情况。图 10-2 是我国自 1996 年 10 月至 2023 年 3 月 PPI 同比变化趋势和程度，通过该指数也可以观察出厂价格变动对工业总产值及增加值的影响。

图 10-2　1996 年 10 月—2023 年 3 月工业品出厂价格指数(同比)

资料来源:新华网(https://www.cnfin.com/data/macro-data/index.html)

图 10-3 是我国 1990—2011 年工业品的出厂价格指数,它反映了这些年我国全部工业产品出厂价格总水平的变动趋势和程度,通过该指数也可以观察出厂价格变动对工业总产值及增加值的影响。

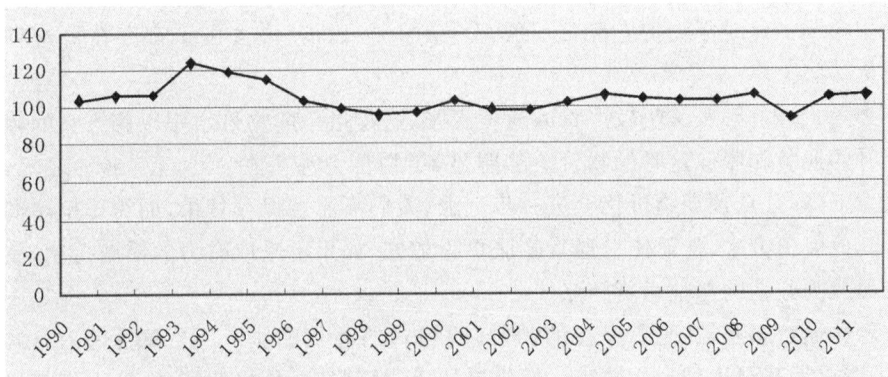

图 10-3　1990—2011 年工业品的出厂价格指数(上年＝100)

数据来源:中华人民共和国国家统计局。

3.国民生产总值平减指数(GNP deflator)或国内生产总值平减指数(GDP deflator)

国民生产总值或国内生产总值平减指数是按当年价格计算的国民生产总值或国内生产总值与按不变价格计算的国民生产总值或国内生产总值的比率。例如,某国 1985 年的 GNP 按当年的现行价格计算为 11 300 亿美元,而按 1980 年为基期,即以 1980 年为 100 计算则为6 896亿美元,则 1985 年的 GNP 平减指数为 $\frac{11\ 300}{6\ 896} \times 100\% =$ 164%,也就是说,1985 年与 1980 年相比,物价上涨了 64%。

GNP 或 GDP 平减指数的优点是涵盖范围广,既包括消费资料,也包括生产资料;既包括有形商品,也包括无形商品(劳务),能准确反映物价总体水平的变动情况。缺点是资料难搜集,多数国家每年只统计一次,且易受价格结构因素的影响,不能迅速反映通货膨胀的程度和动向;国民生产总值或国内生产总值包括与居民生活并无直接关系的生产资料和出口商品,它不能准确反映物价对居民生活的影响。

以上三种物价指数是衡量通货膨胀的主要指标。由于这三种物价指数涉及的商品和劳务不同,计算口径各异,因此,即使在同一个国家的同一时期,各种物价指数所反映出来的通货膨胀程度也有差别。一般来说,在衡量通货膨胀时,使用最普遍的是消费物价指数。如果用消费物价指数来衡量价格水平,则通货膨胀率就是不同时期的消费物价指数变动的百分比。假定一个经济的消费物价指数,从去年的100增加到今年的117.1,那么用通货膨胀率的计算公式计算可知,这一时期的通货膨胀率为:$\frac{117.1-100}{100}=17.1\%$。

三、通货膨胀的类型

从不同的角度可以把通货膨胀划分为以下几种类型:

(1)按价格上涨的程度进行划分,分为温和通货膨胀、奔腾式通货膨胀和恶性通货膨胀。

温和通货膨胀又叫爬行通货膨胀,这是指一般物价水平以不太大的幅度持续上升的通货膨胀。此时年物价上涨率一般都会在10%以内,许多国家都存在着这种温和式通货膨胀。

奔腾式通货膨胀又叫较严重的通货膨胀,这是指一般物价水平以相当大的幅度持续上升的通货膨胀。这时的物价上涨明显,年物价上涨率在10%至100%之间,货币购买力下降,公众预期物价仍会进一步上涨,人们不愿意保存货币,而纷纷抢购商品或寻求其他保值方式,从而使得通货膨胀更为加剧,如果不采取有力的措施控制,就有可能发展成为失控的恶性通货膨胀。

恶性通货膨胀,这是指失控的、野马脱缰式的通货膨胀。通货膨胀率在100%以上,最严重者甚至达到天文数字。发生这种通货膨胀时,价格持续猛涨,人们都尽快使手中货币脱手,货币完全失去了人们的信任,购买力猛降,各种正常的经济联系受到破坏,甚至导致整个货币制度的崩溃。严重者,还会导致社会动乱。

在萨缪尔森的《经济学》里有一段描述美国南北战争时期南部联邦通货膨胀的文字:在过去,我们把钱放在衣服口袋里到商店去,而用篮子装回食物。现在,我们把钱放到篮子里到商店去,而用衣服口袋装回食物,什么都是缺乏的,除了货币以外! 价格混乱,生产趋于崩溃。在过去,一顿饭的价格和一张歌剧票差不多,现在,则值后者的20倍。每个人都贮藏"东西"并且尽可能用掉"坏的"纸币。"坏的"纸币把"好的"金属货币赶出了流通领域。结果是,部分地回复到不方便的物物交换的状况。

再比如,2008年非洲国家津巴布韦物价飞涨,通货膨胀十分严重,官方公布的年通货膨胀率高达2 200 000%。为应对通货膨胀,津巴布韦中央银行发行单张面额达1 000亿津元的钞票。当然,这种恶性通货膨胀是极其罕见的,它仅仅在战争时期或者战争的余波和革命中出现。

（2）按表现形式不同划分，分为隐蔽的通货膨胀和公开的通货膨胀。

隐蔽的通货膨胀是在物价受管制的条件下，过量的货币供给不能直接地通过物价反映出来，导致过量的货币供给加大了市场的供求差额，从而造成市场供应发生持续普遍的短缺现象。由于政府运用了计划和行政管制手段抑制了物价的上涨，使通货膨胀的压力不能通过一般物价水平的上涨表现出来，而是以非价格的方式，如商品与物资的短缺等表现出来。这时一旦解除了物价管制就会发生较严重的通货膨胀。

公开的通货膨胀是在正常的市场经济条件下，过量的货币供给通过物价较大幅度的持续上涨表现出来。在市场经济条件下，特别是在较为发达的市场经济中，由于市场机制较为完善，且没有政府的直接干预，货币的多少直接影响着物价水平的升降。因此，通货膨胀便以物价水平的公开上升形式表现出来，物价水平的上升幅度可以准确地反映通货膨胀的程度。

（3）按是否预期到划分，分为预期的通货膨胀和非预期的通货膨胀。

预期的通货膨胀是在通货膨胀发生之前，人们便预见到它以一定的物价上涨率出现，而事实上它又确实以这一上涨率出现；非预期的通货膨胀是指人们对未来通货膨胀无法加以正确预测，既不能确定是否出现，也不能确定其上涨幅度，但通货膨胀又真的发生了。

这种划分与传统的通货膨胀理论的不同之处在于，人们一旦产生了所谓的通货膨胀预期，就会在各种交易、合同、投资中将预期通货膨胀率计算在内，从而使政府的各种政策措施失去效力，并在无形中加重了市场通货膨胀的压力，使得物价进一步上涨。

（4）按通货膨胀产生的原因划分，分为需求拉上型通货膨胀、成本推进型通货膨胀、供求混合推进型通货膨胀、结构性通货膨胀等。详见下节。

第二节　通货膨胀的成因、影响及其治理

一、通货膨胀的成因

（一）西方学者对通货膨胀成因的解释

在西方众多解释通货膨胀的理论中，较为流行的有四种，即需求拉上论、成本推进论、供求混合推进论和结构论。通货膨胀也据此分为需求拉上型通货膨胀、成本推进型通货膨胀、供求混合推进型通货膨胀与结构性通货膨胀。

1.需求拉上论

这是西方经济学界最早出现的通货膨胀理论，它是指在充分就业的条件下，由于对商品和劳务的总需求超过了商品和劳务的总供给，使太多的货币去追求太少的商品和劳务而引起的一般物价水平的持续上涨的现象。对于引起总需求过大的原因又有两种解释。其一是凯恩斯主义的解释，强调实际因素对总需求的影响；其二是货币主

义的解释,强调货币因素对总需求的影响。与此相应,就有两种需求拉上的通货膨胀理论。

(1)凯恩斯的"需求拉上论"

凯恩斯认为,当经济实现了充分就业时,表明资源已经得到了充分利用。这时,如果货币数量的增加从而使总需求增加,就会由于就业和产量不能进一步增加,而只能导致一般物价水平的上涨,引起通货膨胀。

"需求拉上"在导致物价水平上升的同时,也能引起产出的增长,也就是说,需求可以创造供给,其必要条件是资源尚未得到充分利用。因为在经济尚未达到充分就业时,社会尚存在可利用的资源,总需求的扩大就会促进产出的增加。在这种情况下,物价水平的变动取决于需求扩大与产出增加规模的比较,当两者的规模相当时,产量和物价就会同时上升。此时货币数量增加不具有十足的通货膨胀性,而是一方面增加就业量和产量,另一方面也使物价逐渐上涨。这种情况,凯恩斯称之为"半通货膨胀"。而当经济已经达到充分就业状态时,由于资源已被充分利用,不存在可供利用的资源,供给无弹性,总需求的扩大就不再能促进产出的增加,而只会导致物价总水平的上涨。此种情况,可称之为"真正的通货膨胀"。

(2)货币主义的"需求拉上论"

弗里德曼指出:"通货膨胀主要是一种货币现象,是由货币量比产量增加得更快造成的,货币量的作用为主,产量的作用为辅。许多现象可以使通货膨胀率发生暂时的波动,但只有当它们影响到货币增长率时,才产生持久的影响。"[①]弗里德曼认为,如果产量与货币的数量以同一比例增长,就不会发生通货膨胀,只有当货币数量的增长率超过了产量的增长率时,才会产生通货膨胀,特别是当经济实现充分就业,产量不能进一步增长时,货币数量的任何增长都将引起一般物价水平的上升,而一旦公众对这种物价上升产生预期之后,整个经济就会陷入"工资—物价"螺旋式上升的过程,致使通货膨胀愈演愈烈。

虽然凯恩斯和货币主义者都将通货膨胀的起因归于总需求,但是关于总需求曲线为什么向右上方移动二者的解释并不相同。前者认为是实际因素导致 IS 曲线右移的结果,如资本边际效率上升从而投资需求增加,出口需求增加,进口需求下降,增加政府支出或减税从而消费需求增加等;后者认为是货币因素导致 LM 曲线右移的结果,如货币供给增加或货币供给不变条件下货币需求减少。凯恩斯主义强调实际因素(消费、投资、政府购买支出等)的作用,而货币主义者则认为,实际因素即使对总需求有影响也是不重要的,由此所引起的通货膨胀也不可能是持久的。引起总需求过大的根本原因是货币的过量发行。两者相比较,货币主义学派更强调货币供给量的变化对总需求的影响,并强调了货币供给的外生性。

2.成本推进论

按照需求拉上的理论,经济在未达到充分就业时,需求增加会产生物价和产出同时上升的"半通货膨胀"。但到了 20 世纪 70 年代后期,资本主义经济发生了很大的变

---

① 米尔顿·弗里德曼,罗斯·弗里德曼.自由选择.北京:商务印书馆,1982,p275.

化,一些国家出现了物价持续上升而失业率也居高不下,甚至失业率和物价同时上升的情况。对此,需求拉上论无法解释。于是一些经济学家提出另外一种解释通货膨胀成因的新理论——"成本推进论"。

成本推进论认为,通货膨胀的根源不在于总需求,而是由于供给减少或产品成本上升,从而导致物价总水平持续上涨,引发通货膨胀。成本推进型通货膨胀就是指在总需求不变的情况下,由于生产要素价格(包括工资、租金及利率等)上涨,致使产品成本上升,从而导致物价总水平持续上涨的现象。

西方学者认为,造成成本推进型通货膨胀的原因有些是由工资的提高引起,也有些是由利润或进口成本提高造成的。当市场上存在强大的、对市场价格具有操纵力量的团体,例如,工会、垄断组织以及像石油输出国组织一样的国际卡特尔时,易于出现成本推进型通货膨胀。比如工会迫使厂商提高工资,并使工资的增长快于劳动生产率的增长,生产成本就会提高,物价随之上涨,当物价上涨后,工会又会要求增加工资,物价又会受到上涨的压力,这就会出现工资推进型的通货膨胀。如果市场上的垄断企业利用其垄断地位,通过提高价格来增加利润,这也会导致产品价格上涨,从而致使价格上涨的速度超过成本增长的速度,物价也会随之上涨,这称为利润推进型通货膨胀。还有一种情况,当国际卡特尔(如石油输出国组织)提高其产品(如石油)的价格时,也会导致国际卡特尔组织以外的国家产生通货膨胀,这可以称为进口成本推进型通货膨胀。

成本推进论与需求拉上论的区别在于:前者更注重在生产领域中形成的物价上涨压力,后者则强调在流通领域直接增加的有效需求,使原有的商品和货币均衡关系被打破。

成本推进论者提出其理论的目的是为了说明 20 世纪 70 年代以后出现的"滞胀"现象,但是该理论一经推出便受到了货币主义学派的尖锐批评,认为它无法正确说明通货膨胀的真实原因,弗里德曼指出,成本推进论的根本错误在于将个别商品的价格同一般物价水平混为一谈,把相对价格与绝对价格混为一谈,垄断组织或国际卡特尔影响的只是各自产品的价格,即相对价格,而非绝对价格。只要政府不对由成本上升所引起的物价上涨做出增加货币供给量的反应,则物价的上涨只是一次性、短暂的,普遍的、持续的物价上涨是不可能的。这是由于当某种商品价格上升以后,人们用在该种商品上的支出可能增加,但是,在收入一定的条件下,人们必然会压缩其他商品上的支出,所以,一种商品价格的上升恰为其他商品价格的下跌所抵消,一般物价水平不可能上涨。但是,若政府对由成本上升而引起的一次性物价上涨做出增加货币供给量的反应,则会导致持续性的物价上涨。总之,弗里德曼认为,造成通货膨胀的根源就是货币供给量的过度增加,而生产成本的上升充其量只是起了一种诱导作用。

3.供求混合推进论

一些西方学者认为,单纯用需求拉上论或成本推进论都不足以说明一般价格水平持续上涨的原因,而应当同时从需求和供给两个方面以及二者的相互影响来说明通货膨胀的根源。他们认为,在现实经济社会中,很难分清通货膨胀到底是由需求拉上引起,还是由成本推进造成。实际情况往往是:通货膨胀既有来自需求方面的因素,又有来自供给方面的因素。例如,通货膨胀可能从过度需求开始,但由于过度需求引起的物价上涨会促使工会提高工资,因而转化为成本(工资)推进的因素;或者通货膨胀从成本因素开始,如提高了工资等,但如果不存在需求和货币收入的增加,这种通货膨胀过程是不可能持续下去的。因为工资上升会使失业增加或产量减少,结果将会使成本推进型通货膨胀终止。因此,成本推进再加上需求拉上才可能产生一个持续性的通货膨胀。这两种因素不是截然分开的,而是相互作用、相互影响、难分彼此的。

供求混合论者认为,实际通货膨胀率取决于货币需求和成本的相互影响。需求拉上通货膨胀论的倡议者只注意到第一个方面,而成本推进通货膨胀论的鼓吹者则只关注第二个方面。单独注意哪一个方面都是不合适的。

4.结构性通货膨胀论

需求拉上或成本推进的通货膨胀理论都不足以说明一些国家长期通货膨胀的问题。一些经济学家就另辟蹊径,从一个国家的经济结构及其变化方面寻找通货膨胀的根源,将由于结构因素引起的通货膨胀称为"结构性通货膨胀"。

结构性通货膨胀可分为以下四种类型:

(1)需求转移型通货膨胀

即在总需求不变的情况下,某个部门的一部分需求转移至其他部门,而劳动力及其他生产要素却不能及时转移。这时,需求增加了的部门的工资和产品价格上涨,而需求减少了的部门的产品价格却未必相应下降,结果导致物价总水平的上升。

(2)部门差异型通货膨胀

由英国肯特大学的萨尔沃教授提出。由于产业部门和服务部门的劳动生产率、价格弹性、收入弹性不同,一般说来,产业部门生产率的增长快于服务业部门的增长,而两个部门的货币工资增长速度却相同,而且这种增长速度是由产业部门生产率的增长速度决定的,结果是服务业的货币工资增长速度便超过其生产率的增长速度。劳动力便逐渐从产业部门转向服务业部门,导致产业部门的劳动力减少,产出下降。产业部门的厂商为维持正常经营,只有通过提高工人的货币工资收入或福利等办法吸引工人,这将导致产品成本上升。由于工资的刚性,服务业部门的货币工资不但不会因过多的劳动力流入而下降,反而有可能继续以超过其生产率的增长速度增长,进而导致产业部门的生产成本持续上升,由此导致一般物价水平的上涨。

(3)斯堪的纳维亚小国型通货膨胀

由挪威经济学家奥德·奥克鲁斯特(Odd Aukrust)提出,他创立了著名的"小国开放模型"。所谓"小国"不是根据国土和人口因素而言,而是指在世界市场上只是价格的接受者,而不能决定商品的国际价格。这些小型开放模型的国内经济可分成两大部门:一是"开放经济部门",即产品与世界市场有直接联系的部门,如制造加工业等;二是"非开放经济部门",即产品与世界市场无直接联系的部门,如服务业、建筑业等。因小国是世界市场上的价格接受者,因此,当世界市场上的价格上涨时,开放经济部门的产品价格会随之上扬,结果也会使开放经济部门的工资相应上涨。一旦开放经济部门的工资上涨后,非开放经济部门的工资也必然会随之提高,结果是非开放经济部门的生产成本上升,产品价格上升,这样,就导致了"小国"全面的物价上涨,发生通货膨胀。这种通货膨胀的产生实际是世界性通货膨胀传递的结果,当世界发生通货膨胀时,作为价格接受者的小国也会发生通货膨胀。

(4)二元经济结构型通货膨胀

由拉丁美洲国家的结构主义经济学家提出,又称"落后经济的结构型通货膨胀"。主要是针对发展中国家来说的,因为在这些国家中,传统农业部门与现代工业部门并存,农业结构僵化、农产品供给弹性不足,资本短缺,劳动力自由流动程度低、货币化程度低,农业部门生产的农产品无法满足工业化及经济发展和人口增长的需要,这会使农产品价格上涨,从而带动整个物价水平的全面上涨。当然,也可通过进出口贸易来解决农产品过度需求问题,即这些国家可通过出口工业品来换取农产品,然而,由于发展中国家的外贸部门尤其是出口部门生产效率低下,进出口结构不合理,出口以初级产品为主,初级产品在世界市场上需求的价格弹性很低,贸易条件十分不利,加上出口部门供给弹性不足,使出口增长缓慢。而发展中国家进口的多是资本品及中间产品,这些进口品是其经济发展必不可少的,且这些产品需大量进口,由此便造成了出口收入的增长速度赶不上进口支出的增长速度,国际收支出现逆差,本币贬值,进口品的国内价格立即上升,在进口需求呈刚性的情况下,进口品的价格上涨会推动发展中国家国内生产成本和物价水平的上涨,从而引发通货膨胀。

综上,我们可以发现,结构性通货膨胀从各个不同的侧面分析一国通货膨胀的发展趋势。

据西方学者的解释,社会经济结构的特点是,从生产率提高的速度看,一些部门生产率提高的速度快些,另一些部门生产率提高的速度慢些;从经济发展的过程看,一些部门正在迅速发展,另一些部门却正在走向衰落;从同世界市场的关系看,一些部门同世界市场的联系非常密切,而另一些部门与世界市场没有特别密切的联系。而现代社会经济结构又不容易使生产要素从生产率低的部门转移至生产率高的部门,从日渐衰落的部门转移至迅速发展的部门,从与世界市场没有密切联系的部门转移至与世界市场联系密切的部门。因此,当生产率低的部门、日趋衰落的部门及与世界市场没有密切联系的部门在工资和价格等问题上提出要与那些生产率高的部门、迅速发展的部门及与世界市场联系密切的部门"看齐",要求"公平"时,结果就会导致一般价格水平的上涨。

以上是西方学者对通货膨胀的成因探讨,事实上,无论通货膨胀的原因如何,单纯用需求拉上或成本推进等都不足以说明一般价格水平持续上涨这一现象,只要通货膨胀一开始,这些原因都在不同程度地发挥着作用,即使导致通货膨胀的初始原因消失了,通货膨胀的压力在整个经济中也可以自行持续下去。

(二)我国学者对通货膨胀成因的解释

针对我国的具体国情,结合我国治理通货膨胀的具体实践,我国学者认为造成通货膨胀的原因主要表现在以下几方面:

1.财政赤字

解决财政赤字的方法一是向中央银行贷款,二是发行公债。

如果向中央银行贷款,就会造成中央银行增加货币供给,引起市场货币供给量增加，会导致通货膨胀；发行公债，如果向中央银行推销，或以公债为抵押向中央银行贷款，中央银行向政府发放贷款，通过财政支出，转变为商业银行存款，再通过商业银行贷款，数倍扩大货币供应量。而财政支出多为非生产性的，不会增加产品和商品流通数量。

因而为解决财政赤字增发的货币，必然导致货币供给量过多，进而导致通货膨胀。

2.信用膨胀

商业信用以商业票据为工具，商业票据经过背书可以流通转让，代替货币起交换媒介作用，相当于增加了货币供给量，减少了货币需求量。

商业信用和一部分消费信用是由企业提供的，但企业之所以能提供商业信用和消费信用，是因为得到了银行提供的信用。银行向工商业提供的贷款必然要转为存款，而且转换的存款数量数倍扩张，这就直接扩大了货币供应量。

商业信用、消费信用、银行信用的膨胀，一方面减少了流通中对货币的需要量，另一方面增加了流通中的货币供给量，因此，信用膨胀即信贷规模的扩大，如果超过了流通、生产的需要，必然出现通货膨胀。

3.经济发展速度过快与经济结构不合理

经济发展速度过快，积累基金规模过大，建设规模超过了工农业生产能力，或消费基金规模过大，超过了消费资料的供应能力，商品供不应求。这就是由建设投资而投放到市场上的货币与生产资料的供应不相适应，由工资、奖金等渠道投放到市场上的货币与消费资料的供应不相适应，使货币供应量超过货币需求量，出现通货膨胀。

一国重工业发展速度过快，超过了轻工业和农业所能支撑的规模，使重、农、轻比例失调，引起市场商品供不应求，物价上涨，出现通货膨胀。

比如韩国在20世纪70年代的工业化过程中发生的通货膨胀。我国从20世纪50年代起，数度出现的通货膨胀，也都源于经济过热和产业结构不合理。

4.外债规模过大

大量举借外债的国家，背负着沉重的还本付息包袱，有可能导致财政赤字，进而可能因此导致通货膨胀。如墨西哥在20世纪80年代，由于大量借外债，导致了通货膨胀。

5.成本增加

(1)生产资料价格上升推动其他产品价格上升。以原油、原煤为典型代表的能源价格上升，带动一大批以此为动力的产品成本提高，当成本增加而需求不变时，生产供给会萎缩。为不使生产萎缩，中央银行自然要提供额外的基础货币，从而使货币供给增加，这会使总需求上升，总需求的上升又会拉动全社会的商品价格上升。

(2)工资增加导致价格上升。随着工资水平的提高，当劳动生产率不变或提高的速度没有工资提高速度快时，在单位产品中工资含量就会增加，这就会在价格不变的前提下降低产品的获利能力，若要保持产品获利能力不变，只有提高产品价格。

此外还有诸如国际收支长期处于顺差、基本建设投资过度、经济效益低下、通货膨胀国际传递等都会导致通货膨胀。

针对我国发生的通货膨胀现象，学者认为我国的通货膨胀是一种综合型的通货膨胀,既有需求的因素,又有成本推进的因素,也有农业发展滞后、经济结构不合理的结构因素。

二、通货膨胀的影响

通货膨胀表现为价格水平的明显、持续上涨,它是一个到处扩散其影响的经济过程,每一个身在其中的个体及其他经济单位都会在某种程度上受到它的影响。它对国民经济个体及整体的影响主要表现在以下几个方面:

(一)通货膨胀促进论

1.凯恩斯的"半通货膨胀"论

凯恩斯认为如果货币数量增加,那么在实现充分就业前后所产生的效果是不同的。在经济达到充分就业之前,货币量增加可以带动有效需求增加,即在充分就业之前,增加货币既可提高单位成本,又可增加产量。而当经济实现充分就业之后,增加货币量就产生了显著的通货膨胀效应,使物价总体水平上升,但产量没增加。

2.新古典学派的促进论

这一学派认为,通货膨胀通过强制储蓄,扩大投资来实现增加就业和促进经济增长,当政府财政入不敷出时,常常借助于财政透支解决收入来源。如果政府将膨胀性的收入用于实际投资,就会增加资本形成,而只要私人投资不降低或降低数额不小于政府新增数额,就能提高社会总投资并促进经济增长。

3.收入在政府与私人部门的再分配与通货膨胀促进论

该观点认为,当发生通货膨胀时,政府占全社会收入的比率增加,社会的储蓄率提高,有利于经济增长。这种有利影响主要表现在三方面:首先,通过降低资本来增加产出系数;其次,通货膨胀可以改变投资结构;最后,通货膨胀可以促进对外贸易的发展。

总之,促进论认为,通货膨胀是政府的一项政策,国家通过实施通货膨胀政策,增加政府财政支出,增加货币供给量,刺激投资与消费,就能增加有效需求,达到促进经济增长的目的,促进论认为政府可以通过通货膨胀获得直接利益,获利大小完全取决于政府调控经济水平的高低。

(二)通货膨胀促退论

这一观点与促进论恰恰相反,认为通货膨胀会导致社会低效率进而损害整个经济的增长,其主要理由是:

1.通货膨胀的发生降低了储蓄水平

当通货膨胀发生后,它使货币购买力下降,持有货币(现金和支票存款)的机会成本将大大上升,人们会把手里的现金转化为实物资产或增加目前的消费,同时,由于人们在银行的各类存款,其名义利率也不能及时随通货膨胀率的上升而进行充分调整,有时还会出现"负利率"现象,这也会极大打击人们的储蓄热情,从而使社会储蓄率快速下降。

2.通货膨胀导致投资率下降

通货膨胀的发生破坏了市场价格机制,人们面对不断上升的价格无所适从,未来的不确定性增加,投资风险增大,企业身在其中,为避免风险,它们会选择从生产周期较长的产业转向生产周期较短的产业,经济中的短期行为和投机行为盛行。同时通货膨胀会导致股票、债券价格下跌,再加上民众的储蓄率也在下降,企业通过股票、债券或银行筹措资金困难,从而使得其投资率下降。另外,通货膨胀容易造成外贸收支的逆差。

3.通货膨胀影响产业结构、产品结构的合理配置

在通货膨胀的环境中,一些周期短、投资少、见效快、风险较小的加工工业迅速膨胀,导致基础工业滞后,产业结构失衡。同时,政府为缓解通货膨胀而加强公共基础设施建设,其所涉及部门的发展会快于其他部门的发展,从而又加剧了产业结构的失衡。此外,居民出于对物价再度上升的恐慌心理,抢购一些生活必需品和其他商品,会造成社会及市场的虚假需求,从而又对企业产生误导,使其为追求生产速度和产量,短时间内生产一些粗制滥造、质量低下的产品,使得整个社会的产品结构不合理。

4.恶性的通货膨胀会危及社会经济制度的稳定,甚至会导致经济的崩溃

长时期的通货膨胀,尤其是恶性的通货膨胀,打乱了人们的正常生活秩序及企业的正常经营管理,长时间的物价上涨,使人们对货币贬值有了预期,在流通中囤积居奇;而且最重要的是它使货币的公信力急速下降,甚至会引发金融领域的混乱、影响国际收支平衡,损害政府的威信,使政局不稳、社会陷入动荡不安之中。

5.通货膨胀对经济和就业有一定的影响

通货膨胀可能在短期内会带来经济和就业的增长,但这仅仅是暂时的。这种作用的前提条件是:通货膨胀未被充分地预期或者说没有被充分认识到,唯有如此,生产者才可能将物价的总体上涨现象误解为自己产品的相对价格上涨,从而增加产量;工人可能将自己名义工资的上涨误解为自己实际工资的上涨,从而一方面增加自己的劳动供给,另一方面增加自己的消费支出;政府则可以暂时以较高的物价换取某些额外的就业机会。但这种现象不可能持久,一旦生产者发现所有商品价格都上涨之后,他便没有积极性去扩大生产;工人发觉自己的实际工资不仅没有提高反而在物价上涨过程中降低了之后,便没有动力去提供更多的劳动和增加消费支出。因此,我们说,通货膨胀带来的经济增长和就业增加只是短暂的繁荣。

6.通货膨胀对财富和收入再分配的影响

在通货膨胀时期,人们的名义工资与实际工资存在一定差异,只有剔除物价的影响,才能明确知道人们的实际收入是提高了还是降低了。由于社会各阶层收入来源各不相同,从而使得在通货膨胀时期,总有一些人的收入水平会提高,财富增加,而另外一些人的收入水平会降低,财富减少,这种由通货膨胀造成的收入再分配就是通货膨胀的收入分配效应。如你借给某人100元钱,约好一年后连本带息还给你106元钱,如果一年后价格水平上涨了12%,那么还给你的106元钱的现值就小于100元钱,你的财富不仅没有增加反而减少了,这就意味着通货膨胀将你的财富一部分转移到了那个借款人手中。再比如,对大多数工薪阶层的人来说,工资收入几乎就是他们的全部可支配收入了,在物价持续上涨时,如果其工资提高的幅度低于物价上涨幅度,他们收入的一部分就会被分配到其他人手中,利益受损。这种再分配效应往往会发生在有固定支付合同的双方,如有长期工资合同的雇员和雇主间、收取固定数额房租的房东和房客间、领取固定数额养老金的退休工人与养老基金间等等。如果双方没有对通货膨胀做出合理预期,那么支付双方之间就会发生这种财富和收入的再分配;不过如果双方已对通货膨胀有合理预期,那么这种再分配效应就不复存在了。例如上例中,如果在你借款的同时已预期到一年后通货膨胀率为 12%,那么你和对方约定一年后的利率为 18%,而不是最初的 6%,这时再分配效应就不存在了。

也有部分学者认为通货膨胀对经济增长既有积极影响也有消极影响,即主张通货膨胀"中性论"。这只是一种折中的说法,没有太多的理论依据和明确的传导机制,但持有这种观点的经济学家却占大多数,其根本的原因在于这种观点可以根据通货膨胀的程度和影响进行实际分析,不至于陷入窘境。

我国大部分经济学家认为,通货膨胀只是在开始阶段的极短时间内对经济有促进作用,而且需要具备一定的条件才能发挥其促进作用,从长期来看,通货膨胀对经济发展只有危害,而没有促进作用。

三、通货膨胀的治理

在现代经济中,抑制通货膨胀已经成为政府工作及制定宏观经济政策的主要目标之一。因此,为了给政府工作、决策提出参考建议,经济学家对通货膨胀也变得异常关心。为了抑制或治理通货膨胀,不同的经济学家分别从不同的出发点阐明了看法,提出了对策,并在一定程度上取得了成功。

(一)新古典综合派的政策主张

以萨缪尔森为代表的新古典综合派的政策主张的核心是"需求管理"思想。所谓"需求管理"就是由政府积极采取财政政策、货币政策和收入政策,对社会总需求进行控制,以保证经济的稳定增长。作为需求管理对象的主要经济变量有投资、储蓄、消费、政府支出、税收、进口和出口等。需求管理的任务是,政府通过各种经济政策来设法直接或间接地影响这些经济变量的变化,使社会经济的总产量或总收入水平符合政府的意图。这一政策主要适用于治理非预期的需求拉上型通货膨胀。

为了对付 20 世纪 70 年代的失业和通货膨胀并发症,新古典综合派提出运用多种政策工具实现多种经济目标,即多种经济政策综合运用的策略。其基本内容包括:

1.紧缩性的财政政策和货币政策

一是采取紧缩性的货币政策(控制货币供应量)以防止经济增长过程中的通货膨胀。其实质是控制货币供给的过快增长,比如央行提高法定存款准备金率,减少商业银行的超额准备金,抑制其信贷规模及扩张能力,从而达到降低货币乘数,减少货币供应的目的;或者提高再贴现率,提高商业银行获取资金的成本,也可以达到抑制企业贷款需求,减少货币供应的目的;此外,还可以通过公开市场业务,运用法律手段、行政手段等进行紧缩。

二以紧缩性的财政政策(增加税收、削减政府支出、缩减财政赤字等)来减轻总需求对市场的压力,以稳定物价,防止通货膨胀。增加税收,减少了企业和家庭的可支配收入,从而达到抑制其消费需求和投资需求的目的;削减政府支出则意味着总需求的直接下降。

总之,货币政策是通过影响信贷,进而影响投资,达到抑制市场上的货币供给量,压缩总需求的目的;而财政政策则通过直接影响政府、企业和个人的消费支出来压缩总需求。这两种政策措施总的来讲,容易生效,但也往往伴随着失业率的大幅攀升。

2.财政政策和货币政策的微观化

所谓"微观化",是指政府针对单个经济个体的具体情况制定不同的经济政策。这种经济政策主要包括实行不同的税收方案、制定不同的税率、个别地调整征税范围,调整财政支出的内部构成及政府对不同部门的拨款等;以及采取差别利率,控制对不同行业和部门的信贷条件和借款数量等。经济政策的微观化,可以避免宏观经济政策在实行总量控制时给经济带来较大的震动,使政府的经济调节和干预更加灵活有效。

3.收入政策和人力政策

收入政策是指采取强制性或非强制性手段,限制货币工资和物价的上涨,防止货币工资增长率超过劳动生产率的增长率,从而避免经济运行中的过度通货膨胀。这样一方面可以限制工资和物价的上涨率,以降低通货膨胀率,另一方面也不致造成大规模的失业。收入政策主要是针对成本推进型通货膨胀提出的,但从各国实践的结果来看,利用收入政策对付通货膨胀的效果不明显。由于收入政策的限制太温和、太保守,强制力不强,所以收效甚微。因此,收入政策不是治理通货膨胀的"灵丹妙药",将它作为财政政策和货币政策的辅助政策可能效果更佳。

人力政策是指通过业务指导和对劳动力的重新训练,促使非就业劳动力尽快找到工作,减少失业。

除此之外,新古典综合派还提出了浮动汇率政策、对外贸易管制和外汇管理政策、消费指导政策、能源政策、人口政策和农业政策等多种政策主张。这些经济政策在维护现代资本主义经济的发展方面起了一定的作用,但并不能根治通货膨胀。

(二)现代货币主义的政策主张

以弗里德曼为代表的现代货币主义认为,通货膨胀的发生是有一个过程的,医治通货膨胀同样需要一个过程。因为经济政策的制定、实施到产生效果之间存在一系列步骤,而其中每一个步骤都需要一定时间才能完成,这就使经济政策具有滞后性。由于通货膨胀是一种货币现象,因此要抑制通货膨胀,就要控制货币的供应量或降低货币供应增长率。然而,由于政策的滞后性,短期内物价变动与货币数量变动之间的关系不明显。所以,弗里德曼主张应使货币供应量每年按固定的比例增长,其中固定的比例等于实际国民收入增长率加上通货膨胀率。这就是弗里德曼的"保持货币稳定增长"政策。这样就不会引起物价的急剧而大幅度的变动,而只带来物价缓慢而长期的变动,后者不会影响经济的稳定发展。弗里德曼强调,要具备坚持金融紧缩政策的勇气和耐性,才能最终医治通货膨胀,如果紧缩政策一出现负作用,政府就立即做出反应,加快通货量的增长,就会引发又一轮更高的通货膨胀。另外,弗里德曼认为,在医治通货膨胀过程中,许多政策是不可取的,如物价、工资管制,加强政府对企业的干预,这些都带来了越来越高的政府支出和迅速增长的通货量,这些政策既阻碍了经济增长和提高了失业率,又提高了通货膨胀率。

总之,弗里德曼认为,货币供给的变动和物价水平的变动存在着正相关关系,通货膨胀主要是一种货币现象,是由于货币供给量比产量增长更快造成的。而货币供给量的过快增长是政府造成的;通货膨胀不利于经济的稳定增长;只要政府将货币供给量增长率控制在生产增长率以下的一个固定水平,就可以避免通货膨胀的发生;治理通货膨胀是要付出代价的,并且需要一个相当长的时期才能见效。

从以上分析可知,紧缩的财政政策和货币政策对治理需求拉上型通货膨胀会产生一定的效果。由于各学派对通货膨胀中的总需求过多的解释不同,因此,他们所采取的政策措施与工具也存在着差异。比如,凯恩斯学派更注重用财政政策来治理通货膨胀,而以弗里德曼为代表的货币主义学派则更青睐于用货币政策来治理通货膨胀。弗里德曼说:"正因为过多地增加货币量是通货膨胀的唯一原因。所以,降低货币增长率也是医治通货膨胀的唯一方法。"[①]

(三)供给学派的政策主张

供给学派在分析凯恩斯经济政策后认为,凯恩斯主义的需求管理政策是失败的,由于在刺激总需求增加的同时,没有同时对供给提供足够的刺激,就不可避免地导致了通货膨胀,这就阻碍了实际经济增长,使产量和就业减少,从而造成高通货膨胀和经济的低速增长。为了消除滞胀,就要实行供给政策,即一个国家对供给进行调节,如何更有效增加供给的政策。具体有以下几项:大幅度地和持续地削减个人所得税和企业税,放宽对企业的投资限制,对企业增加资本投资;适当增加货币供给,降低利率从而刺激投资,增加总供给;减少政府开支,以保证减税的成功。以上政策中,减税是其核心内容。他们从许多实际例证出发,证明减税的积极作用,结果是经济获得发展而没有显著地加剧通货膨胀。实际上,供给政策的实施必须与需求管理相配合,才能起到更好的治理通货膨胀的效果。

(四)其他措施

1. 结构调整政策

除了以上几种治理通货膨胀的政策外,针对结构性通货膨胀,一些经济学家提出了通过结构调整来抵制通货膨胀的政策措施。通常的做法是使各产业部门间保持一定的比例,从而避免某些产品供求因结构性失调而推动物价上涨。具体的措施是实施税收结构政策、公共支出结构政策、利率结构政策及信贷结构政策。

所谓税收结构政策是指在税收总量不变的情况下,调节各种税率和施行范围,对某些关键性行业,如食品、原材料等行业实行较低的税率,以促进其发展,保持物价总体水平的稳定。而公共支出结构政策则是指在一定的财政支出总量前提下,调节政府支出的项目和各种项目的数额,如降低财政支出中转移支付的比重,增加公共工程等投资性支出,这样就可以扩大就业、增加产量、降低通货膨胀率。利率结构政策和信贷

---

① 米尔顿·弗里德曼,罗斯·弗里德曼.自由选择.北京:商务印书馆,1982.

结构政策是在宏观货币政策一定的情况下,旨在通过各种利息率差额的调整,以及通过各种信贷数额和条件的变动来影响存款和贷款的结构和总额,提高资金使用效率,鼓励资金流向生产性部门,遏制消费基金的扩张。

此外,在结构调整政策中也应注重劳动力市场和商品市场的结构调整,这也是应付结构性通货膨胀的措施之一,不过以上这些措施需要经过较长时间才会产生效果,而且往往会受到既得利益集团的阻碍与反对。

2. 指数化政策

所谓指数化政策是指将收入水平、利率水平同物价水平的变动直接挂钩,以抵消通货膨胀的影响。指数化的范围包括工资、政府债券和其他货币性收入。其实施办法是把各种收入同物价指数挂钩,使各种收入随物价指数而调整。这样会收到两方面的功效:一是借此剥夺政府从通货膨胀中获得好处的机会,打消其制造通货膨胀的动机;二是可以抵消或缓解物价波动对个人收入水平的影响,克服分配不公现象,避免出现抢购商品、储物保值等加剧通货膨胀的行为。

3. 币制改革

若通货膨胀严重恶化,整个社会的货币制度已经接近崩溃的边缘,其他反通货膨胀的措施已经难以奏效时,那么,此时唯一的办法就是币制改革。一般做法是废除旧币、发行新币,并对新的货币制定一些保证币值稳定的措施,并加以其他辅助措施,如维持社会安定、恢复和增加生产等,但这一对策要谨慎采用。

总之,通货膨胀的治理是一项极为复杂的系统工程,在治理通货膨胀时,不能单单拘泥于某一种思路或某一种方法,必须结合客观实际情况,因地制宜,针对具体的通货膨胀形成的机理,进行综合的治理才可能取得较好的效果。

第三节 通货紧缩

进入上世纪 90 年代以来,国内外经济学界的一个热门话题就是:经济是否正在进入一个无通货膨胀或通货紧缩的时代?

一、通货紧缩的定义

与通货膨胀的定义一样,迄今为止,对通货紧缩也没有一个统一的定义。在保罗·A. 萨缪尔森与威廉·D. 诺德豪斯合著的《经济学》第 12 版(上)中,在对通货膨胀进行较严格的定义时,顺便也对通货紧缩下了一个简单的定义:"在价格和成本的一般水平上升时……出现通货膨胀。我们用通货紧缩来表示价格和成本正在普遍下降。"斯蒂格里茨在其《经济学》中对其的定义为:通货紧缩是一般价格水平持续下跌;货币主义代表人物之一 D. 莱德勒在《新帕尔格雷夫财政金融大辞典》中对其定义为,通货紧缩是一种价格下降和货币升值的过程。它是和通货膨胀相对的。

从以上几个定义中,我们可以看出,大多数有关通货紧缩的定义都是从通货膨胀的对立面来界定的,认为它是价格总水平的持续下降。当然也有少数经济学者认为,通货紧缩不只是价格下降,还包括货币数量减少和货币流通速度下降以及经济萧条,但这并不是主流观点。

我国自1996年实行"软着陆"以来,经济逐渐显现出通货紧缩状态,国内学者对通货紧缩的研究也随之深入。大家对其定义也各有看法,我国一些学者认为通货紧缩具有两个特征,一是商品和劳务价格持续下跌,二是货币供给量持续减少,伴随着经济衰退。

以上观点对通货紧缩的界定虽不尽相同,但综合起来可以得出对通货紧缩概念的几点认识:

通货紧缩从本质上说是一种货币现象,它在实体经济中的根源是总需求对总供给的偏离,或现实经济增长率对潜在经济增长率的偏离。当总需求持续小于总供给,或现实经济增长率持续地低于潜在经济增长率时,则会出现通货紧缩。

通货紧缩的特征表现为物价水平的持续与普遍下跌。这个物价水平,严格说来应用包括资产(如股票、债券和房地产)及商品、服务在内的广义价格指数来表示,但碍于统计上的局限,一般在国内用全国零售物价上涨率,在国外用消费物价指数(CPI)来描述。如果全国零售物价上涨率在零值以下,且持续时间超过6个月,就可以界定为典型的通货紧缩。

通货紧缩也是一种实体经济现象。它通常与经济衰退相伴相随,表现为投资机会相对减少和投资的边际收益下降,由此造成银行信用紧缩,货币供应量增长速度持续下降,信贷增长乏力,消费和投资需求减少,企业普遍开工不足,非自愿失业增加,收入增长速度持续放慢,市场普遍低迷。

通货紧缩虽然没有通货膨胀那样普遍,但是纵观整个世界经济发展史,通货紧缩现象也并不鲜见,比较典型且离现在较近的一次通货紧缩就是在上世纪90年代的日本发生,当时日本为防止日元过度升值导致经济衰退,长期实行超低利率的金融政策,资金供给增长率过高,结果导致日本的地价和股价猛涨,严重脱离了实物资产的增长。1989—1990年,日本银行连续5次调高贴现率,日本的"泡沫经济"开始破裂,不仅使其GDP增长速度由1990年的5.5%下降到1994年的0.7%,而且日本开始了通货紧缩过程。1997年东南亚金融危机的爆发,使日本本来开始缓解的通货紧缩进一步加剧,综合批发物价指数在1999年1—7月降幅达3%以上,日本陷入了以通货紧缩为基本特征的经济危机中,在2001年3月16日的阁僚会议上,前森喜朗政府才公开认定"现在的日本经济正处在缓慢的通货紧缩之中"。

二、通货紧缩的类型

(一)按紧缩程度划分为相对通货紧缩和绝对通货紧缩

(1)相对通货紧缩是指物价上涨率在零值以上,同时处于适合一国经济发展和充分就业的物价区间以下。例如,如果把物价水平年增长3%～9%看成是适合于经济发展的,那么,0~3%的物价年上涨率所对应的状态,就是通货紧缩的状态。在这种状态下,物价水平虽然还有一些正增长,但它已经低于适合一国经济发展和充分就业的物价水平,因而已经使一国经济失去了正常发展所必需的动态平衡,通货处于不足的状态。

(2)绝对通货紧缩是指物价上涨率在零值以下,即物价负增长。这种状态下,极易造成一国经济衰退乃至萧条,因而绝对通货紧缩又可分为两个子状态:衰退式通货紧缩和萧条式通货紧缩。

①衰退式通货紧缩是指物价保持较长时间的负增长,但负增长的幅度不大,已经或足以对一国经济造成一定的影响,使之处于衰退状态的绝对通货紧缩状态。

②萧条式通货紧缩是指物价保持较长时间的负增长,负增长的幅度较大,已经或足以给一国经济造成较大的损害,使之步入萧条的绝对通货紧缩状态。

(二)按产生机理划分为需求不足型通货紧缩和供给过剩型通货紧缩

(1)需求不足型通货紧缩。总需求不足使得正常的供给显得相对过剩,由此引发的通货紧缩称为需求不足型通货紧缩。因为在开放经济条件下,总需求由消费 C、投资 I、政府购买 G、净出口 $(X-M)$ 构成,即 $AD=C+I+G+(X-M)$,所以需求不足可以由消费抑制、投资抑制、政府购买抑制和国外需求抑制等多重原因引起。

(2)过剩型通货紧缩。由于技术创新和生产效率的提高,会出现供给的相对过剩。这种状态并非指社会物质产品极大丰富,超出了人们的需求,而是指面对消费升级,产品供给未能及时跟上,出现了产品断层,即某个层次的产品供给能力过剩了,而新产品的开发、升级换代正处于试验阶段。产业结构的调整也需要一个过程,而这一过程同样可能造成通货紧缩的局面。

三、通货紧缩的原因

同通货膨胀一样,通货紧缩的成因也是比较复杂的,单一原因造成通货紧缩的可能性不大。通货紧缩往往是多方面因素合力促成的,这些因素主要有:

(一)货币因素

通货紧缩和通货膨胀从本质上说都是货币现象,货币供给量不能满足货币需求量,必然会导致物价水平下降。这与货币供应量过多时的情况正好相反:在货币供应量超过货币需求量时,过多的货币追逐有限数量的商品,其结果是物价上扬;当货币供应量不能满足货币需求量时,过多的商品追逐数量有限的货币,其结果只能是物价水平下降。

现实经济是信用货币经济,货币供给不足的原因主要是货币政策方面的。在实行反通货膨胀政策时,货币当局一般会采取压缩社会总需求的紧缩政策,包括实施限制性财政政策以抑制财政总支出、紧缩性的货币政策以控制信用规模、限制货币工资与价格上涨的政策,这些政策的实施一方面有利于控制总需求的过度膨胀,另一方面由于从紧的货币政策、财政政策有一定的惯性,投资和消费的缩减有可能形成社会需求的过分萎缩,使市场出现疲软。经济学界一度认为通货紧缩对经济的威胁小于通货膨胀对经济构成的威胁，例如，弗里德曼认为，通货紧缩是世界上最容易避免的事情，在这种思想的影响下，中央银行往往更多地将注意力放在对通货膨胀的关注上，而忽视了通货紧缩。因此，当通货膨胀的问题得到解决以后，如果央行没有及时调整紧缩性货币政策，就可能产生物价的持续下跌，导致通货紧缩。

（二）有效需求不足

通货紧缩在实体经济中的根源是总需求对总供给的偏离，当总需求持续小于总供给，或现实经济增长率低于潜在经济增长率时，则会出现通货紧缩。社会总需求包括消费需求、投资需求、政府购买支出需求及出口需求等，社会总需求各构成部分的大幅度减少都有可能促成通货紧缩。

（1）消费需求不足。生产结构与消费结构不吻合，预期收入增长率的下降，预期支出的增加和未来经济形势的预期看淡，都会导致边际消费倾向下降和边际储蓄倾向上升从而造成消费需求不足。

（2）投资需求不足。实际利率上升和预期边际资本收益下降都可能造成投资不足。在当期边际资本收益率较低时，企业对未来的边际资本收益率的预期也会较低，因而投资的动力不足，造成投资需求不足。在这种情况下，各种投资品的价格会下降，进而影响到消费品，当物价水平整体下降后，即使名义利率不变，实际利率也会因为物价水平的下降而上升，从而进一步抑制投资需求。

（3）政府购买支出减少。根据凯恩斯的理论，在居民消费需求和私人投资需求不足时，通过扩张性货币政策来刺激居民消费需求和私人投资需求的效果是有限的。因此，通过扩张性财政政策，直接增加政府支出来带动有效需求的增加是重要的政策措施。但是在很多时候，由于社会经济的变化，政府支出也可能从原来较高的水平降下来。如果政府支出减少的这一部分能够被居民消费需求、私人投资需求或出口增加弥补，则不会出现有效需求的下降；反之，在其他需求不变的情况下，就有可能出现因政府支出减少而造成有效需求下降的现象，严重时甚至引起通货紧缩。

（4）出口减少。出口需求是总需求的构成部分之一，对于出口导向型经济的国家，出口减少将直接造成对本国产品需求的减少，使本国的生产出现供大于求的矛盾，进而造成某些出口产品价格下降，其影响进一步扩散，就有可能导致一般物价水平的下降。

（三）生产能力过剩

无论是绝对过剩还是相对过剩，其必然结果都是产品面临市场需求不足。只要这个市场是竞争性的市场，产品的价格就会下降。尤其是在科技不断创新的背景下，生产力水平提高，生产成本下降，也会造成生产能力过剩。在供给大于需求的情况下，有些企业就会被迫减产或裁减职工，这又必然会导致企业投资和居民消费减少，反过来又加剧了市场需求不足，加大了物价下跌的压力；当经济中的大多数产业部门都出现了生产能力过剩时，在竞争条件下，一般物价水平的下降是不可避免的。

除了以上几个原因外，紧缩性财政政策的实施也会导致社会总需求减少，促进通货紧缩的形成。金融体系的低效率，不能对贷款项目进行风险识别，滥放贷款，从而造成信贷萎缩,也会导致物价下跌,形成通货紧缩。此外,对于一个开放经济的国家,往往还会受到国际市场情况变化的冲击,容易在国际商品市场和金融市场动荡期出现通货紧缩。

四、通货紧缩的经济效应

(一)通货紧缩的财富收缩效应

社会财富的总量可以视为居民财富、企业财富和政府财富的加总,在不考虑财富在国际转移的条件下,我们会发现:企业财富因通货紧缩而减少,居民财富和政府财富也会缩水。

(二)通货紧缩的经济衰退效应

通货紧缩的经济衰退效应可以理解为物价的持续与普遍下跌对经济的促退作用。在通货紧缩时期,人们由于受物价下降预期的影响而推迟购买,增加储蓄,以等待更低的价格出现。这样,通货紧缩会使人们抑制当期的消费支出,从而造成整个商业活动的萎缩。同时,对于企业来说,物价的持续下跌提高了实际利率水平,即使名义利率下降,资金成本也比较高,从而使得企业投资成本高企,贷款项目对企业来说越来越没有吸引力,进而减少投资支出。居民和企业的这些行为会降低就业增长和经济增长,使得全社会有效购买力下降,市场销售疲软,物价进一步下跌,甚至可能造成经济衰退。

(三)通货紧缩的失业效应

通货紧缩意味着投资机会的锐减,亦即就业的机会的锐减;通货紧缩抑制了生产者的积极性,减产甚至停产的企业增多,失业人员自然增多。特别是在劳动力资源十分丰富的国家,在通货紧缩使投资需求与消费需求普遍不振的条件下,劳动力供求失衡的矛盾十分尖锐。

(四)通货紧缩的分配效应

在通货紧缩的情况下,物价持续下跌,而名义利率的下跌一般赶不上物价下跌的速度,因此实际利率呈现上升的趋势,这就使社会财富产生了再分配过程。

五、通货紧缩的治理

通货紧缩对于一国经济会产生多方面的影响,从以上通货紧缩的社会经济效应可以看到,通货紧缩的危害不亚于通货膨胀,因此当通货紧缩发生时,必须积极寻找有效的治理途径。

通货紧缩原因的多样性决定了通货紧缩治理手段的多样性。一般说来,治理通货紧缩有以下三种措施。

(一)扩张性的需求管理政策

1.扩张性的财政政策

扩张性的财政政策意味着增加政府支出,以弥补私人部门投资的不足。比如采取大规模增加财政开支和财政赤字的办法,或者推出减税措施,来拉动投资和刺激消费。在通货紧缩时期,财政政策在刺激社会总需求方面的作用更为直接,其效果也更为显著。1998 年,面对我国有效需求不足的宏观经济形势,政府增发了 1 000亿元国债,用于基础设施建设,这对于刺激经济增长、在诸多不利因素的影响下实现 GDP 年增长 7.8% 的目标起到了重要作用。

2.积极的货币政策

积极的货币政策指通过货币供给量的增加刺激有效需求的增加。短期来看,货币政策的作用的发挥比较迟缓,其效应还要看企业和居民的需求状况,但就长期经济增长而言,扩张性货币政策有明显的"启动"效应,它可以通过调整准备金率,进行金融整顿,采取各种措施维护金融体系的正常运转等来保持货币供给量平稳增长,从而达到防止通货紧缩和经济衰退的目的。

(二)生产结构调整

无论是扩张性的财政政策还是扩张性的货币政策,其作用都是有限的。对于因生产能力过剩等长期因素造成的通货紧缩,要从根本上解决问题,就必须进行生产结构的调整,以推进产业结构和产业组织结构的调整。

就产业结构的调整来说,主要是推进产业结构的升级、培育新的经济增长点,同时形成新的消费热点。产业组织结构的调整也是在中长期内治理通货紧缩的有效手段。在生产能力过剩时,很多行业会出现恶性竞争,为了争夺市场,价格战不断出现,行业利润率不断下降,一些企业被迫退出市场,或者在行业内部出现较大范围的兼并与重组。通过产业结构及其组织的调整,一方面在调整后的产业组织结构中,恶性市场竞争会被有效遏制,因恶性竞争带来的物价水平大幅度下降的情况可能得以避免;而且还实现了对现有生产能力和资源配置的调整,消除了过剩的生产能力。

(三)金融制度建设

金融部门要建立健全金融风险的防范制度,以避免大规模的系统性风险的出现。大致说来,旨在治理和防范通货紧缩的金融制度建设包括:建立银行内部风险防范机制,建立存款保险制度,使信贷供给结构和信贷需求结构相吻合。

(四)治理通货紧缩的其他措施

除了以上措施外,对工资和物价进行管制也是治理通货紧缩的手段之一。比如,可以在通货紧缩时期制定工资增长计划与限制价格下降,这与通货膨胀时期的工资—物价指导线措施的作用方向是相反的,但作用的原理相同。此外,通过对股票市场的干预也可以起到一定的作用,如果股票市场呈现出牛市走势,则有利于形成乐观的未来预期,同时股票价格的上升使居民金融资产的账面价值上升,产生财富增加效应,也有利于提高居民的边际消费倾向。大力鼓励中小企业的创业、创新活动,更多地吸收就业工人,减轻失业压力,同时增加总供求。

目前,以上这些措施已经在一些国家显示出了较好的效果。

小资料 10-1　发达经济体央行面临艰难抉择

2022年,发达经济体央行的货币政策成为左右全球经济形势的关键变量。面对高通胀带来的持续刺痛,过去一年中各国央行货币政策变化之剧烈近数十年罕见。

展望2023年,发达经济体央行普遍面临短期的三大挑战。一是在应对新冠疫情采取超常规货币政策后,在疫情常态化的背景下如何逐步退出,进而为应对新的危机与挑战储备政策空间。二是在发达经济体多数国家存在劳动力市场紧张和价格预期持续高位的背景下,如何在经济稳妥着陆的前提下有效解决高通胀挑战。三是在地缘政治危机持续、全球供应链产业链不畅背景下,如何应对供给端紧缩的冲击。

与此同时,发达经济体央行在政策权衡中还必须考虑全球经济更深层次变化,尤其是世界经济中抑制通胀因素弱化带来的挑战。在二十一世纪最初的20年,相对稳定的地缘政治格局、全球市场的高效分工配合、不断强化的技术进步以及新兴市场国家的崛起,为全球经济提供了相对稳定的抑制通胀因素。这为2008年之后发达经济体超常规宽松货币政策提供了宏观基础。

值得关注的是,上述通胀弱化力量正在被疫情、地缘政治紧张、产业链供应链重组所打破;全球贸易格局、产业链供应链格局的重构进程与发达经济体抗击通胀的进程高度重合。这在事实上加大了发达经济体抗击通胀的难度。

短期的三重挑战和长期的底层变化意味着发达经济体央行在2023年"运气更差""挑战更多"。各国央行不得不在货币政策过度紧缩和紧缩不足之间保持微妙平衡。一方面,他们担忧过度加息造成经济滑入痛苦的衰退区间;另一方面,他们担忧加息力度不够造成通胀持续高企,并对经济中长期动力造成严重冲击。

然而,面对多重制约和挑战,以增长衰退为代价实现价格稳定成为各方共识。正如英国央行首席经济学家休·皮尔所言:"推动繁荣和提高生活水平依赖经济的活力、创新和增长,而这一切的基础是价格的稳定。因此,即使当前面临新的经济冲击可能造成的风险,价格稳定仍然是首要目标。"在上述逻辑之下,发达经济体央行实现通胀逐步回落和经济稳定的机会窗口正在变小。

（来源：中国经济网　2023-01-20）

小资料 10-2　央行:我国不存在长期通缩或通胀的基础

人民银行4月20日举行2023年一季度金融统计数据有关情况新闻发布会,央行货币政策司司长邹澜在会上表示,总体看,金融数据领先于经济数据,实际上反映出供需恢复不匹配的现状。邹澜强调,对通缩提法要合理看待,通缩一般具有物价水平持续负增长,货币供应量持续下降的特征,经常伴随经济衰退。当前我国物价仍在温和上涨,经济运行持续好转,与通缩有明显区别。中长期看,我国经济总供求基本平衡,货币条件合理适度,居民预期稳定,不存在长期通缩或通胀的基础。

（来源：中国金融网　2023-04-20）

【本章小结】

通货膨胀是"由于货币供应过多而引起货币贬值、物价上涨的货币现象"。

通货膨胀可以用通货膨胀率来衡量,通货膨胀率的公式为:$\pi_t = \dfrac{P_t - P_{t-1}}{P_{t-1}}$。价格指数反映价格水平的高低,常用的价格指数为 CPI、PPI、GNP 平减指数或 GDP 平减指数。

从价格上涨的程度进行划分,分为温和通货膨胀、奔腾式通货膨胀和恶性的通货膨胀;按表现形式不同划分,分为隐蔽的通货膨胀和公开的通货膨胀;按是否预期划分,分为预期的通货膨胀和非预期的通货膨胀;按通货膨胀产生的原因划分,分为需求拉上型通货膨胀、成本推进型通货膨胀、供求混合推进型通货膨胀、结构性通货膨胀等。

西方关于通货膨胀产生的原因的解释有需求拉上论、成本推进论、供求混合推进论和结构论。

关于通货膨胀对经济的影响有促进论和促退论之争,我国大部分经济学家认为通货膨胀对经济发展有害无利。

对通货膨胀的治理是一项极为复杂的系统工程,在治理通货膨胀时,必须结合客观实际情况,因地制宜,综合运用各种方法才能达到良好的效果。

通货紧缩从本质上说是一种货币现象,它对经济发展也会产生很多方面的影响,由于通货紧缩成因不同也就决定了在治理时要对症下药,方能取得预期效果。

【思考与练习】

1.通货膨胀与纸币制度有何关系?

2.如何衡量通货膨胀?

3.预期的通货膨胀和未被预期的通货膨胀有何不同?

4.如果你的房东说:"工资、公用事业及别的费用都涨了,我也只能提你的房租。"这属于需求拉上还是成本推进的通货膨胀? 如果某店主说:"可以提价,别愁卖不了,店门口排队争购的多着呢!"这又属于什么类型的通货膨胀?

5.通货膨胀对财富和收入分配有何影响? 个人投资者在通货膨胀中应如何进行资产结构的调整?

6.试分析我国通货紧缩的成因及治理对策。

参考文献

1.黄达.货币银行学.北京:中国人民大学出版社,2000

2.姚长辉.货币银行学(第三版).北京:北京大学出版社,2005

3.郑道平,龙玮娟.货币银行学原理(第五版).北京:中国金融出版社,2005

4.罗剑朝.货币银行学.北京:清华大学出版社,2007

5.夏德仁.货币银行学.北京:中国金融出版社,2000

6.万解秋.货币银行学通论(第二版).上海:复旦大学出版社,2001

7.胡庆康.现代货币银行学简明教程.上海:立信会计出版社,2007

8.张亦春.货币银行学.厦门:厦门大学出版社,1995

9.徐英富.货币银行学.北京:机械工业出版社,2007

10.安烨.货币银行学.上海:上海财经大学出版社,2006

11.武康平.货币银行学(第二版).北京:清华大学出版社,2006

12.卞志村.货币银行学.北京:中国金融出版社,2004

13.胡海欧.贾德奎.货币理论与货币政策(第二版).上海:上海人民出版社,2007

14.伍海华.西方货币金融理论.北京:中国金融出版社,2002

15.翟强.经济发展中的政策金融——若干案例研究.北京:中国人民大学出版社,2000

16.李玉权,王洪彬.金融创新与风险防范.北京:中国纺织出版社,2000

17.张尚学.货币银行学.天津:南开大学出版社,2001

18.陈立.影响未来的中国基金产业.北京:中国财政经济出版社,2001

19.谢平,许国平.路径选择.北京:中国金融出版社,2004

20.胡庆康.现代货币银行学教程(第三版).上海:复旦大学出版社,2006

21.蒋先玲.货币银行学.北京:对外经济贸易大学出版社,2007

22.柳永明.货币银行学.上海:上海财经大学出版社,2004

23.黄达.金融学.北京:中国人民大学出版社,2004

24.曹龙骐.金融学(第二版).北京:高等教育出版社,2006

25.伍瑞凡.金融学.北京:科学出版社,2003

26.姚长辉.货币银行学(第二版).北京:北京大学出版社,2002

27.张亦春,郑振龙主编.金融市场学.北京:高等教育出版社,2003

28.易纲,吴有昌.货币银行学.上海:上海人民出版社,1999

29.张红伟,邓奇志.货币银行学.成都:四川大学出版社,2001

30.殷孟波.货币银行学.北京:中国金融出版社,2004

31.岳忠宪,顾志坚.商业银行经营管理.北京:中国财政经济出版社,2001

32.李成.货币金融学.北京:科学出版社,2003

33.夏德仁,李念斋.货币银行学.北京:中国金融出版社,1997

34.左建华,胡豹等.货币银行学.北京:中央文献出版社,2007

35.潘连贵.建国前后人民币制度的形成与发展.上海金融,1998(11)

36.艾洪德,张贵乐.货币银行学教程.大连:东北财经大学出版社,2006

37.戴国强.货币银行学.北京:高等教育出版社,2005

38.何广文.货币银行学.北京:中国农业大学出版社,2001

39.王玉平.货币银行学.北京:中国经济出版社,2001

40.张荔,张日新.货币银行学.沈阳:辽宁大学出版社,1999

41.[瑞典]米尔达尔著.钟淦恩译.货币均衡论.北京:商务印书馆,1963

42.刘建波主编.金融学概论.北京:清华大学出版社,2011

43.MBA智库百科:http://wiki.mbalib.com/

44.http://bk.51player.com

45.http://211.151.89.150

46.http://www.mfzq.com.cn

47.http://www.smehen.gov.cn

48.http://pg.cx360.com

49.http://www.nanning.gov.cn

50.http://www.chinacfa.cn

51.http://baike.baidu.com

52.http://zhidao.baidu.com

53.http://credit.yulin.gov.cn